소요당집
逍遙堂集

취미대사시집
翠微大師詩集

| 동국대학교 불교기록문화유산아카이브사업단(ABC)
본서는 문화체육관광부 지원으로 동국대학교 불교학술원에서 간행하였습니다.

한글본 한국불교전서 조선 67
소요당집·취미대사시집

2021년 4월 20일 초판 1쇄 인쇄
2021년 4월 30일 초판 1쇄 발행

지은이 소요 태능·취미 수초
옮긴이 이상현
발행인 성우
발행처 학교법인 동국대학교 출판문화원

출판등록 제2020-000110호(2020.7.9)
주소 04626 서울시 중구 퇴계로36길2 신관1층 105호
전화 02-2264-4714
팩스 02-2268-7851
Homepage http://dgpress.dongguk.edu
E-mail abook@jeongjincorp.com

편집디자인 다름
인쇄처 네오프린텍(주)

© 2021, 동국대학교(불교학술원)

ISBN 979-11-973433-7-7 93220

값 25,000원

이 책의 무단 전재나 복제 행위는 저작권법 제98조에 따라 처벌받게 됩니다.

한글본 한국불교전서 조선 67

소요당집
逍遙堂集
소요 태능 | 이상현 옮김

취미대사시집
翠微大師詩集
취미 수초 | 이상현 옮김

동국대학교 불교학술원

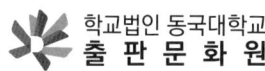

차례

소요당집 逍遙堂集

소요당집 해제 / 9
소요당집 중간 서문 重刊逍遙集序 / 31
소요대사시집 서문 逍遙大師詩集序 / 34
소요당집 서문 逍遙集序 / 37

소요당집 43

소요 대선사 행장 逍遙大禪師行狀 / 236
소요비명 逍遙碑銘 / 240
상찬 像贊 / 243
발문 跋 / 246

찾아보기 / 255

취미대사시집 翠微大師詩集

취미대사시집 해제 / 259
취미대사집 서문 翠微大師集序 / 279
취미고 서문 翠微稿序 / 281

취미대사시집 285

취미 대사 행장 翠微大師行狀 / 466

찾아보기 / 491

소요당집
| 逍遙堂集^{*} |

소요 태능逍遙太能
이상현 옮김

---

* ㉮ 저본은 담양 옥천사 간행본(정조 19년 서기序記, 서울대학교 소장), 갑본은 동일한 옥천사 간행본(국립중앙도서관 소장, 필사한 글이 많아서 별도로 갑본이라 한다.), 을본은 신문관新文舘 연인본鉛印本이다. 제명은 편자가 보충하였다. 저본에는 없고, 갑본에는 제명과 찬자의 이름이 필사되어 있다.

소요당집逍遙堂集 해제

성 재 헌
한국불교전서 번역위원

1. 개요

『소요당집逍遙堂集』은 조선 중기 고승인 소요 태능逍遙太能(1562~1649) 선사의 시 200여 수와 한 편의 중창기문重創記文을 모은 시문집이다. 이 책의 판본은 정조 24년(1800)에 목판으로 간행한 초간본과 1920년에 신식 연활자新式鉛活字로 간행한 중간본 2종이 전하고 있다. 초간본은 소요 대사가 세상을 떠나고 150년 후인 가경嘉慶 5년 경신년(1800)에 대사의 6세 법손인 춘담春潭에 의해 담양 옥천사玉泉寺에서 목판본으로 간행되었다. 중간본은 대정大正 9년(1920)에 경성 신문관新文館에서 신식연활자로 인출한 1권 1책의 중간본이다. 초간본은 보통 『소요대사시집逍遙大師詩集』이라 부르며, 중간본은 『소요당집』이라고 부른다. 본 번역물은 중간본을 저본으로 번역한 것이다.

해좌산인海左散人 정범조丁範祖가 서문에서 "청공淸空하고 담박澹泊하여 구름이 허공을 지나는 것과 같고 달이 냇물에 비치는 것과 같았으며, 명언名言으로 묘하게 비유하여 색상色相의 한계를 초월하였으니, 대개 깨달은 자에 가깝다고 할 수 있었다."라고 평하였듯이, 소요당의 시는 맑고 담박한 시어들로 선의 이치와 깨달음의 경계를 술회하고 있다. 또한 소요당의 시는 선문禪門의 고칙古則들을 평하고 거기에 덧붙여 자신의 깨달음을 표명함으로써 조사의 본의本意를 드러내고자 했던 선사들의 염송拈頌과 매우 유사한 성격을 띠고 있다. 이를 항양거사恒陽居士 여규형呂圭亨은 서문에서 다음과 같이 기술하였다.

"선사의 전집에 나오는 오언五言·칠언七言의 절구와 율시 200여 편도 이와 마찬가지이다. 도道의 내용을 담은 작품들은 『염송拈頌』의 제칙諸則과 그다지 다를 것이 없는가 하면, 어떤 것은 몇 글자도 차이가 나지 않으며, 서정적인 작품들 역시 가슴속의 생각을 곧장 토로하며 평상적으로 표현하였을 뿐이요 법어法語로 윤색하려고 하지 않았다. 아, 이것은 바로 선사가 선종의 정신에 입각해서 문자로 드러내 보이려고 골몰하지 않은 것이라고 하겠다."

소요당에 대한 이러한 평은 비단 여규형에만 그치는 것은 아니다. 사남거사沙南居士 이윤상李輪祥 역시 서문에서 "이는 바로 말을 하기만 하면 문장을 이루는 것이요, 시의 형식을 빌려서 도를 전하고 있는 것이라 하겠다."라며 그의 시를 평하였다.

2. 저자

소요 태능 대사의 행적을 알 수 있는 자료로는 입멸 후 3년 뒤인 1652년 (효종 3) 백헌白軒 이경석李景奭(1595~1671)이 지은 「소요비명逍遙碑銘」과 1795년(정조 19) 사남거사 이윤상이 지은 「소요당집 서문(逍遙集序)」, 11세 법손 예운 혜근猊雲惠勤이 지은 「소요 대선사 행장逍遙大禪師行狀」과 시편 아래에 수록된 주석 등이 있다. 이를 종합해 행적을 정리하면 다음과 같다.

소요 대사는 명종 17년(1562)에 태어나 인조 27년(1649)에 세상을 떠났다. 전라남도 담양 출신으로 속성은 오吳씨이고, 법휘는 태능太能이며, 호는 소요逍遙이다. 어머니가 신승神僧에게서 대승경大乘經을 받는 태몽을 꾸고 태어났으며, 어려서부터 탐욕을 싫어하고 도훈道訓을 듣기를 즐겨 하였고, 베풀기를 좋아하고 자비심이 많아 마을 사람들이 성동聖童이라고 불렀다. 13세에 장성 백양사 진 대사眞大師에게 출가하였고, 속리산과 해인사 등지에서 부휴 선수浮休善修(1543~1615)에게 경전을 수학하였다. 부휴 문하의 수백 제자들 가운데 운곡 충휘雲谷冲徽·송월 응상松月應祥과 함께 '법문 삼걸三傑'로 불렸고, 임진왜란 당시 해인사에 머물던 명나라 장수 이여송李如松은 부휴에게 "백락伯樂의 마구간에는 천리마가 많은 법인데, 대사의 문도 가운데 태능이라고 하는 자는 천리마의 새끼라고 이를 만하다."라며 칭찬하였다고 한다.

나이 20세에 서산 대사 청허 휴정淸虛休靜(1520~1604)에게 참학하고 3년간 정진하였는데, 서산이 단번에 법기法器임을 알아차리고는 수당竪幢과 발우鉢盂를 전하였으며, 대중에게 강의를 하도록 명하였다고 한다. 사명 대사 송운 유정松雲惟政(1544~1610), 편양 언기鞭羊彦機(1581~1644), 정관 일선靜觀一禪(1533~1608) 등과 함께 '서산 대사의 4대 제자'로 불렸다.

그 후 서산이 내려 준 "그림자 없는 나무를 찍어, 물속 거품을 모조리 태운다. 우스워라, 소를 탄 사람이여, 소를 타고 다시 소를 찾다니.(斫來無影樹。燋盡水中漚。可笑騎牛者。騎牛更覓牛。)"라는 게송을 참구하며, 오대산·개골산·구월산·묘향산 등지를 섭렵하고 호남의 선지식을 두루 참방하였다. 그러나 그 뜻을 명백히 밝히지 못하다가 40세에 묘향산의 서산 대사를 찾아가 재차 물어보고는 무생無生의 이치를 확연히 터득하였다. 이때의 오도송悟道頌으로 추정되는 시가 3수 있다. 먼저 〈재차 서산을 참알하다(再叅西山)〉라는 다음 시 아래에는 "금객金客은 대사大師요, 뜰 앞 운운한 것은 마음의 꽃이 환히 피어난 것이다. 이것은 바로 나이 40세에 재차 참알했을 때의 일이다."라는 자주自註가 수록되어 있어 오도송으로 가장 유력하다.

한 사람에게서 두 입이 나와	一人生二口
누차 세우고 몇 번 이루었네	數立幾番成
천 리 멀리 금객을 만나니	千里逢金客
뜰 앞의 고목에 꽃이 피었네	庭前枯木榮

다음은 〈퇴은 서산 대사를 재차 참알하고 비결을 얻다(再叅退隱西山大師得訣)〉라는 게송이다. 홍문 교리弘文校理 유하원柳河源이 〈상찬像贊〉에서 "서산 대사가 스님에게 금봉과 설죽의 노래를 지어 주었다."라고 한 것은 바로 아래의 게송을 두고 한 말이다.

서산의 달은 금봉의 뒤에 비추고	西山月暎金峯後
설죽의 바람은 퇴은 앞에 일어나네	雪竹風生退隱先
진나라 때의 거울 꺼내 보여 주기에	曾蒙點出秦時鏡
누워서 보니 진흙 소가 대천세계로 달아나네	臥看泥牛走大千

또 〈오도悟道〉라는 제목으로 된 한 편의 게송이 있다.

천지를 여인숙 삼아 형체 빌려 왔나니	蘧廬天地假形來
다생에 누차 탁태됨이 부끄럽도다	慚愧多生托累胎
옥주 한 소리에 활안을 번쩍 뜨니	玉麈一聲開活眼
깊은 밤 밝은 달빛이 영대에 비치누나	夜深明月照靈臺

그 후 지리산 연곡사에서 후학을 가르치며 신흥사와 연곡사를 중건하

였고, 인조 14년(1636)에 병자호란이 일어나자 남한산성의 서성西城을 수축修築하는 공을 세웠다. 만년에는 백양사 조실로 있으면서 선풍을 일으켰다.

소요 대사는 조선 중기에 소요문逍遙門이라는 문파를 형성할 정도로 덕망이 높은 승려였다. 태능의 법호를 딴 소요문파逍遙門派는 서산 대사 문하의 4대 문파 가운데 하나이며, 그의 문인 27인 가운데 특히 침굉 현변枕肱懸辯(1618~1686)과 해운 경열海運敬悅(1580~1646)이 두드러진다. 현변의 문하에서는 다시 호연浩然·문신文信 등이 배출되어 문파를 크게 일으켰고, 경열 문하에서도 삼우三愚·운학雲學 등 약 20명의 문도가 나와 크게 번성하였다. 그리하여 소요문파를 근본으로 삼은 불교의 문파가 자그마치 15문파에 이를 정도였다.

후세의 학자들은 그를 우국진충憂國盡忠의 뜻에서는 유정과 자취를 같이하였고 선禪의 풍격에서는 유정보다 뛰어났다고 평하였다. 「소요당집 중간 서문(重刊逍遙集序)」을 쓴 여규형도 "소요 선사는 서산 청허 조사의 뛰어난 제자이다. 조사의 문중에서 선사와 편양 스님은 선종이요, 송운 스님은 교종으로서 한 시대에 나란히 우뚝하였다."라고 높이 평하였다. 또한 그 교화가 널리 축생에게까지 미쳐 선사가 불법을 강론하는 도량마다 원숭이들이 찾아와 듣고 머리를 숙이고, 뱀이 찾아와 듣고는 허물을 벗었다고 한다. 88세가 되던 해인 인조 27년 기축년(1649) 11월 21일에 〈임종게〉를 남기고 열반하였다.

해탈도 해탈이 아니거니	解脫非解脫
열반이 어찌 고향이리오	涅槃豈故鄕
취모검吹毛劍 번쩍번쩍 빛나는데	吹毛光爍爍
구설로 칼날을 범하였도다	口舌犯鋒鋩

열반하자 붉은 무지갯빛이 하늘에 걸리고 기이한 향기가 방에 가득하였으며, 다비하던 저녁에 영골靈骨이 불 밖으로 뛰어오르고 사리 2과顆가 축원에 응하여 공중으로 튀어나왔다고 전한다. 사리탑을 봉안한 곳에 대해 백헌 이경석은 「소요비명」에서 "진대珍臺와 정토淨土에 탑을 세우는 것이 온당하겠기에 보개산寶蓋山과 금산사金山寺에 나누어 봉안하기로 하고, 사원의 성지聖地에 각각 건립하였다."라고 하였고, 예운 혜근은 「소요 대선사 행장」에서 "연곡사燕谷寺와 금산사, 보개산의 세 곳에 탑을 세워 봉안하였다."라고 하였다. 일설에는 연곡사와 보개산 심원사深源寺, 두륜산 대둔사大芚寺 세 곳에 사리를 나누어 모시고 부도를 건립하였다고 한다.

열반하고 3년이 지난 해인 임진년(1652, 효종 3) 봄, 선사의 고풍高風을 흠모하던 효종은 그때서야 선사의 열반 소식을 듣고 매우 슬퍼하였다. 이에 임진왜란에 나라를 위해 기축祈祝한 정성과 병자년 남한산성의 서성西城을 수축할 때 감독한 공을 인정하여 포증褒贈하였다. 즉 혜감선사慧鑑禪師라는 시호를 내리고, 중사中使에게 명하여 향폐香幣를 내리게 하였으며, 상신相臣인 백헌 이경석에게 명하여 비명을 짓게 하고 조진석趙晉錫(1610~1654)이 글씨와 전각을 담당하게 하여 금산사에 비를 세웠다.

3. 서지 사항

소요 태능 선사 문집의 판본은 정조 24년(1800)에 목판으로 간행한 초간본과 1920년에 신식연활자로 간행한 중간본의 2종이 전하고 있다. 초간본은 소요 대사가 세상을 떠나고 150년 뒤에 대사의 6세 법손인 춘담이 담양 옥천사에서 목판본으로 간행하였고, 중간본은 여규형(1848~1921)의 「소요당집 중간 서문」과 혜근의 「소요 대선사 행장」을 첨부하여 신식연활자본으로 간행하였다. 이 책은 중간본, 즉 대정 9년(1920)에 경성 신문관에서 신식연활자로 인출한 1권 1책의 『소요당집』(동국대학교 소장본)을 저본으로 하여 번역하였다.

초간본인 목판본의 권수에는 정조 19년(1795)에 쓴 해좌산인 정범조(1723~1801)의 「소요대사시집 서문」과 같은 해 사남거사 이윤상이 쓴 「소요당집 서문」이 있고, 서문이 끝난 장의 마지막 행 아래에는 "담양 옥천사에서 간행하였다.(潭陽玉泉寺刊)"라는 간기가 있다. 그다음에 소요 대사의 시문을 수록하고, 백헌 이경석이 1652년에 지은 「소요비명」, 유하원과 유사형柳土衡이 지은 〈상찬〉 2편을 차례로 수록하였다. 권말에는 가경 5년 경신년(1800)에 이면휘李勉輝가 쓴 발문이 있다.

중간본은 첫머리에 항양거사 여규형이 쓴 「중간 서문」을 삽입하고, 소요 대사의 시문 끝에 선사의 11세 법손 혜근이 쓴 「소요 대선사 행장」을 삽입하였다. 그리고 권말 판권지에는 편집 겸 발행자는 신경허申鏡虛이며, 경성 신문관에서 대정 9년 8월 5일 발행하였다고 밝혔다.

목판본은 현재 국립중앙도서관과 서울대학교 규장각에 소장된 2부가 알려져 있다. 이 가운데 국립중앙도서관본은 여규형의 「중간 서문」과 혜근의 「행장」이 필사 원고로 합철되었고, 「행장」의 필사 원고 바로 앞인 본문의 마지막 장 변란 밖에 "『소요당집』 끝. 이 1행을 원래 책의 끝 장에 더해 넣을 것.(逍遙堂集終。此貼附一行을 元卷終張에 加入事。)"이라고 표시되어 있어서 연활자본을 중간할 때 저본으로 사용했던 것임을 알 수 있다.

중간된 연활자본은 동국대학교 도서관 외에도 국립중앙도서관, 고려대학교 도서관, 국회도서관, 연세대학교 도서관, 동국대학교 경주캠퍼스 도서관, 송광사 성보박물관 등 여러 곳에 소장되어 있다. 중간본인 연활자본에는 〈이선 사리의 운을 따르다(次而善闍梨韻)〉의 시제에서 '차次'를 '취吹'로 잘못 인쇄하는 등 오자가 보인다.

4. 내용과 성격

소요 대사의 시문은 오언절구와 칠언절구, 칠언율시 등의 시 149제題 258수와 기문 1편으로 구성되어 있다. 시제 아래에는 쌍행의 작은 글씨로 시의 편수와 시를 주고받은 사람의 이름과 호, 시를 지을 당시의 나이, 시를 지은 날짜, 배경 설명 등이 기록되어 있다.

소요 대사의 시는 승려와 주고받은 시, 유생과 주고받은 시, 심회를 읊거나 고칙古則 등에 대해 읊은 시, 계절과 풍경을 읊은 시 등으로 구성되어 있다. 선비와 주고받은 18제를 제외하고는 대부분 불교적인 색채가 짙다. 또한 불교 중에서 선문禪門의 고사를 배경으로 하여 선禪의 세계를 술회하고 깊은 이치를 전달하는 내용이 주를 이루고 있다.

그 배경이 되는 고사와 드러내는 종지宗旨는 선문 오종五宗의 종지를 고루 선양하고 있어 치우침이 없는 소요당의 선풍禪風을 짐작하게 한다. 〈무위인無位人〉이라는 제목의 시는 무위진인無位眞人을 천양하며 "붉은 고깃덩어리에 하나의 무위진인이 있어 항상 여러분의 감각기관을 통해 들락거리고 있다."라고 부르짖은 임제 의현臨濟義玄의 법문을 떠올리게 한다.

또한 〈조동오위曹洞五位〉라는 제목의 시는 조동종曹洞宗의 종풍을 간략히 하나의 게송으로 정리하였다. 이 밖에도 달마 대사가 서방에서 찾아온 일을 두고 읊은 시, 소양 운문昭陽雲門 선사의 "햇빛 속에서 산을 구경한다.(日裏看山句)"라는 말씀을 두고 읊은 시, 마조馬祖의 할에 백장百丈이 사흘 동안 귀가 먹었다는 고사를 두고 읊은 시, 현성공안現成公案에 대해 읊은 시, "추우면 사리 그대를 춥게 하고, 더우면 사리 그대를 덥게 하라."라고 한 동산 양개洞山良价 선사의 법문을 두고 읊은 시 등 선문의 여러 고칙을 두고 자신의 견해를 피력한 염송의 성격을 띤 시들이 여러 편 수록되어 있다.

그렇다고 교教를 무시하거나 도외시하는 태도를 보인 것은 아니다. 소요 대사 스스로 경전의 본뜻을 파악하여 나름대로 술회하고, 또 경전의 뜻을 자세히 밝힌 선인들에 대해 깍듯이 공경하는 태도를 보인다. 〈『화엄경』 일부를 읽고 우연히 쓰다(讀華嚴一部偶題)〉, 〈규봉의 「원각경소초」에 대한 감상(感圭峯圓覺疏鈔)〉, 〈『능엄경』에서 부처가 아난에 대해서, 동요하는 것을 실신實身과 실경實境으로 본다고 꾸짖다(楞嚴經佛責阿難以動爲身以動爲境)〉 등의 시에서 이런 소요 대사의 태도를 엿볼 수 있다. 특히 후대 선종에서 문자선文字禪이라며 강력히 비판하고 선종에서 배제하기까지 했던 규봉 종밀圭峯宗密에 대해 상당히 호의적 태도를 보인 점은 주목할 부분이다. 〈규봉의 「원각경소초」에 대한 감상〉이라는 제목의 시에서 소요 대사는 규산(규봉) 종밀 대사를 찬탄하고 있다.

선禪과 교敎를 일원이류一源二流로 보는 전통적 견해를 수용하며, 중요한 것은 선과 교의 차이가 아니라 깊이 반조하는 태도에 있음을 〈학인에게 보여 주다(示學人)〉라는 시에서 강조하고 있다. 하지만 〈의신난야에 밤에 앉아서 회포를 적다(義神蘭若夜坐書懷)〉라는 시에서는 "사십 년 전에는 문자 해석에 익숙하여, 먹다 남긴 국물 포식하는 것을 능사로 여겼지."라고 하며 궁극적으로는 무생無生·무심無心·무념無念이라는 선문의 종지를 표방해야 함을 은근히 드러내고 있다. 〈한 권의 경을 읊다(咏一卷經)〉라는 시는 언어로 형식화된 경전보다 일상 속에서 체화된 진리를 우선하는 선사의 풍모가 잘 드러나 있다.

소요 대사가 유생들과 주고받은 시들은 주로 송별하는 자리에서 이별을 아쉬워하거나 이별 후 만남을 그리워하는 평이한 내용들이다. 그러나 그 표현에 있어서는 소박하면서도 맑은 맛으로 그 멋을 더하는 작품들이 많다. 〈최 진사에게 부치다(寄崔進士)〉 역시 그렇다.

스님들과 주고받은 시에도 이런 맑고 소박함이 백 마디 치사보다 빛을 발하는 시들이 많다. 〈영준 스님에게 답하며(賽英俊師)〉가 그런 예이다. 죽음을 앞두고 스스로 지은 〈나의 만시(自挽)〉 또한 이채롭다.

『소요당집』에는 사명당과 관련되어 〈삼가 사명 대사의 운을 따르다(敬次四溟大師韻)〉, 〈사명 대사의 진영에 찬하다(贊四溟大師眞)〉라는 2수의 시가 수록되어 있다. 소요당이 열반 후 임진왜란과 병자호란 때의 공으로 포증된 것으로 보아 당시 승병의 실질적 지도자였던 사명당과 긴밀한 교류가 있었음을 짐작할 수 있고, 나이 차이가 18세나 되므로 실제로는 스승과 제자에 가까웠으리라 짐작된다.

앞에서 기술했듯이 대사의 문집은 입멸한 지 150년이 지난 후에야 간행되었다. 후대에 소요문파를 형성할 정도로 많은 후학을 배출한 종장의 문집이 사후 150년이 지난 뒤에야 발간되었다는 것은 대사의 명망에 견주어 볼 때 믿기 어려운 점이 없지 않다. 또한 그의 고족제자로 알려진 침굉 현변이 영월 청학詠月淸學(1570~1654)의 행장은 쓰면서 자기 스승의 행장을 쓰지 않고, 또 스승의 문집을 간행하지 않았다는 점도 의문으로 남는다. 영월 청학 대사는 나이도 소요당과 비슷할 뿐 아니라 그 행적이 매우 유사한 분이었다. 그 역시 호남 출신으로 일찍이 남방을 역참하며 부휴 선수 선사에게 수학하고, 다시 서산 휴정에게 참학하여 입실한 분이었다. 지리산 유역을 비롯한 호남 일대가 말년의 주요 활동 무대였던 점도 비슷하다. 하지만 영월당은 그 명성이 널리 드러나지 않은 은자의 삶을 살았던 분이다. 그런 분의 행장까지 직접 짓고 찬사를 금치 않은 침굉이 자기 스승의 문집 발간을 등한히 했다는 것은 의아한 부분이다.

어쨌건 소요당의 시집은 간행되지 않은 상태에서도 여러 사람의 입에 회자된 것으로 추측되며, 특히 환성 지안喚惺志安(1664~1729)에게 큰 영향을 끼쳤던 것으로 보인다. 환성당은 소요당과 직접적 교류가 없었던 후대의 인물이고 법계도 다르다. 그런 환성당의 시를 『소요당집』에 특별히 부기하였다는 점은 주목할 부분이다. 위에서 소개한 환성의 시로 볼 때 당시 소요당의 후예들은 가세를 크게 떨치지 못했던 것으로 짐작된다. 어쩌면 세월의 힘에 묻혀 버린 소요당의 명성이 환성당에 의해 재조명되었을 지도 모를 일이다. 『환성시집喚惺詩集』에는 〈소요탑에 제한 시(題逍遙塔)〉 외에도 앞에서 소개한 〈영준 스님에게 답하며(賽英俊師)〉를 차운하여 지은 시가 있다. 이 시에서도 알 수 있듯이 환성당은 소요당의 시구詩句를 매우 사랑한 것으로 보인다. 또한 맑고 소박한 환성당의 시어詩語들은 소요당과 닮은 점이 많다.

저간의 사정이 어떠했건 후대 한 문파의 비조로 추대될 만큼 학덕과 명망을 갖춘 분의 문집이 입멸 후 150년이나 지나 간행된 것은 안타까운 일이다. 그나마 발간된 문집에는 시 200여 편과 「용추사 법당을 중창한 기문(龍湫寺法堂重創記)」이라는 문文 1편만 수록되어 있다. 동시대를 살다 간 다른 승려들의 문집이 시 외에도 기문이나 제문, 상량문과 편지글 등 풍부한 문장을 수록하고 있는 것과 비교하면 초라한 구성이다. 아마 소요당의 글들은 초간본이 나오기까지 150년이라는 시간 동안 대부분 유실되었을 것이다. 이 책의 초간본 권수에 수록된 정범조의 서문 서명이 '소요대사시집'으로 되어 있는 것도 이런 이유에서일 것이다.

5. 가치

한 문파를 형성할 정도로 큰 영향을 끼친 분의 사상을 엿볼 수 있는 자료가 시집 한 권뿐이라는 사실은 매우 아쉬운 일이다. 정범조가 평했듯이 "청공하고 담박하여 구름이 허공을 지나는 것과 같고 달이 냇물에 비치는 것과 같은" 소요당의 시들은 후대 선승禪僧들의 시풍에도 큰 영향을 끼쳤다. 문집에 수록된 시편에 나타난 선의 경지와 시의 풍격은 불교계와 국문학계에서 모두 높이 평가되어 오래전부터 끊임없이 연구가 이어져 왔다. 한문학계에서 이런 대사의 시풍을 연구 대상으로 삼고 있는 점은 특히 주목할 만한 움직임이다.

대사의 사상에 대한 연구는 물론이고 시를 연구한 여러 편의 석박사 학위논문이 이미 발표되었으며, 근래 들어 대사의 시풍과 시어 연구가 더욱 활발해지고 있다. 아쉬운 점이 있다면 초간본과 중간본 2종의 판본에 대한 교감 등의 기초 작업이 충실하지 못하다는 것이다. 더 활발한 연구를 위해 정확한 일차자료를 제공하는 작업이 반드시 수행되어야 할 것이다.

6. 참고 문헌

김항배, 「西山門徒의 思想―鞭羊禪師와 逍遙禪師를 中心으로―」, 『韓國佛敎思想史―崇山 朴吉眞博士 華甲紀念―』, 숭산 박길진 박사 화갑기념사업회, 1975.

배규범, 「逆說의 詩語와 話頭의 引喩的 表現 : 逍遙太能論」, 『語文硏究』 102, 한국어문교육연구회, 1999. 6.

배규범, 『任亂期 佛家文學 硏究 : 靜觀一禪·四溟惟政·逍遙太能·鞭羊彦機를 중심으로』, 경희대학교 국어국문학과 박사논문, 1998.

백남귀, 『소요태능의 선사상 연구』, 원광대학교 동양학대학원 석사논문, 2001.

양희철, 「逍遙 太能 禪詩의 開悟體驗」, 『東洋學』 18, 단국대학교 동양학연구소, 1988. 10.

이상하, 『逍遙禪師詩 硏究』, 계명대학교 한문학과 석사논문, 1989.

이진오, 「소요태능의 시풍」, 『漢文學論集』 7, 단국대학교출판부, 1989. 11.

이혜선, 『휴정과 그 문도의 선정겸수관 연구』, 동국대학교 불교학과 석사논문, 2005.

조상래,『逍遙大師의 詩世界』, 부산대학교 국어교육학과 석사논문, 1989.
최종진,『조선 중기의 선사상사 연구 : 서산과 그 문도를 중심으로』, 원광대학교 불교학과 박사논문, 2004.

차례

소요당집逍遙堂集 해제 / 9
일러두기 / 29
소요당집 중간 서문 重刊逍遙集序 / 31
소요대사시집 서문 逍遙大師詩集序 / 34
소요당집 서문 逍遙集序 / 37
간기刊記 / 41

주 / 42

시詩 172편

서정에서 묵으며 宿西亭 43
영준 스님에게 답하며 賽英俊師 44
또 又 45
또 又 46
또 又 47
어느 선화의 청에 응하며 賽一禪和之求 48
또 又 49
또 又 50
또 又 51
또 又 52
오도悟道 53
최고운의 석문 필적이 있는 쌍계사에 대해 쓰다 題雙溪寺崔孤雲石門筆迹 54
학인에게 보여 주다 示學人 55
연곡사의 향각에 대해 쓰다 題燕谷寺香閣 56
또 又 57
우제偶題 58
또 又 59
또 又 60

또 又 61
또 又 62
백 년 후의 진면목을 기억해 줄 영공 소사에게~ 謝英公少師以記百歲後眞面目也 63
인 선자의 청에 응하며 賽印禪子之求 64
또 又 65
또 又 66
또 又 67
또 又 68
또 又 69
또 又 70
진사 유철이 운을 불러 주기에 柳進士鐵呼韻 71
영상 박순이 운을 불러 주기에 朴領相淳呼韻 72
시축詩軸 속의 운을 따라 철 상인에게 작별 선물로 주다 次軸中韻贈別哲上人 73
묵 장로에게 봉정하다 奉默長老 74
한 장로의 운을 따르다 次閑長老韻 75
원 상인에게 작별 선물로 주다 贈別圓上人 76
능허자와 헤어지며 別凌虛子 77
병중에 회포를 쓰다 病裡書懷 78
정언 오정길에게 봉정하다 奉吳正言廷吉 79
준 소사와 작별하며 남겨 준 시 贈別俊少師 80
계명 선자와 헤어지며 別戒明禪子 81
충휘 스님의 운을 따라 준 장로에게 증정하다 次冲徽師韻贈俊長老 82
해운사의 운을 따르다 次海運使韻 83
또 又 84
계령 선자를 애도하며 哀戒靈禪子 85
조행 소사를 애도하며 哀祖行小師 86
부안 사군의 운을 따르다 次扶安使君韻 87
또 별운을 써서 올리다 又用別韻上 88
최 진사에게 부치다 寄崔進士 89
기러기 소리를 듣고 느낌이 있어서 聞鴈有感 90
초가을의 서늘한 기운이 교외에 감돌기에 新凉入郊墟 91

차례 • 23

진사 유윤에게 봉정하다 奉柳進士淪 92
심 교리의 유배지에 부치다 寄沈校理謫所 93
정 청풍의 운을 따르다 次鄭淸風韻 94
김 상사의 운을 따르다 次金上舍韻 95
또 又 96
삼정 소사에게 주다 贈三政少師 97
산중의 회포를 읊다 山中詠懷 98
연곡사 벽 위에 쓰다 題燕谷寺壁上 99
또 又 100
성원 선자에게 주다 贈性源禪子 101
밀행 선자에게 보이다 示密行禪子 102
탁령 법사에게 보이다 示卓靈法師 103
의현 법사에게 답하다 賽義玄法師 104
산중만흥 山中漫興 105
시산 사군의 운을 따르다 次詩山使君韻 106
산에 돌아가며 다시 앞의 운을 써서~ 還山更用前韻上詩山衙軒 107
국화를 노래하다 詠菊 108
꿈속에서 매화를 읊다 夢中詠梅 109
임 상사의 운을 따르다 次林上舍韻 110
은 장로에게 보이다 示誾長老 111
가을밤에 우연히 읊다 秋夜偶吟 112
도희 선인에게 주다 贈道熙禪人 113
초엄 법사에게 답하다 賽楚嚴法師 114
상준 법사에게 답하다 賽尙俊法師 115
영조 법사에게 답하다 賽靈照法師 116
학주 선자에게 보이다 示學珠禪子 117
경선 법사가 묘향산에 가는 것을 전송하며 送敬禪法師之妙香山 118
승호 장로에게 주다 贈勝浩長老 119
의신난야에 밤에 앉아서 회포를 적다 義神蘭若夜坐書懷 120
정토사 향각에 대해 쓰다 題淨土寺香閣 121
원각 가람을 노래하다 詠圓覺伽藍 122

규봉의 원각소초에 대한 감상 感圭峯圓覺疏鈔 123
화엄사의 불보와 법보를 찬탄하다 贊華嚴佛法二寶 124
『화엄경』 일부를 읽고 우연히 쓰다 讀華嚴一部偶題 125
선우 선자에게 보이다 示善友禪子 126
계우 법사에게 보이다 示繼雨法師 127
금류동의 금계 소리를 읊다 賦金流洞金溪聲 128
선가 전위 禪家轉位 129
한 권의 경을 읊다 詠一卷經 130
언 법사에게 보이다 示彦法師 131
대현 선자에게 답하다 賽大玄禪子 132
열 사리에게 주다 贈悅闍梨 133
퇴은 서산 대사를 재차 참알參謁하고 비결을 얻다 再叅退隱西山大師得訣 134
천해 법사에게 주다 贈天海法師 135
의심 법사와 헤어지며 남겨 주다 贈別義諶法師 136
법왕가 法王歌 137
순 상인에게 주다 贈淳上人 138
각·원 두 글자를 풀이하여 각원 법사에게 보이다 釋覺圓二字示覺圓法師 139
달마가 서쪽에서 오매 느낌이 있어서 感達摩西來 140
또 又 141
마조의 할 馬祖喝 142
밤에 앉아서 회포를 쓰다 夜坐書懷 143
선정에서 나와 회포를 쓰다 出定書懷 144
가을을 만나 느낌이 있기에 逢秋有感 145
조주의 차를 노래하다 詠趙州茶 146
또 又 147
뇌운 선인에게 답하다 賽雷運禪人 148
또 又 149
관음원통문 觀音圓通門 150
또 又 151
종소리를 듣고 느낌이 있기에 聞鍾有感 152
또 又 153

개구리 소리를 듣고 느낌이 있기에 聞蛙有感 ……… 154
망해정에서 우연히 읊다 望海亭偶吟 ……… 155
영오 선인에게 보이다 示靈悟禪人 ……… 156
회포를 읊다 詠懷 ……… 157
귀종의 예마 歸宗拽磨 ……… 158
관음찬 觀音贊 ……… 159
또 又 ……… 160
종소리를 듣고 느낌이 있기에 聞鍾有感 ……… 161
가르침을 듣고 느낌이 있기에 聞敎有感 ……… 162
종문의 일구 宗門一句 ……… 163
목우행 牧牛行 ……… 164
선행 우바이에게 보이다 示善行優婆夷 ……… 165
『능엄경』에서 부처가 아난에 대해서~ 楞嚴經佛責阿難以動爲身以動爲境 ……… 166
무생을 노래하다 詠無生 ……… 167
성상을 쌍으로 밝힘 性相雙明 ……… 168
문수의 면목 文殊面目 ……… 169
사명 대사의 진영에 찬하다 贊四溟大師眞 ……… 170
청련 대사의 진영에 찬하다 贊靑蓮大師眞 ……… 171
회포를 읊다 詠懷 ……… 172
법린 장로에게 보이다 示法隣長老 ……… 173
이선 사리의 운을 따르다 次而善闍梨韻 ……… 174
세상을 탄식하다 嘆世 ……… 175
영반 착어 靈飯着語 ……… 176
해원 선자에게 보이다 示海源禪子 ……… 177
법일 선자에게 주다 贈法一禪子 ……… 178
변 소사에게 보이다 示辯少師 ……… 179
상징 상인에게 답하다 賽尙澄上人 ……… 180
고존사 화성 古尊師化城 ……… 181
조동오위 曹洞五位 ……… 182
혜호 장로에게 답하다 酬慧湖長老 ……… 183
또 又 ……… 184

이선의 원통 운을 따르다 次而善圓通韻 185
달마 후품達磨後品 186
회포를 쓰다 書懷 187
무위인無位人 188
늦봄 暮春 189
무위일색無位一色 190
방장산에 들어가 우연히 읊다 入方丈山偶吟 191
그것은 눈앞의 법 아니네 不是目前法 192
종문곡宗門曲 193
당초에 영탄을 전법할 사람으로 여겼는데~ 嘆當初以靈坦爲傳法人~ 194
또 又 195
최 수찬의 운을 따르다 次崔修撰韻 196
신 상사의 운을 따르다 次愼上舍韻 197
선자를 방문하다 訪仙者 198
형 사리의 운을 따르다 次澗闍梨韻 199
취봉의 운을 따르다 次翠峯韻 200
차운하여 인문 상인에게 주다 次贈印文上人 201
은자를 방문했으나 만나지 못하고 訪隱者不遇 202
시산 사군의 운을 따르다 次詩山使君韻 203
이선 사리의 운을 따르다 次而善闍梨韻 204
열 사리가 법의 상인에게 부친 운을 따르다 次悅闍梨寄法義上人韻 205
열 선인의 운을 따르다 次悅禪人韻 206
열 선인의 행각 운을 따르다 次悅禪人行脚韻 207
설매 대사 시축詩軸의 운을 따르다 次雪梅大師軸中韻 208
운을 따르다 次韻 209
또 又 210
또 又 211
청련대 벽 위에 쓰다 題靑蓮臺壁上 212
지순 법사의 운을 따르다 次智淳法師韻 213
삼가 사명 대사의 운을 따르다 敬次四溟大師韻 214

추록追錄 8편

관음찬觀音贊 215
복천사福泉寺 216
나의 만시 自挽 217
무제無題 219
무제無題 224
임종게臨終偈 228
재차 서산을 참알하다 再參西山 229
무제無題 230

문文 1편

용추사 법당을 중창한 기문 龍湫寺法堂重創記 233

소요 대선사 행장逍遙大禪師行狀 236
소요비명逍遙碑銘 240
상찬像贊 243
발문 跋 246

주 / 248

찾아보기 / 255

일러두기

1. '한글본 한국불교전서'는 문화체육관광부의 지원을 받아 동국대학교 불교학술원에서 수행하고 있는 '불교기록문화유산아카이브(ABC)사업'의 결과물을 출간한 것이다.
2. 이 책은 『한국불교전서』(동국대학교출판부 간행) 제8책의 『소요당집逍遙堂集』을 번역하였다.
3. 번역문에 이어 원문을 병기하였다. 원문은 『한국불교전서』를 저본으로 하였으며, 원문에 간단한 표점 부호를 넣었다.
4. 원문 교감 내용은 원문 아래에 표기하였다. ㉰은 『한국불교전서』의 교감 내용을, ㉲은 번역자의 교감 내용을 가리킨다.
5. 약물은 다음과 같다.
    『 』: 서명
    「 」: 편명, 산문 작품
    〈 〉: 시 작품

소요당집 중간 서문

소요 선사는 서산 청허西山淸虛 조사祖師의 뛰어난 제자이다. 조사의 문중에서 선사와 편양鞭羊 스님은 선종이요, 송운松雲 스님은 교종으로서 한 시대에 나란히 우뚝하였다. 선사는 음영吟咏을 좋아하여 유집遺集을 남겼는데, 상서尙書 해좌海左 정범조丁範祖가 그 시집에 서문을 썼다. 그리고 상국相國 백헌白軒 이경석李景奭이 비명을 지었는데, 이 모두가 세상에 전송되고 있다. 같은 시대의 학사學士와 대부들이 시를 주고받으면서 서로 왕래하였는데, 이는 선사의 시법詩法이 불법과 통한다고 왕성하게 일컬어졌기 때문이다. 그래서 내가 항상 눈으로 보지 못한 것을 한스럽게 여긴 지 오래되었다.

그런데 올해 무오년에 선사의 후대 제자인 해남 대흥사의 법려法侶가, 선사의 유집이 빠진 것이 있고 산일散佚되는 것을 우려하여 조만간 중간重刊하려고 생각하면서, 발이 부르트도록 천 리 밖에서 그 유집을 받들고 나의 집으로 찾아와 서문을 써 달라고 청하였다. 이에 내가 얼른 받아서 서너 번 반복하여 읽어 보다가 망연자실하였으니, 그 이유는 내가 눈으로 본 것이 귀로 들은 것과 달랐기 때문이었다.

그러다가 권말에 부기附記한바, 조사가 선사에게 써 준 오언五言 일절一絶의 게偈를 보니, "그림자 없는 나무를 찍어, 물속 거품을 모조리 태운다.

우스워라, 소를 탄 사람이여, 소를 타고 다시 소를 찾다니."라고 되어 있었다. 이에 내가 비로소 환히 깨닫고는 이렇게 말하였다.

"이것은 고덕古德이 수시垂示한 것으로 옛날부터 전해 온 글귀인데, 조사가 우연히 이 구절을 읊게 된 것이요, 직접 지어서 특별히 준 것이 아니다. 선사의 전집에 나오는 오언五言·칠언七言의 절구와 율시 200여 편도 이와 마찬가지이다. 도도의 내용을 담은 작품들은 『염송拈頌』의 제칙諸則과 그다지 다를 것이 없는가 하면, 어떤 것은 몇 글자도 차이가 나지 않으며, 서정적인 작품들 역시 가슴속의 생각을 곧장 토로하며 평상적으로 표현하였을 뿐이요, 법어法語로 윤색하려고 하지 않았다."

아, 이것은 바로 선사가 선종의 정신에 입각해서 문자로 드러내 보이려고 골몰하지 않은 것이라고 하겠다. 이 유집을 통해 선사가 본종本宗에 순일하였다는 사실과, 심상한 말씀 역시 정도에서 벗어나지 않은 것으로서 일원상一圓相이 될 수 있다는 사실을 확인할 수가 있다. 이런 관점에서 살펴보아야만 정관正觀이라고 이름할 것이니, 만약 이렇게 살펴보지 않는다면 그것은 단지 육조六朝 시대의 휴 상인休上人[1]이나 당나라 때의 납자衲子인 무본無本[2]과 영철靈澈[3] 정도에 지나지 않게 될 것이다. 제군諸君이 이들만 오로지 숭상하면서 이렇게 된 뒤에야 일컫는다면, 어떻게 우리 선사를 중하게 할 수가 있겠는가.

항양거사恒陽居士 여규형呂圭亨은 삼가 쓰다.

重刊逍遙集序[1)]

逍遙禪師。西山淸虛祖師之高足弟子也。祖師門中。禪師與鞭羊師爲禪宗。松雲師爲敎宗。一時竝峙。而禪師好吟咏。有遺集。海左丁範祖尙書弁卷。白軒李景奭相國撰碑銘。俱爲世傳誦。同時學士大夫。唱和相徃復。槩以禪師詩法。通佛法盛稱之。余常以未得寓目爲恨者。雅矣。今歲戊午海南大興寺法侶。爲禪師後代者。以集有脫落且散佚。[2)] 無幾合謀重刊。繭足千里外。

奉其遺集。踵門求序於余。余亟受而讀之。至三四遍茫然自失。以其見之與聞異也。及閱其卷末附記祖師書贈禪師偈五言一絶曰。斫來無影樹。燋盡水中漚。可笑騎牛者。騎牛更覓牛。始恍然悟曰。此古德垂示傳來句子。祖師偶誦專。非親作而特贈之也。禪師之全集五七律絶二百餘篇。亦猶是焉。其寓道之作。與拈頌諸則無甚分別。或有不差幾字者。其緣情之作。亦惟直寫胸臆平常下字。不以法語潤餙之。嗚呼。此禪師之爲禪宗。而非欲以文字標相也。因是集而可以見禪師之醇於本宗。而尋常咳唾之餘。及乎擲口令正之後。幷可以作一圓相也。作是觀者。名爲正觀。不如是觀。直不過六朝時休上人。唐衲子無本靈澈。諸君所專尙。而爲後稱述。曷足以重吾禪師歟。

　　恒陽居士呂圭亨謹書。

---

1) ㉑ 이 중간본의 서문은 저본에는 없으며, 갑본에는 필사되어 있다. 편자는 을본에 따라 보충하였다.　2) ㉑ '佚'이 을본에는 '帙'로 되어 있다.

소요대사시집 서문

시가詩家에서는 시도詩道에 깊이 통달한 것을 일컬어 선오禪悟를 얻었다고 한다. 이는 대개 깨달음(悟)이라는 것이 불씨佛氏의 최고 경지를 나타내는 표현이기 때문이다. 그렇기는 하지만 시가 깨달음의 경지에 나아간다는 것은 매우 어려운 일이다. 세상에서는 왕마힐王摩詰(王維)의 시가 선오에 가깝다고 칭해질 뿐이요, 그 밖에 거론되는 사람은 없다. 치류緇流(승려)의 시도 역시 마찬가지이다. 육조 시대로부터 삼당三唐[4]의 시대에 이르기까지 시를 잘한다고 이름난 사람은 많지만 깨달음의 경지를 풀어낸 사람은 볼 수가 없다. 이는 어쩌면 그들이 학문의 차원에서 깨달은 것이 별로 없기 때문에 그런 것인지도 모르겠다.

어느 날 춘담 상인春潭上人이 담양의 옥천암玉泉菴에서 800리 길을 달려와 나를 찾아와서는 그의 6세 법조法祖인 소요 대사의 시집에 대한 서문을 부탁하였다. 내가 펼쳐 보았더니, 수록된 시가 오언·칠언의 절구와 율시 200여 수에 지나지 않았으나, 청공淸空하고 담박澹泊하여 구름이 허공을 지나는 것과 같고 달이 냇물에 비치는 것과 같았으며, 명언名言으로 묘하게 비유하여 색상色相의 한계를 초월하였으니, 대개 깨달은 자에 가깝다고 할 수 있었다.

내가 대사의 법맥法脈을 물어보았더니, 대사는 바로 서산 대사의 정통

제자라고 대답하였다. 대저 서산 대사로 말하면, 일찍이 선종을 천양闡揚하고 현지玄旨에 묘하게 계합하여 슬기로운 관(慧觀)과 신령한 지혜(靈智)를 갖추었음은 물론이요, 육도六韜·삼략三略에도 두루 통달하여 왕사王師를 도우며 임진년의 왜란을 구하였으니, 만법萬法이 일심一心으로서 상황에 따라 원만하게 통하는 묘리를 밝게 깨달은 분이 아니라면 이와 같이 할 수가 있었겠는가. 법문法門과 의발이 깨달은 사람으로부터 깨달은 사람에게 전해진 것이 이상할 것이 없다고 하겠는데, 소요 대사의 유희游戲 삼매도 그 깨달음이 시도에 미친 것이라고 할 것이다.

대사를 다비茶毘하던 저녁에 사리 두 개의 상서祥瑞가 나타났으므로 탑을 세워서 봉안하였다. 그런데 이 200여 편의 시로 말하면 두 개의 사리와 같은 소중한 보배일 뿐만이 아니라고 할 것이니, 그러고 보면 상인이 나에게 한마디 말을 청하여 길이 전하려고 하는 것도 당연하다고 하겠다. 나는 일찍이 서산 대사를 위하여 그의 영정을 모신 전각에 기문記文을 쓴 인연도 가지고 있다. 그러니 지금 소요 대사의 시집에 유독 한마디 말을 하는 것을 아끼겠는가.

비록 그렇기는 하지만 대사는 이미 육진六塵을 벗어나 삼계를 초월하였으니, 사대四大를 매미 껍질처럼 여길 것이다. 그러니 시로 남긴 것이 어찌 선사의 존망存亡과 관계가 있다고 하겠는가. 그러나 이에 대해서 상인은 "그 말씀이 물론 옳기는 합니다. 하지만 시는 스님이 남긴 자취인데, 우리 스님이 떠나가신 뒤로 200여 년이라는 오랜 세월이 흐른 지금에 와서, 그래도 비슷한 것을 찾아보려면 오직 남긴 자취밖에는 없습니다. 그 자취를 따라 사모하게 되고 사모함에 따라 스님이 여기에 계시게 되는 것이니, 어떻게 전하는 일을 그만둘 수가 있겠습니까?"라고 하였다. 내가 그의 생각에 느껴지는 바가 있기에 마침내 이와 같이 말하게 되었다.

성상聖上 19년 을묘년(1795)에 해좌산인 정범조는 짓다.

逍遙大師詩集序

詩家以深於詩道。謂得禪悟。盖悟是佛氏之極工耳。雖然詩造悟境甚難。世稱王摩詰詩近禪悟。而其餘無聞焉。緇流之詩亦然。自六朝至三唐。號能詩者衆。而未見其有悟解。豈彼於其學有未甚悟故歟。一日春潭上人。自潭陽玉泉菴。飛錫八百里。謁余。以其六世法祖逍遙大師詩集。屬爲叙。閱之。則詩止五七言律絶二百有餘篇。而淸空澹泊。如雲過空。而月印川間。以名言妙喩。超詣色相之先。盖近於悟者也。問師法派。則曰師是西山大師之嫡傳弟子也。夫西山師。夙闡禪宗。妙契玄旨。慧觀靈智。旁曉韜畧。左右王師。普濟龍蛇之難。非洞悟萬法一心隨類圓通之妙。能如是哉。法門衣鉢。以悟傳悟無恠乎。逍遙師之游戲三昧。悟及詩道也。師於茶毗之夕。雙珠現瑞。塔而奉之。惟是二百餘篇之詩。不翅雙珠之寶重。則宜上人之乞言於余。欲垂之窮刼也。余甞爲西山師。記其寫照之閣。今於師之集。獨慳於言乎。雖然師旣脫六塵。超三界。視四大如蝸甲。咳唾之餘。曷足爲師之有亡哉。上人曰。是固然矣。抑詩師之跡也。去吾師二百餘年之久。而求其髣髴。惟跡而已。因跡而慕。因慕而師斯存。烏可已乎。余感其意。而爲之言如此。

　聖上[1] 十九年乙卯。海左散人丁範祖譔。

---
1) 원 '上' 뒤에 '正宗'이라는 협주가 있다.

소요당집 서문

　살펴보건대 청련青蓮은 향기로워 진흙탕 속에서도 저절로 맑고, 보주寶珠는 영롱하여 방소方所에 따라 제각기 비추어 준다. 지초(芝)와 난초(蘭)의 절조는 심산유곡에서도 향기롭지 않음이 없고, 소나무와 잣나무의 마음은 엄동설한에도 빼어나지 않음이 없다. 소요 대사로 말하면 그 행동이 탁월할뿐더러 곧고 굳센 자질이 볼만하나니, 석교釋敎의 존숭을 받을 뿐 아니라 유도儒道에서도 흠모하는 바이다.

　대사의 속성은 오吳씨요 법휘는 태능이니, 호남 담양 사람이다. 모친이 신승神僧의 꿈을 꾸고 나서 대사를 낳았는데, 그 관상이 신이한 징조에 부합하여 수려하였다. 처음 말을 할 줄 알면서부터 총명함을 보였고, 조금 철이 들면서는 곧바로 탐욕을 여의고 도훈道訓을 듣기를 즐겨 하였으며 동정과 자비를 베푸는 것을 좋아하였다.

　나이가 겨우 13세 되었을 적에 백양산에서 머리를 깎았는데, 평생토록 일념으로 황벽黃蘗(希運) 선사를 섬겨 마음을 관하였으며, 본성에 맡겨 소요하고 자유롭게 멀리 노닐었다. 남방을 유력遊歷하면서 부휴浮休에게 대장경을 수업하였고, 서산西山을 방문하여 청정한 본원本原의 묘리를 깨우쳤으며, 동쪽으로 오대산과 개골산을 답사하여 공중의 꽃 속에서 자비의 구름을 받들었고, 서쪽으로 구월산과 묘향산을 섭렵하여 보살의 나무에 맑은 거울을 내걸었다.

　난리를 당해 나라를 걱정한 충성심은 불도징佛圖澄이 절의 은혜를 갚은 성의를 능가하였고, 땅을 가려 어버이를 장사 지낸 효성은 비구가 부처님께 공양한 정성보다 우월하였다. 신흥사에서는 공색空色의 초승달을 찾아 칭찬과 비난(毁譽)이 보고 들음에 걸리지 않았고, 연곡사에서는 적멸의 옛 숲을 다스려 마음과 자취(心跡)가 다 함께 해탈로 돌아갔다. 이로 말미암아 선사先師의 업業을 널리 떨치고 세존의 가르침을 크게 폈으니, 용상龍象이 도량에 이르고, 이무기와 뱀이 듣고 외우며, 고관들은 결사結社를 함께하고, 부인들도 이름을 모두 알게 되었던 것이다.

　그러다가 열반하여 몸을 바꿀 적에는 마치 도인이 석장錫杖을 날려 허공을 밟는 것처럼 하면서,⁵ 오직 짚신 한 짝⁶만을 들고는 영원히 시방十方에 돌아갔다. 그때에 상서로운 무지개가 산문山門에 빛을 드리우고, 향기가 애연藹然히 선실禪室에 감돌았는데, 한 개의 선골仙骨은 영령을 드날리며 위로 올라가고, 두 알의 사리(神珠)는 축원에 감응하여 영롱하게 빛났다. 그리하여 지금 200여 년이 지나도록 꽃다운 이름이 흘러넘치고 묘한 자취가 전해지고 있으니, 이처럼 크게 드러난 것도 결코 우연이 아니라고 하겠다.

　아, 내가 망천정사輞泉精舍에서 노닐며 대사의 진영을 우러러보건대, 용의容儀가 호준豪俊한 것이 물 위로 솟아 나온 금련金蓮과 같았고, 미우眉宇가 소랑疏朗한 것이 숲을 비추는 보배스러운 달을 연상시켰으니, 최상승의 인물이요 저차원의 무리가 아니었다.

　옥천암의 춘담 대사는 선사의 6대 법손으로 의발을 전해 받고 당당히 입실하였는데, 선사를 존경하는 것이 큰 천지나 높은 태산북두泰山北斗를 대하는 정도일 뿐만이 아니었다. 유편遺篇을 편집하여 장차 간행할 목적으로 하산한 뒤에 산 넘고 물을 건너 나를 찾아와서는 서문을 써 달라고 은근히 청하였는데, 그 성의가 간절하기만 하였다. 하지만 나의 글솜씨로는 실로 힘들겠다고 여겨지기에 사양하였으나 허락을 받지 못해서 부득이 쓸데없는 말이 되었다.

열람한 운편雲篇마다 시운詩韻이 맑고 밝고, 장식한 범어梵語는 금석金石이 울리는 것 같았으므로, 마치 무하유지향無何有之鄕을 치달리고 여환여몽如幻如夢의 영역에서 노니는 느낌을 받았다. 고해苦海에 항해하는 자비로운 배는 언외言外의 뜻에 이미 머물렀고, 미진迷津에 정박한 보배로운 뗏목 역시 시詩 너머의 마음을 건네주었다. 가을 구름을 몰아 허공을 뛰어넘으니 향기로운 바람이 애애靄靄하게 감돌고, 봄기운을 불어 교화를 펴니 법비(法雨)가 분분히 내린다. 이는 바로 말을 하기만 하면 문장을 이루는 것이요, 시의 형식을 빌려서 도를 전하고 있는 것이라 하겠다.

그러고 보면 소요 대사의 마음이야말로, 마음이 곧 부처요 부처가 곧 마음이라고 하는 것으로서, 언어 하나하나가 마음 밖에 부처가 없는 구슬나무(珠樹)라고 할 것이요, 자구字句 하나하나가 부처 밖에 마음이 없는 총림叢林이라고 할 것이니, 뽐내는 선객禪客들의 괴상한 이야기와 다를 뿐만 아니라, 문장에 치달린 문창文暢 스님의 일도 뛰어넘었다고 하겠다. 그래서 마침내 이렇게 서문을 써서 문집의 맨 앞에 얹어 놓도록 하였다.

성상 19년 을묘년(1795)에 사남거사沙南居士 완산完山 이윤상李輪祥은 쓰다.

逍遙[1]集序

述夫靑蓮香而蒙泥自淸。寶珠映而隨方各現。芝蘭之操。不以幽谷而不芳松柏之心。不以大冬而不挺。至於逍遙大師。惟其卓越之行。可見貞固之姿釋敎雖尊。儒道亦慕。大師俗姓吳氏。法諱太能。湖南潭陽人也。阿母夢神僧而生。厥相符異兆而秀。始能語。已見聰明。稍有知。便離貪欲。樂聞道訓。好施矜慈。年甫十三。遊白羊而落髮。生平一念。勤黃蘗而觀心。任性逍遙。遠跡放曠。歷于南國。受浮休大藏之經。訪乎西山。悟淸淨本原之奧。

東尋五臺皆骨。捧慈雲於空中之花。西涉九月妙香。揭明鏡於菩薩之樹。臨亂憂國。忠邁圖澄報利之誠。卜地塋[2] 親。孝優比丘供佛之慨。及天[3] 神興探空色之新月毀譽不關於視聽。燕谷修寂滅之舊林心跡同歸於解脫。由是開演先師之業懋宣世尊之教。龍象致場。蟒蛇聽誦搢紳同社。婦孺知名。至若儼涅槃。化窮之時。應飛錫躡虛之擧。只遺隻履永歸十方。瑞虹輝暎於山門。香氣藹馣於禪室。一箇仙骨揚靈而騰。二粒神珠應祝而躍。于今二百餘載。英名洋溢妙蹟留傳。不顯乎哉。非偶然也。嗚呼。余遊輞泉精舍。仰瞻大師影眞。容儀俊豪。悅若金蓮湧水。眉宇竦朗。隱如寶月照林。最上乘非下輩。玉泉之春潭大師。禪師之六代法孫。宗其傳衣。得乎入室。尊仰大師者。不啻若天地之大山斗之高。裒輯遺篇。經營鋟梓。下山跋涉。訪我殷勤。請其弁卷。誠旣勤斯。念玆拙文。贊實難矣。辭之不獲。贅而有言。啓覽雲篇。詩韻瀏亮。粧出梵語。金石鏘鏗。馳鶩乎無何之鄉。茫洋乎如幻之域。苦海慈航。已泊言外之旨。迷津寶筏。亦涉詩餘之情。御秋雲而凌虛。香風藹藹。嘘春氣而闡化。法雨紛紛。此乃發言成章。假詩鳴道。然則逍遙之心。心即是佛。佛即是心。語語言言。心外無佛之珠樹。字字句句。佛外無心之叢林。旣異皎禪。戒越駭之談。亦超暢師。騁文章之事。遂爲之序。以冠其篇。

　聖上十九年乙卯。沙南居士完山。李輪祥書。

---

1) ㉑ 을본에는 '遙' 뒤에 '堂' 한 글자가 더 있다.　2) ㉑ '塋'이 을본에는 '葬'으로 되어 있다.　3) ㉑ '天'이 을본에는 '夫'로 되어 있다.

담양 옥천사에서 간행하다.

潭陽玉泉寺刊。

주

1 휴 상인休上人 : 남조 송나라 때 시승詩僧인 혜휴惠休의 별칭이다. 속성은 탕湯씨이며, 당시에 시로 명성을 떨친 포조鮑照와 친하게 지냈다.
2 무본無本 : 당나라 때 시인 가도賈島가 승려였을 때의 법명이다. 나중에 환속하여 한유韓愈의 지우知遇를 받았으며, 장강주부長江主簿를 지냈으므로 가장강賈長江이라 부르기도 한다. 자字는 낭선浪仙이다.
3 영철靈澈 : 당나라 때 시승으로, 자는 원징源澄이다. 교연皎然과 교유하였으며 포길包佶·이서李紓의 지우를 받아 도하都下에 이름을 떨쳤다.
4 삼당三唐 : 당나라 때 시풍詩風을 세 시기로 분류한 것으로, 초당初唐·성당盛唐·만당晚唐을 가리킨다.
5 도인이 석장錫杖을~것처럼 하면서 : 승려가 자유롭게 여행하며 노니는 것을 표현하는 말인데, 진晉나라 손작孫綽이 지은 「游天台山賦」의 "진정한 도인은 석장을 날려 허공을 밟고 다닌다.(應眞飛錫以躡虛)"라는 말에서 유래한 것이다.
6 짚신 한 짝 : 불도佛道의 경지가 높은 선승의 죽음을 말할 때 쓰는 표현이다. 중국 선종의 초조初祖인 달마가 죽은 지 3년 뒤에 위나라 송운宋雲이 총령蔥嶺에서 달마를 만났는데, 그때 그가 짚신 한 짝만을 들고 서천으로 가더라는 이야기에서 유래한 것이다. 『五燈會元』「東土祖師 初祖菩提達磨祖師」.

시
詩[1]

서정에서 묵으며
宿西亭[2]

서리 잔뜩 내린 차가운 밤에	夜寒霜氣重
먼 하늘 울리는 기러기 울음소리	天遠雁聲高
홀로 묵는 서정의 달빛 아래	獨宿西亭月
가을 꿈 부산하게 산으로 돌아가네	還山秋夢勞

---

1) ㉮ '詩'라는 글자는 편자가 보충하였다.
2) ㉮ '宿西亭'이 갑본에는 빠져 있다.

영준 스님에게 답하며【기축년 여름, 이때 나이 90이었다.】
賽英俊師[1)·2)]【己丑夏時年九十】

소림의 소식 끊어졌나니	少林消息斷
돌아보면 보통[1] 연간의 일이었지	緬想普通年
눈만 공연히 석 자나 쌓일 뿐	積雪空三尺
자손들은 두 팔뚝이 온전하구려[2]	兒孫兩臂全

---

1) ㉑ 이 작품 이하 4수는 『淸虛集』 권2(H7, 679b)에 보인다. 청허의 작품으로 추정된다.
2) ㉑ 갑본과 을본에는 '師' 뒤에 '四首' 두 글자가 첨입되어 있다.

또
又[1)]

나도 잊고 세상도 잊은 채	忘我兼忘世
쓰러져 누운 몸뚱이 하나	頹然只一身
밤 깊어 바람도 일지 않는데	夜深風不動
몸에 스며드는 소나무 달그림자	松月影侵人

---

1) ㉘ '又'가 을본에는 빠져 있다. 이하의 경우도 같다.

또
又*

바리때 씻고 향불 피우는 것 외에는	洗鉢焚香外
인간 세상의 일을 알지 못한다오	人間事不知
생각건대 스님이 머문 곳에는	想師捿息處
소나무와 회나무의 바람 소리 요란하겠지요	松檜聒涼思

또
又*

나물 뿌리 먹고 칡 옷 걸칠 뿐	菜根兼葛衲
속세의 일은 꿈도 꾸지 않는다오	夢不到人間
소나무 그늘 아래 높이 누우면	高臥長松下
구름도 한가하고 달도 한가하네	雲閑月亦閑

어느 선화의 청에 응하며【이름은 수일이고 호는 제월이다.】
賽一禪和之求[1]·[2]【名守一。號霽月。[3]】

늙으니 사람들이 천하게 보고	老去人之賤
병드니 친한 이도 멀어지누나	病來親也踈
평시의 은혜와 의리라는 것도	平生恩與義
이쯤 되면 모두가 허망하도다	到此盡歸虛

---

1) 원 이 작품은 『淸虛集』 권2의 〈老病吟〉(H7, 680c)과 내용이 같은데, 청허의 작품으로 추정된다.
2) 원 갑본과 을본에는 '求' 뒤에 '五首' 두 글자가 첨입되어 있다.
3) 원 을본에는 '月' 뒤에 '丙戌秋八十五'가 첨입되어 있다.

또【병술년 가을, 이때 나이는 85세였다.】
又*【丙戌秋八十五。¹⁾】

그림자 없는 나무 한 그루를	一株無影木
불 속에 옮겨 와서 재배하노니	移就火中栽
삼춘의 비를 기다릴 것도 없이	不假三春雨
붉은 꽃이 화려하게 활짝 피었도다	紅花爛熳開

---

1) ㉠ 을본에는 '丙戌秋八十五'가 없다.

또
又[*]

낮과 밤은 하늘이 열리고 닫힘이요	晝夜天開闔
봄과 가을은 땅의 삶과 죽음이라	春秋地死生
기이하도다, 이 하나의 물건이여	奇哉這一物
언제나 큰 광명을 발하고 있으니	常放大光明

또
又*

제불의 혀는 그 끝이 짧고	諸佛舌頭短
납승의 코는 그 구멍이 깊도다	衲僧鼻孔長
서쪽에서 온 줄 없는 거문고여	西來沒絃曲
소나무 달그림자 네모난 못 속에 잠겼네	松月浸方塘

또
又*1)

우스워라, 소를 탄 사람이여	可笑騎牛子
소를 타고 다시 소를 찾다니	騎牛更覓牛
그림자 없는 나무를 찍어	斫來無影樹
바닷속의 거품을 모조리 태우노라	銷盡海中漚

---

1) ㉮ 이 작품은 『淸虛集』 권2의 〈法藏大師〉(H7, 685b)와 내용이 같은데, 청허의 작품으로 추정된다.

오도
悟道

천지를 여인숙 삼아 형체 빌려 왔나니 　　　　蘧廬天地假形來
다생에 누차 탁태됨이 부끄럽도다 　　　　　慚愧多生托累胎
옥주[3] 한 소리에 활안을 번쩍 뜨니 　　　　玉麈一聲開活眼
깊은 밤 밝은 달빛이 영대에 비치누나 　　　夜深明月照靈臺

최고운의 석문 필적이 있는 쌍계사에 대해 쓰다[4]

【순치 4년(1647, 인조 25) 정해년 9월 16일에 짓다.】
題雯[1]溪寺崔孤雲石門筆[2]迹【順治四年丁亥。九月望後。】

두류산의 방장이야말로 신선의 세계	頭流方丈眞仙界
나래 쳐 읊조리며 석문에 부치노라	鼓翼淸吟付石門
석문의 필적이야말로 세상의 보배	石門筆*迹人間寶
유희한 금단이 백운 속에 갇혔어라	遊戲金壇鎖白雲

---

1) ㉠ '雯'은 '雙'의 오자인 듯하다.
2) ㉮ '筆'이 을본에는 '筆'로 되어 있다. 이하의 경우도 같다.

학인에게 보여 주다
示學人

입도의 제일장은 들은 것을 반조返照하는 것	入道初章是返聞
채찍질하면서 들은 것을 스스로 들어야지	會須鞭策自聞聞
이와 같이 많은 공용 허비하지 말아야	其然莫費多功用
별의별 소리 듣고서 현혹되지 않으리라	浩浩聲中不落聞

연곡사의 향각에 대해 쓰다
題燕谷寺香閣[1]

일간의 긴 대나무 서 있는 사원	一竿脩竹建精藍
서기의 상운이 석감을 감싸누나	瑞氣祥雲擁石龕
공경을 다해 피운 금단의 향불	香火金壇修敬盡
신심이 적멸하니 탐욕이 어찌 싹트랴	身心寂滅豈萌貪

---

1) ㉻ 갑본과 을본에는 '閣' 뒤에 '二首' 두 글자가 첨입되어 있다.

또
又[*]

수많은 경서는 달을 가리키는 손가락 같나니	百千經卷如標指
손가락 통해서 하늘의 달을 보아야만	因指當觀月在天
달 지고 손가락 잊으면 할 일이 없는지라	月落指忘無一事
배고프면 밥을 먹고 피곤하면 잠든다네	飢來喫飯困來眠

우제
偶題[1)]

물이 맑으니 진주가 늙은 대합 속에 들어앉은 뒤요 水明老蚌懷胎後
짙은 구름 창룡이 꽁무니를 빼는 때라 雲重蒼龍退骨時
정正이 가고 편偏이 오고 또 함께 이르고 正去偏來又兼到
진흙 소 가는 곳에 돌 양이 따라오네 泥牛行處石羊隨

---

1) ㉮ 갑본과 을본에는 '題' 뒤에 '五首' 두 글자가 첨입되어 있다.

또
又[*]

추우면 그대(闍梨)를 춥게 하고　　　　　　　　寒時寒殺闍梨去
더우면 그대를 덥게 하라⁵　　　　　　　　熱時熱殺闍梨來
추위와 더위의 가고 옴이 오직 하나의 맛　　　寒熱去來惟一味
맑은 향기 나부끼는 눈 속의 매화로세　　　　淸香飄拂雪中梅

又
又*

소양의 햇빛 속에서 산굽이 바라보니	昭陽日裏看山句
새는 말하고 잔나비는 읊고 천지가 드넓도다	鳥語猿吟天地寬
이것이 바로 공왕의 향상하는 비결	此是空王向上訣
맑은 하늘에 바람이 푸른 대를 뒤흔드네	淸霄[1]風撼碧琅玕

---

1) ㉑ '霄'가 을본에는 '宵'로 되어 있다.

또
又*

한 알 신주가 발하는 한 조각의 빛	一顆神珠一段光
때맞추어 혼자서 바쁘게 점검하였도다	時中自撿着忙忙
홀연히 낭생의 눈이 활짝 뜨이니	驀然開豁娘生眼
헛된 이름은 덮을 수 없음을 비로소 알겠도다	方信虛名不覆藏

또
又*

한 줄기 찬 빛 손에 쥘 수 없나니	一道寒光沒巴鼻
우리들 자신도 참으로 이와 같다네	儂家自分政如然
긴 밤 꿈속에서 불러일으키면	若也喚廻長夜夢
머리 들고 바야흐로 옛 주인을 보리라	擧頭方見舊主人

백 년 후의 진면목을 기억해 줄 영공 소사에게 감사하며
謝英公少師以記百歲後眞面目也

추석에 성묘하며 제사를 행하는 날	秋夕墳山行祭日
온갖 진미 차려 놓고 선령에게 올리리라	萬般珍味薦先靈
보답하기 어려운 구십 노인의 심정이여	年登九十情難報
그대의 뜻에 감사하며 멀리 소식 부치노라	謝子慇懃寄遠聲

【소요逍遙 늙은이가 죽고 난 뒤의 일을 전적으로 그대에게 부치노라. 월산月山 아래 평지의 다섯 마지기 전답田畓을 네가 가지고서 향화香火가 끊어지지 않게 하는 것이 어떻겠는가. 늙은이의 나이 84세인 을유년(1645) 11월 27일에 쓰다.(逍遙老漢百歲後事。專付於汝也。月山下坪五斗落只畓。汝當執持。以爲不絶香火之道。如何如何。時老漢八十四歲乙酉冬至月二十七日也。)】

인 선자의 청에 응하며
賽印禪子之求[1]

적요한 체성體性이 청허하고 확철하게 밝아서	寂體淸虛廓徹明
세간의 삼유가 모두 밝음을 이었도다	世間三有搃承明
예와 이제는 번갈아 바뀌지만 이지러짐이 없이	古今代謝無虧欠
만물에 응하고 인연에 따라 한결같이 밝도다	應物隨緣一搽[2]明

---

1) ㉮ 갑본과 을본에는 '求' 뒤에 '七首' 두 글자가 첨입되어 있다.
2) ㉮ '搽'이 을본에는 '樣'으로 되어 있다. 이하의 경우도 같다.

또
又[*]

하나둘 문이 열리며 천지가 밝아 오니	一二門開天地明
삼라만상이 갈수록 더욱 분명해지도다	森羅萬像轉分明
진흙 소는 포효하며 남쪽 향해 달리고	泥牛哮吼向南走
온갖 풀잎 끝에 조사의 뜻이 훤하도다	百草頭邊祖意明

또
又*

허철하고 영통한 삼점의 물	虛徹靈通三占水
범부의 이름과 성인의 명호가 바뀐 적이 없다네	凡名聖號未甞遷
만고천추가 어제 같지만	萬古千秋如昨日
명월이 먼 하늘을 비춤을 비로소 알았네	始知明月照長天

또
又[*]

영대의 옛 거울 보호하는 사람 없어	靈臺古鏡無人護
말하고 행동하는 동안에 못쓰게 되었네	廢落言談動用中
무진장한 여의의 광명이여	如意光明無盡莊
저녁놀 속을 독보하다 천지에 걸터앉네	丹宵獨步踞寰中

또
又*

소리마다 반조하는 저 사람의 모습	聲聲返照郞人姿
의연하고 해맑은 수월의 자태로세	截鐵淸標水月姿
천지가 개벽해도 항상 홀로 서 있나니	成壞劫遷常獨立
누가 그 자태를 볼는지 모르겠네	不知誰是見伊姿

또
又*

들은 것을 다시 듣고 원통의 성을 보아	返聞聞性見圓通
죽이고 살리는 기틀 온전히 벽력처럼 치달리네	殺活全機霹靂馳
무쇠나무 꽃이 핀 봄빛도 저무는데	鐵樹花開春色晚
오경의 새벽 달그림자 더디고 더디네	五更殘月影遲遲

또
又*

좌주만 따라다니면 껍데기 선이요　　　　尋行座主正皮禪
금침을 쌍으로 봉함하면 눈 뜬 봉사로다　　雙鎖金針正眼盲
쇠가죽 뚫고 담 앞에 선 듯하니　　　　　　穿透牛皮如立面
대가의 풍월이 또 어떻게 드러나랴　　　　大家風月更何章

진사 유철이 운을 불러 주기에
柳進士鐵呼韻

종소리 끊긴 수루에 비치는 초승달 빛 　　　水樓鍾斷月華新
먼 나그네 유유해라, 몸이야 병들건 말건 　　遠客悠悠任病身
어디선가 계속 들리는 잔나비 울음소리 　　　何處嶺猿啼不歇
고향 천 리 길 아직도 돌아가지 못하네 　　　故園千里未歸人

영상 박순이 운을 불러 주기에
朴領相淳呼韻

상수湘水 남쪽 백양산에 높이 누워서 　　　　湘南高臥白羊山
달 아래 졸졸 흐르는 시냇물 소리 듣노라 　　靜聽寒溪月下潺
붉은 계수나무 그늘 속에 문이 반쯤 닫혔는데　丹桂陰中門半掩
푸른 구름 사이로 지팡이 짚고 오네 　　　　一節來自碧雲間

시축詩軸 속의 운을 따라 철 상인에게 작별 선물로 주다
次軸中韻贈別哲上人

남쪽에서 온 푸른 눈의 스님 만나	邂逅南來碧眼僧
성긴 비 내리는 창가에서 등불 심지 돋우네	夜窓踈雨剪孤燈
내일 아침엔 또 선산으로 향해 떠나가나니	明朝又向仙山去
발아래는 까마득히 몇만 층 푸른 벼랑인가	脚下蒼崖幾萬層

묵 장로에게 봉정하다
奉默長老

옛날 함께 노닐었던 묘향의 구름과 물 　　妙香雲水昔同游
손가락 꼽아 보니 지금 어언 이십 년 　　屈指如今二十秋
차 마시다 보니 어느새 산이 어둑어둑 　　茶罷不知山欲暮
물 서쪽 누대에서 드문드문 경쇠 소리 들리네 　　一聲踈磬水西樓

한 장로의 운을 따르다
次閑長老韻

나그네 시름 유유해서 홀로 잠 못 이루는데	客思悠悠獨不眠
뜨락의 비바람 소리 하룻밤이 일 년 같네	一庭風雨夜如年
내 마음속의 한 물어보는 사람 없이	無人問我心中恨
앉아서 듣는 새벽 알리는 찬 종소리	坐聽寒鍾報曉天

원 상인에게 작별 선물로 주다
贈別圓上人

변방에서 그대 만나 구면처럼 지냈나니   塞外逢君如舊識
우리 모두 한강 남쪽 사람이라서   只緣同是漢南人
헤어진 뒤 어디에서 서로들 생각날까   欲知別后相思處
밝은 달 텅 빈 산 두견이 울어 댈 때라네   明月空山有杜鵑

능허자와 헤어지며
別凌虛子

이별의 정과 나그네 생각 다 처량하니	離情羈思共悽悽
봄 다한 강남땅 마음 더욱 못 잡겠네	春盡江南意轉迷
산새야 우리의 한을 알 리 없으련만	山鳥不知多少恨
숲 너머 석양 속에서 사람 향해 울어 대네	隔林斜日向人啼

병중에 회포를 쓰다
病裡書懷

병든 몸 해 넘기며 앉아서 지내며　　　　　抱疾經年長打坐
추위가 겁이 나서 문밖에 나가지 못했는데　　㤼寒惟恐出門遊
봄빛이 다했다고 아동이 홀연히 전하기에　　兒童忽報春光盡
깜짝 놀라 일어나 산을 보니 푸른 잎 짙어 있네　驚起看山綠葉稠

정언 오정길에게 봉정하다
奉吳正子[1]廷吉

섬궁蟾宮(달)의 계수나무 가지를 꺾으신 분[6]	蟾宮曾折桂花枝
병들어 강촌에 머문 지 얼마나 됐소	病滯江村問幾時
지금 세상 물결이 천 층이니	當今世路千層浪
한가로이 만 권의 시 보는 게 훨씬 나으리라	何似閑看萬卷詩

---

1) ㉑ '子'가 갑본과 을본에는 '言'으로 되어 있다. ㉕ 번역은 갑본과 을본에 따랐다.

준 소사와 작별하며 남겨 준 시
贈別俊少師

작년엔 여산 정상에서 나를 송별했는데	去年別我廬山頂
오늘은 초수 가에서 그대를 보내누나	今日送君楚水濱
이별의 시름 유유해서 둘 다 말이 없는데	離思悠悠兩無語
여기에 또 봄 저물어 꽃은 지고 새는 우네	落花啼鳥又殘春

계명 선자와 헤어지며
別戒明禪子

풀잎 푸른 강남땅에 봄날이 긴데	草綠江南春日遲
다리 위에서 송별하는 시를 또 짓는구나	河橋又作送人詩
세간의 이별은 어느 때나 멈추려나	世間離別何時了
손잡고서 은근히 다시 만날 날을 묻네	握手慇懃問後期

충휘 스님의 운을 따라 준 장로에게 증정하다
次冲徽師韻贈俊長老

한평생 속세의 마을 지팡이 딛지 않고	百年節不落塵村
하나의 누더기 행장으로 만학의 구름 속에	一衲行裝萬壑雲
일천 산 저물녘에 몇 가닥 경쇠 소리	數聲淸磬千山暮
판각에서 분향하며 석존께 예배드리네	板閣焚香拜釋尊

해운사의 운을 따르다
次海運使韻[1)]

일천 봉우리 구름에 잠겨 속인 보기 드문 곳 　　　雲鎖千峯俗子稀
고요한 방에 향불 피우고 옷깃 여미네 　　　　　　燒香靜室斂禪衣
계림 너머에서 다가오는 지팡이 소리 　　　　　　筇音漸近溪林外
멀리서 진경眞境 찾는 손님인 줄 알겠네 　　　　　知有尋眞客遠歸

---

1) ㉮ 갑본과 을본에는 '韻' 뒤에 '二首' 두 글자가 첨입되어 있다.

또
又*

선도에서 만난 것이 참으로 행운인데　　邂逅仙都眞一幸
다리에서 다시 이별의 시름을 나누다니　　溪橋又作別離愁
이 뒤에 서로 어디에서 그리워할까　　此後相思問何處
남쪽 하늘가 구름 물 있는 봉황루일세　　楚天雲水鳳凰樓

계령 선자를 애도하며
哀戒靈禪子

그대 한 사람이 법문을 잘 이해해서	法裡仙陀汝一人
십 년 향불 피우며 서로 제일 친근했지	十年香火㝡相親
해악에 전해진 천 리 길 부음이여	千里訃音傳海嶽
석양에 하늘 바라보며 눈물로 수건 적시노라	夕陽空望淚霑巾

조행 소사를 애도하며
哀祖行小師

세 번 불러 세 번 대답한 너를 자기로 여겼는데[7]	三喚三酬作子期
저승길 재촉해 돌아갈 줄 어찌 알았으랴	郍知冥路促筇歸
조석으로 보던 그림자 문밖에 사라지고	門外竟沈朝暮影
그동안 입던 삼의[8]만 횃대에 보이네	架頭唯見舊三衣

부안 사군의 운을 따르다
次扶安使君韻

병을 걱정하며 천 리 길 보낸 답장　　　　千里書回病思悠
서풍이 낙엽 날리며 사람 시름을 씻어 주네　西風吹葉送人愁
언제나 방장산 쌍계사 달빛 아래　　　　　何年方丈雙溪月
누대에 함께 기대어 종소리 다시 들어 볼까　更聽踈鍾共倚樓

또 별운을 써서 올리다
又用別韻上

부임한 해 이래로 범이 북으로 옮겨 가서	下駕年來虎北遷
생민이 모두 또 다른 하늘로 떠받드는 분	生民咸戴兩重天
듣자니 재판정에도 사람 그림자 끊어져서	聞道訟庭人影斷
글이나 보고 소일하며 단잠을 즐기신다고요	看書遣日又甘眠

최 진사에게 부치다 [2수]
寄崔進士【二[1)]】

[1]
이별한 뒤로 그야말로 혼이 다 나갔는데　　自有離愁正斷魂
심사를 걷잡을 수 없어 뜬구름에 보내네　　懶移心事寄看雲
한번 떠난 나그네는 소식도 없이　　游人一去無消息
홀로 문 닫은 빈 화단에 꽃잎만 떨어지네　　花落空壇獨閉門

[2]
병들어 수심에 잠겨 문 닫은 빈집　　病中眉鎖掩空堂
쇠잔한 경쇠 소리와 향기로운 등은 이경이 되려 하네　　殘磬香燈欲二更
이별한 뒤로 망연히 한만 품은 채　　別后茫然多少恨
산 가득 달빛 아래 잔나비 소리 듣는다오　　滿山明月聽猿聲

---

1) ㉝ '二'가 을본에는 '二首'로 되어 있다. 이하의 경우도 같다.

기러기 소리를 듣고 느낌이 있어서
聞鴈有感

오동잎 하나 은연중에 가을을 알리는데	梧桐一葉暗知秋
기러기가 서풍 띠고 누대 위를 지나가네	鴈帶西風過小樓
병든 길손 고향 생각 견딜 수가 없는데	病客不堪鄉思苦
창가의 밝은 달이 나른한 시름을 씻어 주네	夜窓明月送閑愁

초가을의 서늘한 기운이 교외에 감돌기에
新凉入郊墟

강마을 어딘가에서 일어나는 가을바람	江城何處起秋風
반딧불이 물 흐르듯 저녁 하늘에 점을 찍네	螢火如流點暮空
서늘한 기운 타고서 달 읊기 좋은 시절	政好乘涼吟夜月
호연히 시상詩想이 누대 안에 가득하네	浩然詩思滿樓中

진사 유윤에게 봉정하다 【2수】
奉柳進士淪【二*】

[1]

만학의 연기와 노을 속에서 이 몸 늙어 갈 뿐	萬壑烟霞老此身
백 년토록 세상길에 지팡이 짚지 않았다오	百年筇不落城塵
어디선가 진경眞景 찾는 손이 문을 두드려서	叩門何處尋眞客
남화 꿈속의 사람을 깨어 일으켰네⁹	驚起南華夢裡人

[2]

명승을 모두 돌아다녀 흥이 이미 다했는데	行盡名區興已窮
티끌세상 돌아가려니 생각이 또 어수선	塵寰歸思又悤悤
떠나는 사람 남은 사람 각자 한이 많겠지만	去留各抱多愁恨
한가하고 바쁜 길이 이제 같지 않으리	自是閑忙路不同

심 교리의 유배지에 부치다 [2수]
寄沈校理謫所【二*】

[1]

인간의 성패는 모두 하늘에 달렸으니	人間成敗摠關天
모름지기 중심 잡고 자연에 순응하라	須把中心合自然
지금 성대에 이슬과 비와 같은 은혜 많으니	聖代即今多雨露
생각건대 계사[10]가 당년에 있으리다	想應雞赦在當年

[2]

변방에 떨어진 것이 묻노니 몇 봄인가	流落遐荒問幾春
도성 하늘만 바라볼 뿐 돌아가지 못하누나	綵雲空望未歸人
세상길이 백척간두 오르는 것 같으니	世路如今登百尺
궁한 물고기[11] 되고도 남음이 있음을 알겠네	方知勝作一窮鱗

정 청풍의 운을 따르다
次鄭淸風韻

도를 즐기며 산도 즐기고 물도 즐기고	樂道樂山兼樂水
푸른 창 넝쿨의 달이 황금 무늬 점을 찍네	碧窓蘿月點金文
병중에 홀연히 손이 왔다는 말을 듣고	病裡忽聞驚客至
일어나 바삐 누대 가득한 구름을 털어 내네	起來忙掃滿樓雲

김 상사의 운을 따르다
次金上舍韻[1)]

흰 구름 쌓인 속에서 좌선만 하는 중인지라　　白雲堆裡坐禪僧
승상[12]에 홀로 기대어 잠들어 본 적이 없소　　獨倚繩牀睡未曾
산중의 뛰어난 경치 찾아보고 싶거들랑　　　　若也山中探勝景
청려장青藜杖 높이 떨쳐 석문 올라 보시기를　　青藜高拂石門登

---
1) ㉘ 갑본과 을본에는 '韻' 뒤에 '二首' 두 글자가 첨입되어 있다.

또
又*

칼 놀릴 소¹³도 없이 건덕¹⁴에서 노니나니	恣刃無牛建德游
백 년의 신세가 푸른 부평초로세	百年身世綠萍浮
늘상 연기와 노을 속에 누워 세월도 잊은 채	一臥烟霞忘歲月
꽃 피고 잎 지면 봄가을인 줄 안다오	花開葉脫記春秋

삼정 소사에게 주다
贈三政少師

청춘에 머리 깎고 불문佛門에 들어와서	靑年斷髮入空門
흰 구름에 부친 그대의 행장 흐뭇하도다	喜爾行裝寄白雲
불법의 현묘한 도리 알고 싶거든	欲知佛法玄玄妙
강서가 한 무리 쏜다고 한 것을 배워야 하리[15]	學得江西射一羣

산중의 회포를 읊다 [2수]
山中詠懷【二*】

[1]
낙양성 안의 경비객[16]들이여　　　　　　　洛陽城裡輕肥客
바쁘기만 할 뿐 반나절의 한가함[17] 얻으리오　役役何曾半日閒
서운해라, 산중의 크고 작은 경치를　　　　　惆悵山中多少景
백 년 동안 노승만 실컷 보게 하다니　　　　　百年分付老僧看

[2]
도성 거리 붉은 먼지 한 자도 넘게 쌓이니　　　紫陌紅塵尺許深
벼슬하며 부침하는 객들이 얼마나 많은가　　　幾多游宦客浮沈
하늘이 빈승에게 준 흰 구름 머문 골짜기　　　誰知一片白雲壑
만금의 가치가 있는 줄 그 누가 알랴　　　　　天付貧僧直萬金

연곡사 벽 위에 쓰다
題燕谷寺壁上[1)]

두류산 아래의 유명한 가람	頭流山下有名藍
석담에는 해마다 소나무 달빛이 어린다네	松月年年漾石潭
촌 늙은이가 등림하여 한껏 흥을 내고	野老登臨多逸興
꿈속에 선학 타고서 푸른 구름 찾는다오	夢中乘鶴碧雲探

---

1) ㉮ 갑본과 을본에는 '上' 뒤에 '二首' 두 글자가 첨입되어 있다.

또
又*

연기 조사가 창건한 뒤를 이어　　　　烟起祖師初創去
병든 소요가 또 중건하였다오　　　　逍遙病老又營來
슬퍼라, 왕년 사람은 다 갔는데　　　　怊悵昔年人事盡
안산은 여전히 푸른 눈썹 치켜떴네　　案山依舊翠眉開

성원 선자에게 주다 [2수]
贈性源禪子 [二*]

[1]

많은 경전을 모래알만큼 많이 읽는다 해도	百千經卷誦如沙
마음은 바람 속 모래처럼 괜히 고달프리	心地虛勞風裡沙
어찌 조주의 공안 위에서	何似趙州公案上
몸을 뒤집어 한 번 던져 티끌 모래를 깨뜨림 같으리	翻身一擲破塵沙

[2]

소리도 없고 냄새도 없고 이름도 없이	無聲無臭又無名
도처에서 상종하는데도 밝힐 수가 없네	到處相從不可明
공왕의 진면목을 알고 싶은가	欲識空王眞面目
가을빛 끌고 강마을 지나는 기러기 보게나	鴈拖秋色過江城

밀행 선자에게 보이다 [2수]
示密行禪子【二*】

[1]
먹물 옷 입고 머리 깎은 것 유래가 있나니 披緇剃髮有來由
청산에서 할 일 없이 늙어 가지 말지어다 莫向靑山空白頭
사십구 년 동안의 많은 말씀들 四十九年多少說
종횡으로 우리에게 돌아가 쉬라 이르시네 縱橫爲我指歸休

[2]
아, 그대가 오백 년 뒤에 태어나 嗟爾生當後五百
무슨 이유로 다시 출가승이 되었는가 何因更作脫塵僧
임제의 광풍이 힘이 없는 지금 臨濟狂風吹不振
그대 말고 또 누가 떨칠 수 있겠는가 如今捨子繼誰能

탁령 법사에게 보이다【2수】
示卓靈法師【二*】

[1]
탁연히 허적하고 담연히 신령스럽나니　　卓然虛寂湛然靈
그 면모 언제 한번 사생에 떨어졌으리오　　面貌何曾落死生
스님이여, 그의 귀결처 알고 싶은가　　　　師乎欲識渠歸處
달은 성긴 발에 들고 밤빛은 청명하네　　　月入疎簾夜色淸

[2]
원각당 안에 시방 중생 모아 놓고　　　　　圓覺堂中聚十方
형 아우 부르면서 무생을 배우도다　　　　兄乎弟耶學無生
낱낱의 생긴 인연이 단지 이와 같거늘　　　箇箇生緣只如此
나에게 굳이 앞길을 물어볼 것 있으리오　　何須煩我問前程

의현 법사에게 답하다 [2수]
賽義玄法師【二*】

[1]
삼라만상이 결국은 모두 허깨비	森羅萬像同歸幻
하늘을 나는 새의 자취 찾을 수 없네	鳥過長空覓沒蹤
허공도 몸을 감출 곳이 못 되나니	虛空不是藏身處
바람 앞에 비 머금은 솔을 보시게나	看取風前帶雨松

[2]
지팡이 짚고 누더기 걸친 한가한 이 몸	短節雲衲此身閑
만학에서 노니는 백 년의 행장이라	百歲行裝萬壑間
피곤해서 솔 그늘 아래 홀로 잠들면	困來獨倚松陰睡
바람이 물소리 시원하게 꿈속으로 보내 주네	風送溪聲入夢寒

산중만흥 【2수】
山中漫興【二*】

[1]

인간 세상 외물 좇아 번뇌 많은데	人寰逐物多煩惱
세간을 벗어나는 남자가 몇이나 될지	幾介男兒脫世間
누가 알까, 촌 늙은이가 속진의 그물 벗어나	誰知野老出塵網
솔바람 속에 높이 누워 뼛속까지 시원한 줄을	高臥松風徹骨寒

[2]

나만 홀로 어수룩하고 나만 홀로 한가로워서	我獨昏昏我獨閑
반생의 신세를 백운과 함께 보낸다오	半生身世白雲間
선경仙境 노니는 꿈에 밤중에 놀라 깨니	夜來驚破游仙夢
시원한 베갯머리에 밝은 달 솔바람 소리	明月松聲一枕寒

시산 사군의 운을 따르다
次詩山使君韻

비에 막혀 성중에 머문 객의 한이 많으니　　滯雨城中客恨多
바삐 돌아가려는 마음이 또 어떠하리　　念念歸思又如何
아마도 두류산 꼭대기의 사원은　　想應寺在頭流頂
달빛 환한 텅 빈 산에 계수나무 꽃이 지련마는　　明月空山落桂花

산에 돌아가며 다시 앞의 운을 써서 시산 아헌에 올리다
還山更用前韻上詩山衙軒

만남과 이별이 번갯불 같아 감개가 특별한데	電逢電別感偏多
시름하는 이외에 만첩청산을 어찌하랴	愁外靑山萬疊何
어느 날에 석문 방장의 절간에서	何日石門方丈寺
밤 깊도록 얘기 나누며 등불 심지 돋워 볼까	夜闌淸話剪燈花

국화를 노래하다
咏菊

적막한 동쪽 울타리에 국화 한 가지[18]	寂寞東籬一枝菊
점점이 서리 띤 향기로운 꽃 어여뻐라	香葩點點帶霜姸
상국의 국화시를 언급하는 길손이여	爲言上國風騷客
시를 평하며 경계에 떨어지지 마시기를	莫把詩看落境緣

꿈속에서 매화를 읊다
夢中詠梅

담 모서리에 일찍 핀 차가운 매화	墻角寒梅早已開
달빛 속에 찾아온 은은한 향기 성긴 그림자[19]	暗香踈影月中來
향내와 관계없이 별세계인 줄 알겠노니	不涉馥香分別界
봄빛이 누대에 흠뻑 번지고 있음을 보라	任看春色浸樓臺

임 상사의 운을 따르다
次林上舍韻

오제와 삼황도 한바탕 꿈속의 일	五帝三皇一夢間
앞사람은 가고 뒷사람은 돌아오는데	前人去去後人還
촌 늙은이는 고금의 변화 알지 못한 채	野老不知今古變
태평한 신세를 강산에 부쳤다오	太平身世付江山

은 장로에게 보이다
示誾長老

구십 일 동안 금족하며 무슨 일 이루었나	九旬禁足成何事
진흙 소 길들여서 도량에 세웠다오	弄得泥牛建法場
어젯밤 삼경에 몸을 뒤척이며	三更昨夜翻身去
포효한 뇌성이 시방에 두루하였다네	哮吼雷聲遍十方

가을밤에 우연히 읊다
秋夜偶吟

추위와 더위가 바뀌며 큰 빛을 발하나니	寒暑相更放大光
영악이 동방을 비춘다 말하지 마오	莫言靈嶽照東方
한 줄기 계설[20]이 항상 법문을 설하나니	一條溪舌常宣說
어느 곳 강산인들 도량이 아니리오	何處江山不道場

도희 선인에게 주다 [2수]
贈道熙禪人【二*】

[1]
광음이 신속하게 고리처럼 돌아가니　　　　　光陰倏忽走如環
시중을 제기하면 관문을 부딪지 못하리라　　　提起時中背觸關
경천동지하는 경지에 이른다면　　　　　　　　若到驚天動地去
목련꽃이 피고 물이 졸졸 노래하리　　　　　　木蘭花發水潺潺

[2]
조주의 공안은 생각으로 안 되는 것　　　　　趙州公案沒心思
은산철벽이라 어떻게 해도 알 수 없네　　　　鐵壁銀山百不知
의심하고 의심하며 쉴 새 없이 의심하면　　　疑來疑去疑無間
고목나무 옛 가지에 꽃이 가득 피리라　　　　枯木開花滿故枝

초엄 법사에게 답하다
賽楚嚴法師

명암이 교차하는 죽이고 사는 기틀　　明暗相叅殺活機
그 누가 현성공안[21]을 알 수 있을까　　現成公案有誰知
넝쿨 달빛 아래 청산에 홀로 앉아　　獨坐碧峯蘿月夜
하염없이 선사를 공연히 추억하네　　悠悠空費憶先師

상준 법사에게 답하다 [2수]
賽尙俊法師 [二*]

[1]
마조는 할 하나로 온전히 제창提唱했고　　　　馬祖全提一喝來
대웅은 대기를 걸머지고 왔도다　　　　　　　　大雄擔荷大機來
사흘 동안 귀먹은 것이 별것 있는가　　　　　　耳聾三日無多子
건곤과 일월을 손안에 쥐었는걸　　　　　　　　掌握乾坤日月來

[2]
임제와 덕산은 오줌싸개 같은 애송이　　　　　臨濟德山屎床鬼
사람에게 한바탕 시름 면치 못하게 했네　　　　令人未免一場愁
사해 생령이 모두 편안히 잠자는데　　　　　　四海生靈盡安枕
어째서 꼭 풍류를 지어 어지럽히는가　　　　　何須强作亂風流

영조 법사에게 답하다
賽靈照法師

깨달음 등지고 비틀거린 지 몇 년인가　　　背覺跉跰問幾年
항하 모래처럼 흘러간 세월 셀 수 없도다　　恒沙難可筭流年
금생에 조계의 길을 밟지 않으면　　　　　　今生不踏曹溪路
발 들고 고향 갈 날 언제나 있으리오　　　　擡脚還鄉豈有年

학주 선자에게 보이다
示學珠禪子

등에 뿔난 진흙 소 채찍 들지 않아도　　背角泥牛不擧鞭
몸 뒤집어 푸른 못 안개를 답파하네　　翻身踏破碧潭烟
한 소리 포효하여 천지를 놀래니　　一聲哮吼驚天地
번갯불 같은 기지가 콧구멍을 꿰었도다　　掣電之機鼻孔穿

경선 법사가 묘향산에 가는 것을 전송하며
送敬禪法師之妙香山

태백산 꼭대기 연기와 놀 속에 머물다	曾住烟霞太白巓
남방에서 불법 구한 지 이미 여러 해	南游問法已多年
오늘 아침은 또 춘풍의 지팡이 떨쳐	今朝又拂春風杖
그림자 표연히 한수의 물가에 외롭네	隻影飄然漢水邊

승호 장로에게 주다 [2수]
贈勝浩長老 [二*]

[1]
가을이 가면 그림자 없는 나무에 잎이 날리고   秋去葉飛無影樹
봄이 오면 싹 트지 않는 가지에 꽃이 피도다   春來花發不萌枝
진겁에 통하는 우리 집안의 외눈이여   儂家隻眼通塵劫
달밤에 난간에 기대어 자규 소리 들노라   夜月憑欄聽子規

[2]
마왕의 팔만 성을 모두 격파하였으니   擊盡魔王八萬城
육문의 어느 곳에서 요정이 일어나랴   六門何處起妖精
천군이 한번 깨면 병진이 종식되나니   天君一覺兵塵息
장안성 큰 거리에 달이 정녕 밝도다   十二街頭月政明

의신난야에 밤에 앉아서 회포를 적다【2수】
義神蘭若夜坐書懷【二*】

[1]

사십 년 전에는 문자 해석에 익숙하여	四十年前閑學解
먹다 남긴 국물 포식하는 것을 능사로 여겼지	滿尖殘羹以爲能
불법은 원래 문자가 아님을 비로소 알겠노니	始知佛法元非字
서쪽에서 온 벽안의 승려에게 부끄러워라	慚愧西來碧眼僧

[2]

옛길이 분명히 발아래 통하는데	古路分明脚下通
다겁에 스스로 길을 잃고 쑥대처럼 흩날렸네	自迷多劫轉飄蓬
위음왕이전²²으로 몸 한 번 뒤집어 내던지니	翻身一擲威音外
뿔 꺾인 진흙 소가 눈 속으로 달려가네	折角泥牛走雪中

정토사 향각에 대해 쓰다
題淨土寺香閣

나무 닭 울음 그치고 새벽종 여운 남을 때	木鷄啼罷曉鍾殘
차가운 밤비 속에 석녀의 혼이 놀라네	石女魂驚夜雨寒
궁상에 떨어지지 않는 종풍의 노래를	宗風不落宮商[1]曲
아무리 연주해도 파안대소하는 사람 없네	彈出無人笑破顔

---

1) ㉘ '商'이 을본에는 '啇'으로 되어 있다. ㉙ 번역은 을본에 따랐다.

원각 가람을 노래하다 [3수]
詠圓覺伽藍[三[1)]]

[1]

빠짐없이 찾아본 원각 대가람	遍探圓覺大伽藍
강역에서 둘째 셋째로 떨어진 적 있었으랴	彊城[2)]何曾落二三
오호의 연기와 달 모두 고개 숙이는 곳	五湖烟月皆賓服
여기에 또 뒷산의 원숭이 소리 들리느니	更有啼猿在後巖

[2]

시방 티끌 세계 속의 한 정결한 사원	十方塵界一精藍
전삼삼과 후삼삼[23]은 물어보지 말지어다	莫問前三與後三
오직 주인이 언제나 잠 못 들고서	唯有主人長不夢
서암 너머 경쇠 소리 혼자 듣고 있다네	獨聞淸磬隔西嵓[3)]

[3]

미진을 모아 그 속에 건립한 가람	撮微塵裡[4)]建伽藍
일에서 삼으로 나뉘어도 삼은 삼이 아니로다	處一分三三未三
이로부터 삼과 일을 다시 보는 외에	從此更看三一外
만중의 바위에 달은 밝고 솔바람 소리 들리도다	月明松籟萬重巖

---

1) 원 '三'이 을본에는 '三首'로 되어 있다.
2) 원 '城'이 을본에는 '域'으로 되어 있다. 역 번역은 을본에 따랐다.
3) 원 '嵓'이 을본에는 '巖'으로 되어 있다.
4) 원 '裡'가 을본에는 '裏'로 되어 있다.

규봉의 원각소초에 대한 감상
感圭峯圓覺疏鈔

규산 대사의 크고 자비로운 은혜여   圭山大士大悲恩
금선 석가세존보다 못하지 않도다   不下金仙釋世尊
뜻을 해석하고 관에 들어 촛불처럼 명확하니   釋義入觀明若燭
후손을 얼마나 많이 편달했나   幾多鞭起後兒孫

화엄사의 불보와 법보를 찬탄하다 [2수]
贊華嚴佛法二寶

[1]

이 사바에 응하여 세운 불법의 도량   應此娑婆建法場
몸을 백억으로 나눠 티끌 같은 세상에 두루하였도다   分身百億遍塵方
붓끝에 일제히 나타난 가없는 찰토刹土여   毫端齊顯無邊刹
달이 천 강을 비추면서 하나의 빛에 처했도다   月照千江處一光

[2]

구름 그물이 겹겹인 대각의 도량   雲網重重大覺場
찰진이 상입하여 정녕 한계가 없도다   刹塵相入定無方
같으면서도 다르고 다르면서도 같음이 하나로 꿰어지나니   同異異同爲一貫
분명히 항상 설하면서 사광을 발하도다   熾然常說放絲光

『화엄경』 일부를 읽고 우연히 쓰다
讀華嚴一部偶題

우리는 본시 변두리 사람으로	吾人素是即邊人
사람 중 격식을 벗어난 사람임을 자인하노라	自許人中出格人
꿰어 놓은 꽃(경전)을 씹어 한 글자도 없으니	咀嚼貫花無一字
눈앞의 미진찰토微塵刹土 옛날 사람이로다	眼前塵刹舊時人

선우 선자에게 보이다 [2수]
示善友禪子 [二*]

[1]
천지를 품에 안은 위대한 각왕이여　　　　含裹乾坤大覺王
몸은 길고 짧은 것이 아니요 빛은 황색이 아니로다　體非長短色非黃
꽃 피고 잎 지는 이것이 무엇인가　　　　花開葉脫是誰子
힘껏 참구하여 한마디 이를지어다　　　　盡力叅詳做一場

[2]
조주趙州 노인 선관은 잡을 곳이 없나니　　趙老禪關沒可把
가지와 잎은 내지 않고 무無만 제창하는도다　不生枝葉但提無
귀가하는 이정표를 물을 필요 있겠나　　　歸家程節何須問
달이 홀로 여울 속에서 환히 비추는걸　　　月在灘中卓爾孤

계우 법사에게 보이다 【2수】
示繼雨法師【二*】

[1]

불 속의 붉은 연꽃이 헌 옷 위에 떨어지니	火裡紅蓮落故衣
목동이 주워서 광주리 가득 돌아가네	木童收拾滿筐歸
소리 없는 옛 노래를 누가 감히 화답하랴	古曲無音誰敢和
시냇가의 석녀가 빙그레 미소 지을 뿐	溪邊石女笑微微

[2]

집집마다 문밖은 장안으로 통하는 길	家家門外長安路
도처에 있는 굴속에는 사자의 새끼	處處窟中獅子兒
거울 깨뜨린 이래로 하나의 일도 없고	打破鏡來無一事
꽃가지 위에는 새의 몇 마디 노랫소리	數聲啼鳥上花枝

금류동의 금계 소리를 읊다【2수】
賦金流洞金溪聲【二*】

[1]
몇 겁이나 근본 잃고 소리를 따랐던가　　　　　迷本循聲幾劫中
원래 만법은 원만하게 통하는 것을　　　　　　元來萬法是圓通
과거 관음불의 일을 추억하노라니　　　　　　追思徃昔觀昔[1)]佛
들리는 소리마다 묘공의 경지에 들게 하네　　勅使聞聞入妙室[2)]

[2]
크고 원통한 문이 활짝 열렸나니　　　　　　　廓落圓通門戶開
불립문자 들을 수 있다면 무슨 티끌 있으리오　能聞不立有何塵
바위에 부딪혀 흐르는 차가운 물소리가　　　　清流觸石冷冷響
다생의 꿈속의 사람을 불러일으키네　　　　　喚起多生夢裡人

---

1) 원 '昔'이 을본에는 '音'으로 되어 있다. 역 번역은 을본에 따랐다.
2) 원 '室'이 을본에는 '空'으로 되어 있다. 역 번역은 을본에 따랐다.

선가 전위 [2수]
禪家轉位 [二*]

[1]

우뚝 솟은 현관에서 생환하였나니	孤峭玄關生來還
옛집의 풍경을 어찌 다시 감상하랴	舊家風景豈重攀
만약 어둠 속에서 한 걸음 옮긴다면	若也暗中移一步
푸른 버들 향기로운 풀에 물이 졸졸 흐르리라	綠楊芳草水潺潺

[2]

천지와 대지가 완전히 없어졌어도	乾坤大地沒絲毫
정견은 남아 있어 반쯤 끌기 시작하네	情見猶存始半提
가을 달 봄꽃 무한한 그 뜻이여	秋月春花無限意
자고새 소리 한가로이 들어도 좋으리라	不妨閑聽鷓鴣啼

한 권의 경을 읊다
咏一卷經

춥고 더운 사계절 가고 오는 속에   四序炎涼去復來
자기 마음의 경전을 그 누가 알랴   誰人知得自心經
노승 홀로 문자 없는 도장을 쥐고   老僧獨把無文印
솔 그늘 아래 앉아 일생을 보내노라   坐看松陰過一生

언 법사에게 보이다 [2수]
示彦法師【二*】

[1]
뿔 없는 무쇠 소가 허공에 올라가서　　　鐵牛無角陟虛空
삼천의 제석궁을 때려 부순 뒤에　　　　磕破三天帝釋宮
몸 뒤집어 염부 세계로 내려와서는　　　翻身却下閻浮界
설산의 바람에 꼬리 머리 까부누나²⁴　　擺尾搖頭雪嶺風

[2]
영양은 뿔을 걸어 자취 남기지 않고²⁵　　羚羊掛角無蹤迹
고목은 꽃이 피어 또 다른 봄날일세　　　枯木花開別是春
청컨대 선화여 행각을 다 마치면　　　　敢問禪和行脚罷
나에게 꾼 초혜전²⁶ 부디 갚기를　　　　要須還我草鞋錢

대현 선자에게 답하다
賽大玄禪子

아지랑이 물결 위에 무쇠 배를 띄우고	陽焰波頭泛鐵船
가람에서 불 속의 연꽃을 채취하노라	提藍採取火中蓮
〈채련곡〉 끝나면 다른 할 일 없으니	採蓮曲罷無餘事
그저 우리 임금님 만년 누리시기만 축원할 뿐이네	但祝吾王享萬年

열 사리에게 주다 [2수]
贈悅闍梨 [二*]

[1]
별을 날리고 대를 터뜨리듯 기봉이 매섭고　　　飛星爆竹機鋒峻
바위 쪼개고 벼랑 무너뜨리듯 기상이 드높아라　　裂石崩崖氣像高
왕의 칼처럼 사람을 죽이고 살리나니　　　　　　對人殺活如王釰[1)]
늠름한 위풍이 오호에 가득하도다　　　　　　　凜凜威風滿五湖

[2]
쇠몽둥이 그림자 속에 허공이 찢어지고　　　　　金鎚影裡裂虛空
놀랍게도 진흙 소가 바다 동쪽 지나가네　　　　　驚得泥牛過海東
산호와 명월이 차갑게 서로 비추니　　　　　　　珊瑚明月冷相照
예와 오늘과 하늘과 땅이 한바탕 웃음 속이로다　今古乾坤一笑中

---

1) ㉮ '釰'이 을본에는 '劍'으로 되어 있다.

퇴은 서산 대사를 재차 참알參謁하고 비결을 얻다
再參退隱西山大師得訣

서산의 달은 금봉의 뒤에 비치고	西山月暎[1]金峯後
설죽의 바람은 퇴은 앞에 일어나네	雪竹風生退隱先
진나라 때의 거울[27] 꺼내 보여 주기에	曾蒙點出秦時鏡
누워서 보니 진흙 소가 대천세계 달아나네	臥看泥牛走大千

---

1) ㉑ '暎'이 을본에는 '映'으로 되어 있다. 이하의 경우도 같다.

천해 법사에게 주다 [3수]
贈天海法師【三¹⁾】

[1]
진제眞諦와 속제俗諦가 눈앞에 둘 다 밝건만   眞俗雙明在眼前
불 속의 연꽃이라고 아는 사람 없어라   無人知道火中蓮
노승은 습관적으로 칼을 놀리면서   老僧慣得嘗游刃
달밤에 배꽃 아래 두견 소리 듣노매라   夜月梨花聽杜鵑

[2]
앞 시내 버들은 여린 황금색이요   前溪柳色黃金嫩
뒷동산 배꽃은 향기로운 백설이라   後苑梨花白雪香
격외로 전하는 선의 묘리 알고 싶은가   欲知格外傳禪妙
백초 어느 것 하나도 숨기는 것이 없다네   百草頭頭不覆藏

[3]
겁劫 밖에 마음 노닐다 처음 꿈을 깨니   神游劫外夢初醒
고목이 용처럼 울며 나의 정을 일으키네   枯木龍吟起予情
유정은 결코 나의 벗 아니요   有情不是余朋友
못 위의 푸른 연잎 비바람 소리로세   池上綠荷風雨聲

---

1) ㉿ '三'이 을본에는 '三首'로 되어 있다. ㉡ 번역은 을본에 따랐다.

의심 법사와 헤어지며 남겨 주다 [2수]
贈別義諶法師 [二*]

[1]
사제師弟의 만남 별로 기이할 것 없나니　　　師資相見別無奇
언어 이전에 도가 있어 기교에 떨어지지 않네　道在言前不落機
뜻을 내면 이미 채찍 그림자 따라 사라지고　　擧意已隨鞭影去
살활의 본색 드러내며 우레처럼 치달리네　　　全提殺活轟雷馳

[2]
푸른 산 낮은 곳에 보이는 하늘 드넓고　　　　靑山低處見天濶
붉은 연꽃 필 적에는 물의 향기 맡네　　　　　紅藕開時聞水香
따라 부를 사람 없는 〈양춘〉[28] 한 곡조　　　陽春一曲無人和
스님이 제향[29]에 들도록 연주한다네　　　　　彈出要師入帝鄕

법왕가【2수】
法王歌【二*】

[1]
각황(부처님)과 천제는 어느 곳에 있나	覺皇天帝在何方
냄새도 소리도 없는데 어찌 한 곳에 처하리오	無臭無聲豈處方
만약 사람이 곧바로 승당한다면	若人直下承當去
방위 없음을 취해야 방위 있음으로 들어가리라	却取無方入有方

[2]
그는 국토가 없는데 무슨 방소가 있겠나	渠無國土有何方
천지 상하의 방소를 주머니에 넣었는걸	囊括乾坤上下方
붉은 꽃 푸른 풀은 누구 집의 물건인가	花紅草綠誰家物
모두 우리 임금님 대각에게 속했다네	總屬吾王大覺方

순 상인에게 주다
贈淳上人

낱낱의 얼굴 앞에 밝은 달이 하얗고 　　　　箇箇面前明月白
사람마다 발아래 맑은 바람 불어오네 　　　　人人脚下淸風吹
거울을 깨뜨린 이래로 종적이 없어졌나니 　　打破鏡來無影跡
꽃가지 위에서 새가 한마디 울음 우네 　　　一聲啼鳥上花枝

각·원 두 글자를 풀이하여 각원 법사에게 보이다
釋覺圓二字示覺圓法師

각의 체는 방소가 없어 두 변을 끊었나니	覺體無方絶二邊
산하가 법왕의 법신에 귀복하도다	山河歸服法王身
푸른 버들가지마다 어여쁜 꾀꼬리 소리	綠楊枝枝鸎聲好
춘풍을 독점하며 주인 행세 하는구나	自占春風作主人

달마가 서쪽에서 오매 느낌이 있어서
感達摩西來[1)]

오랑캐 중이 홀로 문자 없는 도장을 차고서 　　胡僧獨佩無文印
서쪽에서 바다 건너와 나침반이 되었도다 　　泛海西歸作指南
파란 눈의 중이 홀로 뜻을 전하지 않았다면 　　不因碧眼單傳旨
얼마나 많은 후손들이 이와 삼에 떨어졌을까 　多少兒孫落二三

---

1) ㉮ 갑본과 을본에는 '來' 뒤에 '二首' 두 글자가 첨입되어 있다.

또
又*

목련꽃이 핀 바다 산의 봄날	辛夷花發海山春
남전의 꿈속의 봄[30]을 누워서 바라보네	臥看南泉夢裡春
남전의 정원에는 지나는 사람 없이	南泉庭院無人過
겁 밖 동군[31]의 또 다른 봄이로세	劫外東君別搽*春

마조의 할
馬祖喝

기발하게 문자 없는 도장으로 찍은 글자	無文印字脫規摸[1]
벽력같은 한 소리에 천지가 놀랐다네	霹靂一聲天地驚
전광석화를 어디에 비겨 논하리오	電光石火何擬議
황벽도 놀라 몸 뒤채며 혀를 빼물었는걸	黃檗翻身吐舌驚

---

1) ㉠ '摸'가 을본에는 '模'로 되어 있다. ㉡ 번역은 을본에 따랐다.

밤에 앉아서 회포를 쓰다
夜坐書懷

종소리 일어나면 듣고 또 듣고	鍾聲起處聞聞復
누런 잎 날리면 보다가 안 보다가	黃葉飛時見見休
여명이 발 밖에 다시 찾아올 때까지	更向夜明簾外轉
강물 소리와 달빛이 빈 누대에 젖어 드네	江聲月色侵虛樓

선정에서 나와 회포를 쓰다
出定書懷

줄 없는 거문고의 호가胡家 한 곡조	胡家一曲沒絃琴
청운이 어떻게 오음에 떨어지리	淸韻如何墮五音
말없이 크게 웃고 앉았노라니	大笑無言良以坐
석양에 매미가 회화나무 그늘에서 우네	夕陽蟬咽綠槐陰

가을을 만나 느낌이 있기에
逢秋有感

병들어 몇 년 동안 초가에 누웠더니　　　　　抱疾經年臥草廬
친한 이도 떠나가고 멀어지기만　　　　　　　廬知親返返成踈
그래도 추풍만은 친함과 소원함이 없고　　　但有秋風無厚薄
밤 깊으면 명월이 또 창가를 찾아 주네　　　夜深和¹⁾月入窓虛

---

1) ㉮ '和'가 을본에는 '明'으로 되어 있다. ㉯ 번역은 을본에 따랐다.

조주의 차를 노래하다
詠趙州茶[1]

눈길을 잡아끄는 세 등급의 다구茶甌　　　　三等茶甌換眼睛[2]
몇 사람이나 말끝에 문안 뜰에 들었을까　　　幾人言下入門庭
임기응변하는 무궁무진한 그 솜씨　　　　　　應機隨手用無盡
후손의 눈이 번쩍 뜨이게 하도다　　　　　　　后代兒孫直使明

---

1) ㉮ 갑본과 을본에는 '茶' 뒤에 '二首' 두 글자가 첨입되어 있다.
2) ㉮ '睛'이 을본에는 '晴'으로 되어 있다. ㉯ 번역은 을본에 따랐다.

또
又*

사람 만나면 늘상 차 마시라 하였건만	雷例逢人喫茶去
〈청평〉 한 곡조를 아는 사람 적었도다	淸平一曲少知音
총림의 손님 접대 단지 이와 같을 뿐	叢林待客只如此
겁 밖의 가풍이 지금까지 이어지네	劫外家風直至今

뇌운 선인에게 답하다 【2수】
賽雷運禪人【二*】

우레처럼 하늘 뒤집고 땅을 뒤엎으며	雷振翻天覆地來
살활이 자유로운 이 집의 법왕 노래	當家殺活法王歌
흑백이 드러나며 손님과 주인이 나뉘나니	纔形黑白分賓主
죄 없이 연루된 나무꾼의 도끼가 썩네	帶累樵人爛斧柯

또
又*

대붕이 삼천 리의 물을 치고서	大鵬擊水三千里
구름 같은 날개 펴고 남해로 옮겨 가네	翼若垂雲徙海南
천지를 뒤덮는 당당한 그 기상이여	氣宇堂堂盖天地
백념[32]의 가풍과 규범을 그대가 담당하리라	白拈風範子膺擔

관음원통문【2수】
觀音圓通門【二[*]】

원통의 참 경계는 소리 없이 적요한데   圓通眞境寂無聞
참새와 까마귀 소리가 나의 귀를 깨우네   雀[1]噪鴉鳴起予聞
귀 가득 소리 아닌 것이 활로를 여나니   滿耳非音開活路
범궁의 경쇠 소리 듣지 않아도 들린다네   梵宮淸磬不聞聞

---

1) ㉮ '雀'가 을본에는 '雀'으로 되어 있다. ㉯ 번역은 을본에 따랐다.

또
又*

대사 따라 들어서 익히는 가르침 듣고	曾從大士聞聞敎
원통의 본래 고요한 문에 일찍 들어섰다오	早入圓通本寂門
추억하건대 다생에 유랑하던 날	追憶多生流浪日
얼마나 정신없이 흙탕에 꼬리 끌었던가	途中曳尾幾昏昏

종소리를 듣고 느낌이 있기에
聞鍾有感[1]

귀로 밝고 밝게 듣는 자는 누구인가	耳裡明明聽者誰
소리도 냄새도 없어 끝내 알기 어렵도다	無聲無臭卒難知
거두고 펼치며 쥐락펴락 마음대로	收來放去任舒卷
범인이든 성인이든 항상 따라다닌다네	在凡在聖長相隨

---

1) ㉮ 갑본과 을본에는 '感' 뒤에 '二首' 두 글자가 첨입되어 있다.

또
又*

분명하면서도 인연에 매여 생기지 않나니 　　　　昭然不藉緣生底
　고요하고 트이고 텅 비고 신령하여 온갖 기틀에 응하도다 　　　　寥廓虛靈應萬機
　온갖 기틀에 응함이여, 신통과 변화 갖추었으나 　　　　應萬機兮具通變
　많은 사람들은 혼미하여 돌아갈 줄 모르도다 　　　　人多昏惑自迷歸

개구리 소리를 듣고 느낌이 있기에
聞蛙有感

봄 연못 달밤에 한 개구리 울음소리	春池月夜一聲蛙
활발하도다, 남산의 별비사[33]여	活潑南山鼈鼻蛇
해마다 고향 생각하는 먼 길 나그네	年年喚起遠鄉客
자신도 모르게 정신없이 불난 집으로 달려가네	不覺昏昏走火家

망해정에서 우연히 읊다
望海亭偶吟

황매의 시절에 집집마다 비 오는데	黃梅時節家家雨
청초 우거진 연못에는 곳곳마다 개구리 소리	靑草池塘處處蛙
세간에 소식蘇軾과 두보杜甫의 노래 많지만	多少世間蘇杜詠
이로부터는 덕산 선감德山宣鑑의 노래 일어나리라	從來唱起德山歌

영오 선인에게 보이다
示靈悟禪人

석공은 활을 당겨 반 개의 성인을 얻었고[34]	石鞏彎弓人半箇
강서는 화살 하나로 사슴 떼를 얻었지[35]	江西一箭鹿全羣
우스워라, 조계[36]의 문하객이여	可笑曹溪門下客
각기 조박[37] 가지고 시끄럽게 떠들다니	各將糟粕强紛紜

회포를 읊다
詠懷

외물에 응하는 허령한 본래의 주인	應物虛靈本主人
상종하며 출입해도 이를 아는 사람 없네	相從出入昧斯人
걷고 앉고 누우며 수천 번 바뀌어도	經行坐臥雖千變
코 꿰어 끌고 다니는 것은 단지 한 사람	驀鼻牽來秖一人

귀종의 예마[38]
歸宗拽[1]磨

맷돌중쇠[39]는 움직일 수 없다는 것을	不能動着中心樹
푸른 눈의 오랑캐 승려 몇몇이나 알까	碧眼胡僧幾幾知
파정과 방행을 그대여 말하지 마오	把定放行君莫說
이글거리는 화로에 눈꽃이 날리는걸	紅爐烈焰雪花飛

―――――――
1) ㉑ '拽'가 을본에는 '挬'로 되어 있다.

관음찬
觀音贊[1)]

보타산 바위 위 푸른 버들의 옆 寶陀巖上綠楊邊
붉은 연꽃 속의 황금색 몸이로다 紅藕花中金色身
문득 법해의 청량한 달빛으로 却將法海淸涼月
공리功利에 물든 행인을 널리 비춰 주네 普照聞勳路上人

---

1) ㉮ 갑본과 을본에는 '贊' 뒤에 '二首' 두 글자가 첨입되어 있다.

또
又*

매우 넓고 원만하게 통하는 문이 비로소 열리니	廓落圓通門始開
백천 삼매가 모두 제대로 전개되도다	百千三昧總能開
자비로 지혜를 움직이는 홍련의 혀로	與悲運智紅蓮舌
끝없이 맑은 바람을 나에게 불어 주네	無限[1]淸風爲我開

---

1) ㉞ '限'이 을본에는 '恨'으로 되어 있다.

종소리를 듣고 느낌이 있기에
聞鍾有感

베갯머리 뒤흔드는 한밤중의 종소리	夜半鍾聲枕上搖
듣는 삼매에 빠지고 보니 더더욱 맑고 고요하네	聞聞三昧更淸寥
잎을 만 듯한 귓구멍이 텅 비어 널찍하니	卷葉耳門虛谺谺
선들바람 속에 한가로이 듣는 것도 괜찮아라	不妨閑聽帶涼飇[1)]

---

1) ㉮ '飇'가 을본에는 '飈'로 되어 있다.

가르침을 듣고 느낌이 있기에
聞敎有感

한 소리 듣고 홀연히 자가옹을 보았나니　　　　聞聲忽見自家翁
겁 밖으로 몸 뒤집으며 발호하는 양이었네[40]　　劫外翻身拔扈梁
다년간 착각하여 통발(筌)[41]에 탐닉하였는데　　多年錯認爲筌溺
오늘에야 잘못을 알고 제향을 밟게 됐네　　　　今日知非踏帝鄕

종문의 일구 [2수]
宗門一句 [二*]

[1]
이름이 없는 한 글자에 두 머리 숙어지니　　　無名一字兩頭垂
쌍으로 어둡게 하고 쌍으로 밝게 하는 죽이고 살리는　雙暗雙明殺活機
기틀일세
날이 가고 달이 오는 이것은 무엇인가　　　　日往月來是誰子
공부 끝에 의심 풀려 더 이상 의심 없네　　　做工疑破更無疑

[2]
죽음 속에서 항상 살리는 일 누가 잘할까　　　死中恒活幾人能
격려와 억제 두 가지 일을 나는 잘하지　　　　擡搦雙收我已能
빈손에 호미 자루 항상 손에 쥐는 일[42]　　　空手鋤頭常在手
총림 남북에서 잘하는 이 누구일까　　　　　　叢林南北有誰能

목우행
牧牛行

시냇가 여기저기 방목하는 소들   溪澗東西放牧牛
방초는 무성하고 물은 유유히 흐르도다   萋萋芳草水悠悠
다른 집 곡식 싹은 아예 건드리지 않는데   騰騰不犯他家苗
하필 머리 묶어 잡아 둘 것 있으랴   何必繩頭繫把留

선행 우바이에게 보이다
示善行優婆夷

몸은 사바세계 안에 있어도	身在娑婆一界中
마음은 안양의 붉은 구련[43]에서 노닌다네	心游安養九蓮紅
이다음에 육신의 옷을 벗고 나면	他年脫却皮袋子
미타 큰 서원의 바람에 돛을 달리라	帆掛彌陁大願風

『능엄경』에서 부처가 아난에 대해서, 동요하는 것을 실신實身과 실경實境으로 본다고 꾸짖다[44]
楞嚴經佛責阿難以動爲身以動爲境

육근六根과 육진六塵 본래 고요한 열반의 성	根塵本寂涅槃城
진심을 유실했으면 기필코 밝음을 취해야지	遺失眞心取必明
슬퍼라, 노파심에서 나온 세존의 말씀	憫悵世尊老婆說
몇 사람이나 미로迷路에서 무생을 깨달을까	幾人迷處悟無生

무생을 노래하다
詠無生

속제俗諦 떠나고 진제眞諦 밝혀 일찍 생사 빠져나와 　　了俗明眞早脫中
하늘과 땅 모두 거두어 가슴속에 넣었다네 　　　　　雙收天地納胷中
삼천세계 밖으로 몸 뒤집고 손 흔들며 　　　　　　翻身撒手三千外
달밤에 냇물 소리 누워서 듣노매라 　　　　　　　　臥聽溪聲夜月中

성상을 쌍으로 밝힘
性相雙明

일어나도 일어남이 없으면 쌍이라 이름할 뿐	起則無起乃號雙
마음의 광명이 텅 비어 비치는 체는 쌍이 아니라오	心光虛暎*體非雙
머리 돌리면 해 지는 강변의 저녁	回首夕陽江上晚
끊긴 구름 성긴 빗속에 흰 갈매기 짝지어 나네	斷雲踈雨白鷗雙

문수의 면목
文殊面目

흰 구름 끊어진 그곳이 바로 청산	白雲斷處是靑山
해 지는 하늘가에 새 홀로 돌아오네	日沒天邊鳥獨還
겁 밖의 인자한 나그네 눈에 항상 보이는 건	劫外慈客常觸目
목란꽃이 피고 물이 졸졸 흐르는 풍경	木蘭花發水潺潺

사명 대사의 진영에 찬하다
贊四溟大師眞

하늘이 낸 종남산의 살아 있는 사자여 天出終南活獅子
세상에서 얼마나 못된 놈들을 짓밟았던가 閻浮踏殺幾群邪
확 트인 모습에 청허한 골격이여 眞儀廓落淸虛骨
불 속에서 나온 한 송이 붉은 연꽃일세 一朶紅蓮火裡葩

청련 대사의 진영에 찬하다
贊青蓮大師眞

선등의 한 점은 소림사의 달빛이요	禪燈一點少林月
교해의 많은 물결은 영취산의 바람이라	敎海千波鷲嶺風
3척의 용천검을 손에 비껴 쥐니	三尺龍泉橫在手
신령한 빛이 두우를 쏘며 창공에 뻗치도다[45]	神光射斗亘青空

회포를 읊다
詠懷

함께 앉고 걸으면서도 세상에서는 알지 못해   共坐同行世莫知
몇 사람이나 얼굴 맞대고 그를 알아볼까   幾人當面便逢伊
구부리고 우러르며 보고 듣는 사이에 전혀 어둡지   俯仰視聽曾不昧
않나니
어찌 꼭 바깥에서 그를 찾아야 하겠는가   何須向外問渠歸

법린 장로에게 보이다
示法隣長老

끝없이 펼쳐진 소리와 빛깔에 대해서	當於聲色鬧浩浩
눈이 눈썹 같아져야 도와 가까워지리라	眼似眉毛與道隣
어젯밤 동풍이 비를 몰고 지난 뒤에	昨夜東風吹雨過
누런 꾀꼬리가 푸른 버들의 봄에 울고 있더라	黃鸎啼在綠陽[1]春

---

1) ㉔ '陽'이 을본에는 '楊'으로 되어 있다. ㉕ 번역은 을본에 따랐다.

이선 사리의 운을 따르다 [2수]
次而善闍梨韻【二*】

[1]
배고프면 송홧가루 목마르면 샘물　　　　　　飢則松花渴則泉
튼튼하면 산보하고 피곤하면 잠들고　　　　　健兮閑步困兮眠
천마의 생사 굴을 짓밟은 뒤로　　　　　　　　踏殺天魔生死窟
산의 앞과 뒤에서 기세등등하다네　　　　　　騰騰山后與山前

[2]
한밤중에 거문고 타는 만학의 물소리　　　　　半夜瑤琴萬壑泉
영롱하고 맑은 운이 선승의 잠을 방해하네　　玲瓏淸韻攪禪眠
대숲 바람 소나무 달이 마음의 벗이거니　　　竹風松月爲心友
장대 끝에 활보하는 그 앞을 누가 막으리오　　濶步竿頭孰敢前

세상을 탄식하다
嘆世

광명장[46] 속에서 함께 유희하건마는	光明藏裡同游戲
벽을 맞댄 듯 사람들은 스스로 알지 못하도다	墻面人多自不知
애석해라, 꿈과 같다는 남전의 말씀이여[47]	可惜南泉如夢訣
오히려 독약이 되어 진지를 해치는구나	翻成毒藥喪眞知

영반[48] 착어[49]
靈飯着語

여릉의 흰 쌀밥을 구멍 뚫린 발우에 담고	廬陵香飯盛穿鉢
조로의 기름을 새는 그릇에 붓노라	趙老硏膏酌漏巵
선타객[50]에게 은근히 권하노니	慇懃勸進仙他[1]客
태에서 나오지 않은 때를 참구해 보시도록	薦取胚胎未出時

---

1) ㉴ '他'가 을본에는 '陁'로 되어 있다. ㉱ 번역은 을본에 따랐다.

해원 선자에게 보이다
示海源禪子

깊고 맑으며 끝없이 넓은 불성의 바다 性海淵澄浩浩來
미풍이 한번 불면 온갖 물결이 일어나네 微風一擊萬波來
파도와 물은 같지도 않고 다르지도 않나니 波與水兮非一二
하늘에 구름 걷히면 밝은 달이 나온다네 碧天雲散月初來

법일 선자에게 주다
贈法一禪子

만법은 어디서 일어나고 하나는 어찌 되는가[51]	法從何起一何來
찾으면 그대가 보지 못한 것을 알게 되리라	覓即知君不見來
영양은 뿔을 걸어 종적이 없는데	羚羊掛角無蹤迹
겁 밖의 청풍이 얼굴을 스치고 지나가네	刼外淸風拂面來

변 소사에게 보이다【3수】
示辯少師【三[1)]】

[1]
그의 본색 어여뻐라, 뱀[52] 다루는 솜씨여	憐渠本色弄蛇手
경천동지할 그 재질 헤아릴 수 없도다	動地驚天沒量材
전광석화는 이미 손에 들어왔으니	石火電光已入手
몸 돌려 백척간두에서 진일보하도록	竿頭進步轉身來

[2]
똑같은 봄날로 이 년을 일찍 통과했거니	早透二年同一春
무쇠 나무에 꽃이 피며 더욱 새로워졌도다	花開鐵樹更添新
삼천세계 밖으로 소연히 홀로 걷는 이를	蕭然獨步三千外
위음왕불威音王佛의 향상인이라고 부르느니라	喚作威音向上人

[3]
남산에 나타난 한 마리 별비사를	南山鼈鼻一條蛇
수많은 총림에서 어찌하지 못한다네	多少叢林不柰何
의기를 떨치는 늠름한 위풍이여	凛凛威風張意氣
그대 아니면 그 누가 선타가 되리오	非君誰是作仙陀

---

1) ㉠ '三'이 을본에는 '三首'로 되어 있다. ㉠ 번역은 을본에 따랐다.

상징 상인에게 답하다
賽尙澄上人

대도는 청허하여 티끌 없이 맑은데 　　　　　大道淸虛絶點澄
사람이 사인四忍[53]에 미혹하여 원만하게 맑음을 　人迷四忍失圓澄
잃었도다
그대 고향 가는 길을 알고 싶은가 　　　　　君今欲識還鄕路
성긴 발에 달 걸리고 밤기운이 맑도다 　　　月掛踈簾夜氣澄

고존사 화성 [2수]
古尊師化城 [二]

[1]
선과 교는 근원이 같아 오직 한맛이니　　　　　禪敎同源唯一味
심과 식을 가지고 달다 맵다 따지지 말라　　　　莫將心識辨甘辛
만약 파랑波浪 따라 달려간다면　　　　　　　　若也隨波逐浪走
남에게 다시 나루 묻는 일을 면하지 못하리라[54]　未免從他更問津

[2]
삼종세간三種世間[55]도 아직 일어나지 않았나니　三種世間猶未起
눈병 난 사람이 허공 꽃 보는 것 같도다　　　　如人揑目見空花
만일 스승을 좇아 내가 지은 것임을 알면　　　　若會遵師我所作
싹 트지 않은 가지 위의 봄꽃 감상 같으리라　　不萌枝上賞春花

• 181

조동오위[56]
曹洞五位

편偏이 오면 정正이 가며 끝없이 응하나니   偏來正去應無方
정과 편이 시방을 가득 채우도다   正與偏投遍十方
정중래에서 겸중도로 오름이여   正中來上兼重到
한 구절 영롱하여 일방에 떨어지지 않도다   一句玲瓏不落方

혜호 장로에게 답하다
酬慧湖長老[1)]

혜월이 웅장한 것이 오호와 같으니	慧月雄雄等五湖
무슨 정매가 있어서 감히 안을 엿보리오	有何精昧敢窺中
찬 빛이 번쩍이며 진겁을 통하나니	寒光爍爍通塵劫
대지와 건곤이 한눈 안에 들어오도다	大地乾坤一眼中

---

1) ㉮ 갑본과 을본에는 '老' 뒤에 '二首' 두 글자가 첨입되어 있다.

또
又*

혜월이 공중에 뛰어올라 천지를 비추니　　慧月騰空照天地
삼라만상이 그 속에서 그림자 되도다　　　森羅萬像影於中
고국의 풍광을 나에게 묻지 마오　　　　　故國風光休問我
푸른 산이 흰 구름 속에 높이 꽂혔으니　　青山高揷白雲中

이선의 원통 운을 따르다
次而善圓通韻

건곤을 짓밟고 외눈을 부릅뜨니	踢倒乾坤隻眼開
티끌 없는 정각淨覺의 수운이 열리도다	塵消覺淨水雲開
중중첩첩 시방세계 한 길로 통하나니	刹海重重通一路
마음이 활짝 열리면서 달이 둥실 뜨도다	心開虛豁月初開

달마 후품
達磨後品

오랑캐 중이 세상에 와서 입을 다문 것은   胡僧應世來無口
못에 비친 가을 하늘의 달과 같았어라   政似秋天月暎*潭
우스워라, 세상 사람은 알지 못하고서   可笑世間人不識
죽어서 웅이산 남쪽에 묻혔다나   死埋熊耳山之南

회포를 쓰다
書懷

고금을 모두 없애고 또 모두 밝히니　　　　雙遮今古又雙明
태양이 물결 속에 비추어 상하가 밝도다　　日照波心上下明
소리도 냄새도 형상도 없는 것이　　　　　　無聲無臭無形段
천지를 관통하여 똑같이 밝도다　　　　　　通地通天一樣*明

무위인[57]
無位人

비고 맑고 신령하게 통한 옛 주인이여	虛徹靈通舊主人
고금천지에 하나의 진인이로다	古今天地一眞人
바다와 산과 바람과 구름의 변화를 많이 겪어도	多經海岳風雲變
크고 높고 우뚝하여 늙지 않는 사람이로다	落落巍巍不老人

늦봄
暮春

산가의 경치에 기이할 것이 뭐 있으랴	山家境致有何奇
무쇠 나무 가지에 핀 꽃 누워서 바라볼 뿐	臥看花開鐵樹枝
호리병 속에 있는 특별한 봄소식을[58]	壺中別樣*春消息
꾀꼬리 아니면 누구에게 말해 주랴	不得黃鸝說與誰

무위일색
無位一色

소반에 구슬이 구르고 구슬에 소반이 구르고 　　盤走珠兮珠走盤
물과 하늘과 밝은 달이 청허한 빛이로세 　　　　水天明月淸虛色
근기에 맞는 한 구는 패옥이 울리는 듯 　　　　當機一句玉珊珊
안과 밖 영롱하여 찬 빛이 흘러넘치네 　　　　　內外玲瓏溢寒色

방장산에 들어가 우연히 읊다
入方丈山偶吟

두류산 한 골짜기에 날개 접고 숨었나니	卷翼頭流藏一壑
푸른 구름 찬 대나무에 편히 거할 만하도다	碧雲寒竹可安身
이제는 돌아다닐 계획 영원히 포기하고	從今永斷游方計
연기와 노을 수습하며 참된 나를 길러야지	收拾煙霞自養眞

그것은 눈앞의 법 아니네
不是目前法

산천은 거짓을 통해 공으로 들어가는 문	山川從假入空門
양쪽을 내치고 거두는 살활의 기틀이로다	雙放雙收殺活機
찾아도 찾을 수 없는 제이의 문수	第二文殊覓無覓
한 소리 외로운 학이 구름 헤치고 날아가네	一聲孤鶴拂雲飛

종문곡【연곡사 소요전에서 순치 3년(1646, 인조 24)에】
宗門曲【燕谷寺逍遙殿順治三年】

물 위의 진흙 소는 달빛을 갈고	水上泥牛耕月色
구름 속 나무 말은 풍광을 잡아끄네	雲中木馬挈風光
위음왕威音王의 옛 곡조는 허공의 골수요	威音古調虛空骨
외로운 학의 한 소리는 하늘 밖에 길도다	孤鶴一聲天外長

당초에 영탄을 전법할 사람으로 여겼는데
외도의 학문을 익혀 사도에 잘못 떨어진 것을 탄식하다
嘆當初以靈坦爲傳法人。而習外學。誤落邪途也。[1]

노로 남종[59]의 후계자가 될 사람	盧老南宗繼後子
흰 구름 천 년에 어떤 사람이 있을까	白雲千載有誰人
실처럼 가늘게 매달린 조계의 정맥	曹溪正脉如懸線
지금 와서 그대 한 사람만을 믿었거늘	賴有當今汝一人

---

1) ㉠ 갑본과 을본에는 '也' 뒤에 '二首' 두 글자가 첨입되어 있다.

또
又*

청운 속 백학의 자태를 지닌 그대가　　　　　　汝以青雲白鶴姿
흙탕에서 꼬리 끄는 거북이 되었단 말가　　　　胡爲曳尾途中龜
내가 가진 여래의 금보장을　　　　　　　　　　吾有如來金寶藏
세상 떠나는 날 누구에게 부탁할거나　　　　　雙林他日付阿誰

부기. 환성 대사가 소요탑에 대해 쓴 시 附喚惺大師題逍遙塔
침묵 속에서 불조의 명령을 온전히 드러내니　　默默全提佛祖令
남종의 진맥이 다시 빛을 발하도다　　　　　　南宗眞脉更生光
문풍이 높고 험준하여 도달하기 어렵나니　　　門風高峻人難到
적막한 빈 뜰에 가을 풀만 무성하네　　　　　　寂莫[1]空庭秋草長

---

1) ㉜ '莫'이 을본에는 '寞'으로 되어 있다. ㉠ 번역은 을본에 따랐다.

최 수찬의 운을 따르다
次崔修撰韻

함께 노닐며 감상한 사원의 경내	叨陪遊賞招提境
눈 가득 가을빛이 똑같이 기이하네	滿眼秋光一樣*奇
홍엽 사이 바위에는 비단이 펼쳐 있고	紅葉間巖開錦繡
청류는 돌에 부딪혀 옥구슬을 튀기네	淸流迸石散瑤琪
도원의 동네에 가난한 중 혼자뿐	桃源洞裏貧僧獨
계수의 산속에 속객은 누구인가	桂樹山中俗客誰
인간 세상 바쁜 거야 말할 것 있나	人世閑忙何足道
채찍 들고 떠나는 길 돌아보지 마시기를	揮鞭歸路莫遲遲

신 상사의 운을 따르다
次愼上舍韻

빈 단에 문 닫혀 낮에도 열리지 않으니　　　門掩空壇晝不開
숲에 사람 오는 것을 본 적이 있으리오　　　何曾林下見人來
등불 앞에서 학의 모습 시절 따라 늙어 가고　燈前鶴貌隨時老
삼매 속에서 번뇌는 날마다 재로 변해 가네　芝裡煩襟逐日灰
바람 부는 탑상에는 대숲의 시원한 소리요　風榻寒聲數竿竹
달 뜨는 창가에는 매화의 성근 그림자라　　月窓踈影一枝梅
수행이 무심한 경지에 이르지 못해　　　　脩行未到無心處
꽃 물고 지나는 새들에게 부끄러워라　　　慚愧啣花百鳥廻

선자를 방문하다
訪仙者

석장 짚고 희미한 오솔길 따라 걸어가니	杖錫行尋一逕微
시냇가 방초 속에 닫힌 사립문	連溪芳草閉荊扉
바람 이는 옥동에선 거문고 소리 울리고	風生玉洞鳴瑤瑟
달빛 차가운 금단에는 우의가 펄럭이네	月冷金壇振羽衣
구름 밖 학이 둥지 튼 소나무 즐비한데	雲外鶴巢松樹遍
돌 난간 찾아오는 세상 사람은 드물어라	世間人訪石欄[1]稀
내가 온 목적은 황금의 술법 배워서	我來欲學黃金術
연기와 놀 속에 나래 치며 마음껏 날고 싶어서	鼓翼烟霞自在飛

---

1) ㉔ '欄'이 을본에는 '欗'으로 되어 있다. 이하의 경우도 같다. ㉭ 번역은 을본에 따랐다.

형 사리의 운을 따르다
次泗闍梨韻

펄럭펄럭 날아온 고인의 시를	翩翩飛落故人詩
읊고 나니 유유히 나의 생각 일어나네	吟罷悠悠起我思
반 경更이 될 즈음에 판각의 등불 희미하고	板閣燈殘更欲半
바다 하늘 구름 다한 곳에 기러기 처음 돌아가네	海天雲盡鴈初歸
아스라이 위수에서 이별한 한이라면	茫茫渭水離人恨
까마득히 오주에서 달을 보는 슬픔이라	渺渺吳州見月悲
얼마나 고마운지 옛날의 종자기鍾子期처럼	多謝子期今已遠
오직 우리 스님이 이 몸을 알아주니	賞音唯有賴吾師

취봉의 운을 따르다
次翠峯韻

강위[60]에서 헤어진 것이, 묻노라 몇 년인고　　江渭分携問幾年
아름다운 계절을 만날 때면 한이 뭉클 솟아나네　每逢佳節恨悠然
꽃비로 뿌려지는 몇 줄기 눈물이요　　　　　　　數行珠淚飄花雨
버들 안개로 걸리는 한 조각 시름이라　　　　　一段閑愁掛柳烟
소실의 선등에 정신이 이미 계합했고　　　　　　少室禪燈神已契
석문의 나월에 꿈이 길이 걸렸어라　　　　　　　石門蘿月夢長懸
떠도는 인생이야 굳이 말해 무엇 하랴　　　　　人生漂泊何須說
곤궁과 영달은 원래 하늘에 달렸는걸　　　　　　窮達元來摠在天

차운하여 인문 상인에게 주다
次贈印文上人

일 많은 세상 속에 일 없는 나그네	多事塵寰無事客
일생의 행동거지는 흰 구름 속에	一生行止白雲中
몸은 한가로이 들의 학처럼 되지 못해 걱정이요	身閒野鶴愁難並
마음은 고요히 찬 못과 같지 않아 부끄럽네	心淨寒潭愧不同
늦가을에는 오호의 달빛 아래 지팡이 울리고	秋晚鳴筇五湖月
봄 깊으면 만산의 바람결에 누더기 나부낀다오	春深翻衲萬山風
세간의 영욕이야 꿈인들 꾸었으리오	世間榮辱何曾夢
세상 밖에서 자취 없이 유유자적하는 것을	物外優游無定蹤

은자를 방문했으나 만나지 못하고
訪隱者不遇

납극蠟屐⁶¹ 신고 오사모烏紗帽⁶² 쓰고 청산에 들어서니	蠟屐¹⁾烏紗訪翠微
호리병 속 선경仙境의 해와 달이 유달리 빛나누나	壺中日月別搉量
먼지 쌓인 옥 난간엔 거문고가 걸리고	玉欄*塵鎖掛瑤瑟
이끼 뒤덮인 돌길에는 사립문이 닫혔어라	石逕苔封閉草扉
안개 짙은 먼 산의 새 약초밭이요	山遠霧濃新藥圃
구름 젖은 깊은 골의 옛 연잎 옷일세	洞深雲濕舊荷衣
쓰는 사람 없이 낙화만 땅에 가득할 뿐	落花滿地無人掃
어디에서 피리 불며 오래도록 오지 않나	何處吹簫久未歸

---

1) ㉧ '蠟屐'부터 다음 〈次悅闍梨寄法義上人韻〉의 '忘却'까지는 저본에 결락되었으나 갑본에 따라 보충하였다.

시산 사군의 운을 따르다
次詩山使君韵

조정과 산림은 길이 원래 머니　　　　　朝市雲林路自悠
누가 늙은 우두를 찾아오겠소　　　　　有誰來訪老牛頭
가을날 관청에서 처음 만난 우리　　　　淸秋官府初相見
언제나 선도에서 다시 함께 노닐는지　　何日仙都更共游
꿈속에선 천 리 길 떨어진 것도 모르고　魂夢不知千里隔
변방 기러기 울어 중의 시름 보내 주오　塞鴻啼送一僧愁
홀연히 날아온 시산의 귀한 시여　　　　詩山玉詠忽飛落
연화루가 오경을 알릴 때까지 음미했소　吟到蓮花漏五籌

이선 사리의 운을 따르다
次而善闍梨韻

백 세의 행장을 법가에 부치니	百歲行裝寄法家
곤륜 시화가 항하의 모래만큼 많아라	崑崙市化富恒沙
까마귀와 까치 소리 현현한 가운데의 비결이요	鴉鳴鵲噪玄中訣
제비와 꾀꼬리 소리 겁 밖의 노래로세	燕語鸎吟劫外歌
괴이해라, 소림사의 면벽面壁 구 년이여	可恠少林九年默
놀라워라, 영취산의 연꽃 한 송이여	堪嗟靈嶽一枝花
용의 눈에 점 찍자 구름 타고 사라지니	成龍點墨乘雲去
호리병 속의 선경 아는지 모르는지	壺裡風光會也麼

열 사리가 법의 상인에게 부친 운을 따르다 【2수】
次悅闍梨寄法義上人韵【二*】

[1]
방장산·두류산의 낙엽 지는 가을에	方丈頭流木落秋
표연히 남쪽으로 향하는 병석瓶錫63이여	飄然瓶錫向南投
가슴속 법의 바다는 그윽해서 측량하기 어렵고	胷中法海幽難測
편篇 안의 현묘한 이치는 심원해서 응수할 수 없어라	篇內玄樞遠莫酬
영악에서 꺾어서 쥔 한 송이 연꽃이요	一脉花枝靈岳折
소림의 구 년간 우레 같은 침묵일세	九年雷震少林搜
지금 다행히도 선타객이 있으니	如今賴有仙陀客
후계자 없을 근심은 잊어도 되겠네	忘却1)當來后裔愁

[2]
하늘 밖 변방 기러기가 갈댓잎 무는 가을	天外含蘆塞鴈秋
오산 초수의 먼 지방으로 떠나가누나	吳山楚水遠方投
선교禪教의 벼리와 골수 누가 능히 대적할까	禪綱教骨誰能敵
화이華夷의 달과 바람 누가 감히 응수하랴	華月夷風孰敢酬
건필健筆은 장전張顚64의 기각을 뺏고	筆*健張顚奇脚奪
시정은 이백의 옥음을 찾는다네	詩淸李白玉音搜
정안을 활짝 뜨고 흑백을 분별하니	豁開頂眼分緇素
서쪽에서 온 조사 뜻에 근심할 것이 뭐가 있나	有甚西來祖意愁

---

1) ㉮ 앞의 〈訪隱者不遇〉의 '蠟屐'부터 '忘却'까지는 저본에 결락되었으나 갑본에 따라 보충하였다.

열 선인의 운을 따르다
次悅禪人韻

서천의 부처와 승려를 모두 없앴나니	斬盡西乾佛與僧
고향 동산에 무슨 층하層下가 있으리오	故園鄉國有何層
물거품 같은 대지에 버린 티끌이 일어나고	水泡大地遺塵起
봄 꿈 같은 무상한 몸에 망상이 일어나네	春夢空身妄識興
영취산 산문의 하얀 달빛 희미해지고	靈鷲山門殘晧月
소림사 선실의 밝은 등불 어두워졌도다	少林禪室暗明燈
가련해라, 오탁[65]이 횡행하는 이 시대에	可憐五濁澆漓劫
누가 산인의 당당한 법해를 알아보리오	誰識山人法海騰

열 선인의 행각 운을 따르다
次悅禪人行脚韻一[1)]

위음왕이전에서 다시 그 이전으로	威音那畔更那畔
눈 가득 풍광이 손에 모두 들어오네	滿目烟光入手皆
생사와 열반은 미몽에 의해 분리되고	生死涅槃迷夢隔
열등한 형상과 뛰어난 모습은 병든 눈에 어긋나도다	劣形殊相病眸乖
솔바람 소리 쏴아 하니 둥지의 학이 놀라고	松聲淅瀝驚巢鶴
계수나무 그림자 너울너울 옥 섬돌에 번지누나	桂影婆娑浸玉階
예주와 낭주의 멋진 이 산수에서	澧朗州中山水好
누구와 한가하게 노닐며 활보할까	優游濶步有誰偕

---

1) ㉄ '一'이 을본에는 빠져 있다.

설매 대사 시축詩軸의 운을 따르다
次雪梅大師軸中韻

겁의 항아리는 널찍하여 티끌이 전혀 없고　　　劫壺寬廓絶纖埃
면목은 영롱하여 눈 속의 매화로다　　　　　　　面目玲瓏雪裡梅
만 리를 나는 대붕은 바다 뒤채며 떠나가고　　　萬里大鵬翻海去
천 리를 달리는 준마는 바람 따라 돌아서네　　　千程逸驥逐風回
서릿바람에 낙엽 지며 수척한 가을빛이요　　　　霜颷脫葉秋光瘦
따스한 소식에 꽃 재촉하며 열리는 봄 경치라　　暖信催花春色開
온갖 풀의 잎끝마다 활보할 수 있나니　　　　　百草頭頭能濶步
서천과 동진의 인재를 뺏어 가는구나　　　　　　西乾東震奪人才

운을 따르다
次韻[1)]

시 지어 멀리 부친 우리 언 소사	遠寄題詩彦小師
아름다운 구절을 낭송하니 격조가 신기해라	朗吟佳句格新奇
산인의 사업이 천 권의 경이라면	山人事業經千卷
학사의 명성은 계수나무 한 가지라	學士聲華桂一枝
늠름한 의표 생각함이 어찌 끝이 있으리오	凜凜高標想何極
펄럭이는 푸른 일산, 꿈에도 따라다니리라	翻翻翠蓋夢相隨
공문에서 장생술을 실컷 맛본 덕에	空門飽得長生術
백발이 되는 티끌세상에 떨어지지 않는다네	不落塵寰白髮衰

---

1) ㉮ 갑본과 을본에는 '韻' 뒤에 '三首' 두 글자가 첨입되어 있다.

또
又[*]

들건대 서천의 눈 푸른 스님은	聞道西乾碧眼師
번개 치듯 솜씨가 가장 기묘하였고	雷驚電掣冣奇奇
혜능의 옛 거울에는 티끌 한 점 없었으며	盧能古鏡無塵點
황로의 현묘한 기틀은 무쇠 가지를 잘랐다네	黃老玄機截鐵枝
보고 듣고 말하매 항상 드러나고	視聽語言常顯露
걷고 앉고 누우매 늘상 따라다니는 그	經行坐臥鎭長隨
바다 산 풍운의 변화를 숱하게 겪더라도	多經海嶽風雲變
무위진인의 머리카락은 쇠하는 법이 없다오	無位眞人髮[1]未衰

---

1) ㉮ '髮'이 을본에는 '鬢'으로 되어 있다.

또
又*

오십여 선지식을 두루 방문하여	遍叅五十善知師
전해 주고 전해 받은 그 일 크게 기특해라⁶⁶	授受相傳也大奇
총령에선 옷 떨치며 신발 한 짝 남겼고⁶⁷	蔥嶺拂衣遺隻履
학림에선 광채 거두며 두 발을 내보였지⁶⁸	鶴林收彩示雙枝
동군이 외출하니 봄이 만국에 유행하고	春行萬國東君駕
달님이 따라오니 천 강에 그림자 지는도다	影落千紅¹⁾桂轂隨
편과 정이 본래의 자리 떠난 적이 없으니⁶⁹	偏正不曾離本位
이 몸이 쇠하는 것을 누가 장차 엿보리오	誰將管見此身衰

---

1) 윈 '紅'이 을본에는 '江'으로 되어 있다. 역 번역은 을본에 따랐다.

청련대 벽 위에 쓰다
題靑蓮臺壁上

첩첩 산골의 오두막 하나	層阿懸小屋
세속의 시달림이 일찍이 범한 적이 없다네	俗累未曾干
산이 어두운 것은 구름이 골에서 나와서요	山暝雲生壑
창이 밝은 것은 달이 난간에 들어서라	窓明月入欄
누대 앞에는 꽃과 대가 흩어져 있고	臺前散花竹
처마 밖에는 산봉우리 어지러워라	簷外亂峯巒
솔 그늘에 홀로 앉아 꾸벅꾸벅 조노라면	獨坐松陰睡
파도 소리가 시원하게 꿈결에 감돈다오	濤聲繞夢寒

지순 법사의 운을 따르다
次智淳法師韻

옛날에 용문에서 헤어진 뒤로	曾作龍門別
지금 어느새 십 년의 세월	如今已十秋
밤 창가 빗소리에 혼이 놀라고	魂驚夜窓雨
바닷가 산의 가을에 애가 끊겼소	腸斷海山秋
기러기 떠나가는 오주의 달[70]이요	鴈去吳州月
구름이 돌아오는 위수의 가을이라	雲歸渭水秋
우리 스님 가까이 왕림하셨으니	吾師高躅近
석장 짚고 맑은 가을에 뵈어야지요	杖錫拜淸秋

삼가 사명 대사의 운을 따르다
敬次四溟大師韻

사명 받들고 떠나는 오랑캐 하늘	奉使胡天去
푸른 물결 아득하여 분간할 수 없어라	滄波杳不分
꿈속에서는 고향의 달로 돌아가는데	夢歸故山月
옷은 타향의 구름에 젖으리라	衣濕異鄕雲
된서리 속에 파고드는 저녁 종소리요	霜重宵鍾[1]徹
산들바람결에 들려오는 새벽 물시계 소리로다	風輕曉漏聞
외로운 배로 천 리 길 떠나는 이별	孤舟千里別
비처럼 눈물이 어지러이 흘러내리네	如雨淚紛紛

---

1) ㉮ '鍾'이 을본에는 '鏡'으로 되어 있다.

추록
追錄

관음찬
觀音贊

백의관음의 보문[71]의 자태여	白衣觀音普門容
죽이고 살리는 풍류의 겁 밖의 모습이여	殺活風流劫外容
비고 고요한 일신에 만유를 포용하고	虛寂一身包萬有
인연 따라 감응하며 자비를 베푸시네	隨緣赴感顯慈容

복천사
福泉寺

우담화優曇華 그림자 속 숨겨진 영구靈區요   曇花影裡靈區隱
보리수의 그늘 속에 그윽이 잠긴 보계로세   覺樹陰中寶界幽
선방 휘장에 밤이 깊어 산 달이 밝아 오면   禪幌夜深山月白
이 몸이 흡사 삼신산三神山에 누운 것만 같아라   此身疑是臥瀛洲

나의 만시 [8수]
自挽

[1]
동국 삼산의 한 사람 태능이여	東國三山一太能
나이 구십에 올랐어도 잘하는 것이 전혀 없네	年登九十百無能
그렇지만 종문의 눈을 활짝 뜨고서	雖然開豁宗門眼
한쪽 손으로 죽이고 살리는 재능 모두 드러낸다오	隻手全提殺活能

[2]
구십 춘추의 늙은 태능이	九十春秋老太能
쇠잔한 뼈를 금강에 던지고자 하네	欲將衰骨擲金剛
대비 대원의 관음불이여	大悲大願觀音佛
선경에서 구 년 침묵 이루게 해 주셨으면	使我仙區九默昌

[3]
입적해도 끝내 고요함이 없나니	雖然入寂終無寂
불 속의 연꽃이 곳곳에 피어나는걸	火裡蓮花處處開
스승의 방도를 물어볼 것 있으리오	師家活計何須問
바람은 주림에 가득하고 달은 누대에 가득하네	風滿珠林月滿臺

[4]
서리 앞의 소나무 절조는 천지를 놀라게 했고	霜松操節驚天地
물속 달의 회포는 귀신을 감동시켰다오	水月襟懷動鬼神
선정의 못에 배를 띄우고 세상을 모두 잊고	禪池汎楫渾忘世
생사의 물결에 자재한 몸이라네	生死波頭自在身

[5]
구십 년 이래로 홀로 문 닫고 지내는 몸　　　　　九十年來獨掩關
사람을 보아도 선상에서 내려올 힘이 없네　　　　見人無力下禪床
화전火田의 곡식과 담박한 냉이 나물　　　　　　山畬脫粟黃薺淡
산가의 기미는 언제나 실컷 맛본다오　　　　　　贏得山家氣味長

[6]
일찍이 서산 문하의 객이 되었나니　　　　　　　曾作西山門下客
승당 입실을 누가 제대로 했으리오　　　　　　　昇堂入室有誰能
임기응변하며 살활의 솜씨 보였나니　　　　　　接物行權多殺活
푸른 하늘 구름 밖에 몇이나 올랐으리오　　　　碧天雲外幾人登

[7]
사람 나이 일흔 살도 예로부터 드문 일　　　　　人間七十古來稀
하물며 구십의 나이에 올랐음이여　　　　　　　何況年登九十秋
이 세상 출입하며 끝내 허물 없었나니　　　　　閻浮出入終無累
밝은 달 갈대꽃과 똑같은 가을일세　　　　　　明月蘆花一樣*秋

[8]
넓고 넓은 인간 세상 밤에 달이 침몰하고　　　　浩浩塵寰沈夜月
망망한 사바세계에서 금비72를 잃었도다　　　　茫茫沙界喪金錍1)
해 질 녘 쌍림73의 참담한 기색이여　　　　　　日晚雙林多慘色
슬프다, 칠부대중 이제는 어디에 의지할꼬　　　哀哀七衆竟何歸

---

1) ㉑ '錍'가 을본에는 '鈚'으로 되어 있다.

무제 【18수】
無題

[1]
모든 조사선의 등불이 두루 환하게 밝으니 　　　諸祖禪燈廓落明
티끌과 모래 같은 겁의 바다가 더더욱 분명하네 　塵沙劫海轉分明
고금천지가 뒤집어지더라도 　　　　　　　　　古今天地雖翻覆
위와 아래 철저히 영롱하게 밝다네 　　　　　　徹上玲瓏徹下明

【당시 88세(時八十八歲)】

[2]
공중의 여덟 글자 『보문경』 　　　　　　　空中八字普門經
격외의 종승인 헤아릴 수 없는 경전 　　　　格外宗乘沒量經
하나 둘 셋 넷 다섯 여섯 일곱이여 　　　　一二三四五六七
푸른 버들 꾀꼬리 우는 두 줄의 경전 　　　綠楊鸎囀兩行經

[3]
도 배운 해 많을수록 도도 깊어지나니 　　學道年深道亦深
고금천지에 하나의 신령한 마음이라 　　　古今天地一靈心
신령한 마음이 춘추로 어찌 늙으리오 　　　靈心何涉春秋老
공자와 석가모니의 마음 둘이 아니네 　　　夫子牟尼不二心

[4]
싹 트지 않은 풀 속에 코끼리가 숨어 있고 　不萌草裡藏香象
밑 없는 바구니 안에 산 뱀이 붙어 있네 　　無底藍中着活蛇
이것이 바로 우리 집안 침묵의 비결 　　　　此是儂家鑽口訣

만년 된 고목에 다시 봄꽃이 핀다네　　　　　萬年枯木更春花

[5]
산하대지가 바로 나의 집인 걸　　　　　　　大地山河是我家
다시 어디에서 고향 집 찾으리오　　　　　　更於何處覓鄕家
산 보고 길 잊은 방황하는 나그네　　　　　　見山忘道狂迷客
종일 걷고 걸어도 집에 가지 못하네　　　　　終日行行不到家

[6]
하북에서 그림자 없는 나무에 몸을 편히 하고　河北安身無影木
천남에서는 싹 트지 않는 가지에 목숨 보전하노라　天南立命不萌枝
백 년의 활계에 많은 글자 없나니　　　　　　百年活計無多字
달밤에 배꽃 보며 두견이 소리 듣노라　　　　夜月梨花聽子規

[7]
들음을 듣고 봄을 보고 항상 삼매인데　　　　聞聞見見常三昧
생사의 물결 위에 지혜의 달 밝아라　　　　　生死波頭慧月明
이 세상 어떤 사람도 밟지 않은 이 길　　　　擧世無人踏此路
늙은 선승의 가슴속 저절로 비고 밝아라　　　老禪胷次自虛明

[8]
금침과 두 개 쇠사슬로 철저히 봉쇄한 경전　　金鍼雙鏁一封經
추위 더위와 춘추에도 변하지 않는 경전　　　寒暑春秋不易經
동진과 서천에 전해지지 않은　　　　　　　　東震西乾不傳旨
총림 종안宗眼의 문자 없는 경전　　　　　　叢林宗眼沒文經

[9]
보고 듣는 물결 위에서 불심을 보나니　　　　　聞見波頭見佛心
밖을 향해 고달프게 찾을 필요 있으랴　　　　　何須向外苦追尋
건곤과 일월을 모두 탈취하였나니　　　　　　　乾坤日月兩俱奪
태백은 붓에 꽃 피어 한림이 되었다네[74]　　　太白生花入翰林

[10]
들음을 버리고 거꾸로 듣는 것이 도심道心의 시작　遺聞反聽道情初
모태에서 나오기 전 공겁의 처음이라　　　　　未出母胎空劫初
이것이 선가의 정문 안목이니　　　　　　　　　此是禪家頂門眼
현묘하고 정밀하여 다른 단초가 없나니라　　　玄玄密密更無初

[11]
도를 배우려면 성경을 먼저 탐구해야 하는데　學道先須究聖經
성경이 있는 곳은 바로 나의 마음속　　　　　聖經只在我心頭
홀연히 집 안의 길을 밟고 가다가　　　　　　驀然踏著家中路
머리 돌리니 하늘에서 내려앉는 가을 기러기　回首長空落鴈秋

[12]
깊은 성품 바다는 원래 무애하여　　　　　　淵淵性海元無碍
삼라만상의 그림자가 그 속에 드러나네　　　萬像森羅影現中
꿈속의 이야기를 어찌할거나　　　　　　　　咄寐語作麼生
그렇다면 필경 무엇인가　　　　　　　　　　伊麼則畢竟作麼生
학이 눈물짓고 원숭이가 우는 밤　　　　　　鶴唳猿啼夜
소나무 잣나무가 푸른 하늘에 꽂혔네　　　　松檜挿靑空

[13]
동쪽 창문 활짝 여니 여름날의 노을　　　　　大關東窓立暑霞
뜨거운 해가 지니 나라가 삼대 같아지네　　　昊輪斜下國如麻
만물이 있는 것은 이 태양 덕분　　　　　　　纖纖萬類荷斯照
고해에서 꿈속 모래 밟는 줄 누가 알랴　　　　誰覺迷津夢踏沙

[14]
보검을 하늘가 노을에 가로 비껴　　　　　　　寶釰*橫斜天末霞
벼와 삼(麻)보다 많은 살활을 한 손에 쥐었네　拈來殺活勝稻麻
숫돌 없이도 영원히 날카로운 영봉이여　　　　靈峯幾劫無砥利
한 번 호통에 강산이 모래알처럼 부서지네　　　一叱江山碎若沙

[15]
성품의 하늘은 쓸쓸하여 연기와 노을을 끊었나니　性天寥落絶烟霞
대지가 순금인 걸 어떻게 삼(麻)을 심으리오　　　大地純金豈種麻
산승의 주장자를 다시 떨치니　　　　　　　　　　更拂山僧柱杖子
산하가 여전히 항하의 모래알처럼 도열했네　　　　山河依舊列恒沙

[16]
오온이 공한 줄 모르고 병들어 누운 몸　　　　病臥不知五蘊空
열반과 생사가 어찌 헛된 이름이리오　　　　　涅槃生死豈虛名
이를 놔두고 어디에서 진여의 법을 찾을까　　　捨斯安覓眞如法
한 껍데기 속의 항상한 몸이 시방에 두루하는걸　一殼常身徧十方

[17]
옛 성인이 세계가 공한 것을 살폈지만　　　　　古聖觀中世界空

선천 후지의 이름은 그래도 남았네 　　　　先天後地尙留名
서쪽 창의 달을 보고 한 소리 크게 웃으니 　　一聲喚笑西窓月
꼼짝하지 않고도 여기가 바로 서방정토 　　　不動纖毫即淨方

[18]
산하대지가 이미 공해진 지금 　　　　　　　山河大地已成空
한바탕의 꿈속, 이 몸은 이름만 있을 따름 　　一夢今身但有名
큰일은 신령하게 생사 저 너머 　　　　　　　大事靈靈生死外
근진根塵을 지우면 이곳이 바로 극락일세 　　抹却根塵乃安方

무제【15수】
無題[1)]

[1]
밝은 달빛은 산의 앞뒤에 　　　　　　　月晶山前後
맑은 바람은 바다의 안팎에 　　　　　　風淸海外中
누구에게 진면목을 물어볼거나 　　　　問誰眞面目
다시 하늘에 기러기가 점을 찍네 　　　更有點天鴻

[2]
꽃은 섬돌 앞의 비에 미소 짓고 　　　　花笑階前雨
솔은 난간 밖의 바람에 노래하네 　　　松鳴檻外風
묘한 이치 궁구할 것이 뭐가 있으랴 　　何須窮妙旨
이것이 바로 원통의 경지인걸 　　　　　這箇是圓通

[3]
백발로 봄바람을 마주하면서 　　　　　雪髮春風面
산중 신기루 속에서 소요한다네 　　　　逍遙山市中
무궁히 펼쳐지는 소리와 빛깔이여 　　　無窮聲與色
닿는 곳마다 절로 공하고 공하도다 　　觸處自空空

[4]
달의 물결은 바위 절벽에 번득이고 　　月波飜石壁
솔바람은 맑은 음향을 보내 주네 　　　松籟送淸音

---

1) ㉘ '無題'가 을본에는 빠져 있다.

이를 통해서 깨닫지 못한다면 　　　　　　　於斯若不會
노파심을 저버렸다 하리라 　　　　　　　　孤負老婆心

[5]
산은 우뚝우뚝 물은 시원시원 　　　　　　山矗矗水冷冷
바람은 선들선들 꽃은 다복다복 　　　　　　風習習花冥冥
살아가는 계책은 단지 이와 같을 따름이니 　活計只如此
구구하게 세정을 따를 것이 있으리오 　　　　何用區區順世情

[6]
공중에 쓰는 여덟 글자여 　　　　　　　　　空中書八字
그 누가 벗어난 사람이런가 　　　　　　　　誰是出頭人
유무有無 이변으로 달아나는 사람 많나니 　　二邊多走殺
묶는 사람 없는데 스스로 묶는구나 　　　　　自縛無繩人

[7]
번쩍이는 번갯불 속에 들어앉아서 　　　　　閃電光中坐
사람을 대해 잘도 죽이고 살리누나 　　　　　對人能殺活
머리도 없고 꼬리도 없는 방망이로 　　　　　無頭無尾棒
허공의 뼈다귀를 때려 부순다네 　　　　　　打破虛空骨

[8]
숲에 들어가 풀 한 포기 건드리지 않는데 　　入林不動草
물 건너며 어찌 물결을 튀기리오 　　　　　　涉水豈揚波
좋은 솜씨는 못 된다 하더라도 　　　　　　　雖然非好手
나무 말 타고서 황하를 건넌다오 　　　　　　木馬渡黃河

[9]
나뭇잎 떨어진 일천 봉우리 고요하고　　葉脫千峯靜
달빛 비치는 일만 골짜기 기이하네　　　月臨萬壑奇
언어를 떠난 산가의 묘한 경지　　　　　山家絶言妙
바깥 사람이 알지 못하게 할지어다　　　勿使外人知

[10]
산 달은 창가를 찾아와서 빛나고　　　　山月投窓白
냇물 소리는 문에 들어와서 울도다　　　溪聲入戶鳴
구 년의 침묵을 알고 싶거든　　　　　　欲知九年默
아무래도 이 속에서 밝혀야 하리　　　　須向此中明

[11]
책에서 나온 말들 허망하나니　　　　　書出語多虛
허망함 속에 유무가 들어 있다네　　　　虛中帶有無
책 이전의 뜻을 터득할지니　　　　　　却向書前會
생각 속의 구슬은 내버리도록　　　　　放却意中珠

[12]
도가 어찌 사람에 합하지 않으랴　　　　道豈不合人
사람이 도에 합할 마음이 없어서지　　　人無心合道
그 속의 뜻을 알고 싶은가　　　　　　　欲識箇中意
하나는 늙고 하나는 늙지 않는다네　　　一老一不老

[13]
물이 승려의 푸른 눈이라면　　　　　　水也僧眼碧

산은 부처의 푸른 머리로다 　　　　　　山也佛頭靑
달은 한마음의 도장이요 　　　　　　　月也一心印
구름은 만 권의 경서로다 　　　　　　　雲也萬卷經

[14]
세상일은 허공 속의 새요 　　　　　　　世事空中鳥
뜬 인생은 물 위의 거품이로다 　　　　　浮生水上漚
천하에 많은 땅 필요 없나니 　　　　　　天下無多地
산승은 오직 지팡이 하나일 뿐 　　　　　山僧一杖頭

[15]
꽃은 지는데 중은 길이 문을 닫고 　　　　花落僧長閉
봄이 깊은데 객은 돌아가지 않네 　　　　春深客不歸
둥지 튼 학의 그림자 바람에 흔들리고 　　風搖巢鶴影
좌선하는 옷자락 구름에 젖는구나 　　　　雲濕坐禪衣

임종게
臨終偈

해탈도 해탈이 아니거니
열반이 어찌 고향이리오
취모검吹毛劍 번쩍번쩍 빛나는데
구설로 칼날을 범하였도다

解脫非解脫
涅槃豈故鄉
吹毛光爍爍
口舌犯鋒鋩

재차 서산을 참알하다
再叅西山

한 사람에게서 두 입이 나와	一人生二口
누차 세우고 몇 번 이루었네	數立幾番成
천 리 멀리 금객을 만나니	千里逢金客
뜰 앞의 고목에 꽃이 피었네	庭前枯木榮

【스스로 주註를 달기를 "금객金客은 대사大師요, 뜰 앞 운운한 것은 마음의 꽃이 환히 피어난 것이다. 이것은 바로 나이 40세에 재차 참알했을 때의 일이다."라고 하였다.(自註云。金客大師也。庭前云云。心華發明也。即年四十再叅事也。)】

무제【7수】
無題

[1]

지난밤에는 쓸쓸한 촌에서 묵고 　　　　　昨夜荒村宿
오늘 아침에는 상원에서 노니네 　　　　　今朝上院遊
본래 머무는 곳이 없나니 　　　　　　　　本來無住處
어느 곳에서 종적을 찾으리오 　　　　　　何處覓蹤由

[2]

서리 내린 달밤에 원숭이 울고 　　　　　　猿啼霜夜月
심원[75]의 봄날에 꽃잎이 지네 　　　　　　花落沁園春
넓고 넓은 붉은 티끌 속에서 　　　　　　　浩浩紅塵裡
만나는 사람마다 바로 옛 친구일세 　　　　頭頭是故人

[3]

꽃이 만발하니 산의 얼굴이 빨갛고 　　　　花發山紅面
바람이 유순하니 새의 마음이 뒤숭숭해라 　風柔鳥亂心
평생토록 잡으려던 놈 　　　　　　　　　　平生求捉漢
오늘 홀연히 생포하였네 　　　　　　　　　今日忽生禽

[4]

방초에 내리는 삼춘의 비요 　　　　　　　芳草三春雨
단풍에 내리는 구월의 서리로세 　　　　　丹楓九月霜
시구를 가지고 터득하려 한다면 　　　　　若將詩句會
법중왕을 실컷 웃게 하리라 　　　　　　　笑殺法中王

[5]
육근의 창문이 텅 비어 널찍하니　　　　　六窓虛豁豁
마계魔界와 불계佛界에 길을 잃네　　　　魔佛自亡羊
현묘한 경지를 다시 찾는다면　　　　　　若更尋玄妙[1)]
뜬구름이 햇빛을 가리리라　　　　　　　浮雲遮日光

[6]
참선하면 분명히 밝혀지면서　　　　　　叅禪明了了
잣나무가 뜰 가운데 서 있도다　　　　　栢樹立中庭
우스워라, 남쪽 여행객[76]이여　　　　　可笑南詢子
쓸데없이 110성을 돌아다니다니　　　　　徒勞百十城

[7]
무생의 노래 한 곡조여　　　　　　　　　無生歌一曲
먼 산에 석양이 붉게 지도다　　　　　　遠峀夕陽紅
고향 산에서 소의 등 위에 누우니　　　　家山牛背臥
꽃 지운 바람이 얼굴에 불어오네　　　　吹面落花風

부기. 서산의 시 附西山
그림자 없는 나무를 찍어　　　　　　　　斫來無影樹
물속 거품을 모조리 태운다　　　　　　　燋盡水中漚
우스워라, 소를 탄 사람이여　　　　　　可笑騎牛者
소를 타고 다시 소를 찾다니　　　　　　騎牛更覓牛

---

1) ㉮ '玅'가 을본에는 '妙'로 되어 있다.

【소요逍遙의 주註에 이르기를 "나이 20세 때 청허淸虛의 문하에서 시봉하였는데, 그때 대사께서 이 시를 써 주셨다. 내가 이 게송을 가지고 호남으로 내려와 여러 종장宗匠 등에게 물어보았으나, 모두 모른다고 대답할 뿐이요, 그 뜻을 해석하여 알려 주는 이는 한 사람도 없었다. 그래서 내가 나이 40세 때 곧장 묘향산으로 가서 대사에게 물어보고는 무생無生을 알았다."라고 하였다.(逍遙註云。年二十時。淸虛室中侍奉。時大師書贈也。持此頌。下來湖南。問諸宗匠等。皆以不知答。無一人解釋知意。老漢年四十。直到香山。問大師。知無生。)】

용추사 법당을 중창한 기문

　이 사원을 창건한 사람은 바로 신총信摠과 혜징惠澄으로서, 문헌이 전해지는 것이 없어서 연대를 상고할 수가 없으므로 애석한 일이다. 그러다가 지난 임진년 변란 때 금전金殿과 범료梵寮가 모두 잿더미로 변했다. 이에 내가 천각天覺·선덕禪德과 함께 법전을 중건하였는데, 경오년(1630, 인조 8) 봄에 시작해서 신미년(1631, 인조 9) 여름에 마쳤다. 그리고 연주連珠에게 기와를 덮게 하고 현정玄淨에게 단청을 입히게 하였으며, 지감智鑑은 미타彌陀의 장륙상丈六像을 조성하고 법륜法倫은 공불供佛의 기명器皿을 만들게 하였는데, 여러 가지 일이 일시에 두서 있게 이루어져 우연이 아니라는 느낌을 받았다.
　아, 사람이 법전을 창건하여 이 도량을 이루고 정법正法을 중흥하였으니, 여래의 정법이 흥하는 것은 다른 데에 있지 않고 바로 사람에게 있다고 할 것이다. 그렇지만 성成과 괴壞가 있는 것은 물物의 운명이요, 고古와 금今이 있는 것은 시時의 운수이다. 그런데 첨사僉師의 마음은 바로 태허太虛의 체體와 같아서 공명空明하고 담적湛寂하여 유동流動해도 옮겨지지 않는다. 그리하여 무형無形의 밖으로 발을 내딛고 무시無始의 앞으로 뛰어오르면서 천지를 여인숙으로 여기고 생사를 하찮게 여기니, 물의 성괴와 시의 고금을 논할 것이 뭐가 있겠는가. 첨사의 차원에서는 법계도 일찰一

---

1) ㉮ '文' 한 글자는 편자가 보충하였다.

刹이요, 천지도 일불一佛이요, 고금도 일몽一夢일 것이다. 따라서 이를 명銘하여 무궁히 전하는 것이 당연하다고 하겠다.

명은 다음과 같다.

산은 신령하여
천지의 뿌리가 되고
물은 심원하여
고금의 원천이 되네
그 속에 보전이
우뚝 궁륭처럼 솟았는데
임진년 병화兵火로
참혹하게 잿더미 변했다네
오늘 중건하여
천궁처럼 의젓해졌나니
두 날개 활짝 펴고서
허공으로 솟구쳐 날 듯
아름답다, 뛰어난 그 공
아득히 끝이 없도다
이 법당을 중건한 공이여
물처럼 산처럼 영원하리라

龍湫寺法堂重創記

寺之創始者。實是信摠惠澄。而無文獻傳。年載不可考。可惜也。徃在龍蛇之變。金殿梵寮。渾成煨燼。余與天覺禪德。營建法殿。濫觴於庚午春。覆簣於辛未夏。使連珠盖瓦。玄淨丹艧。又使智鑑成彌陀丈六像。法倫成供佛器。諸事一時就緒。似非偶然。噫。人能創起法殿。成此道場。重興正法。則如來正法之興。不在於他。而在於人也。然成壞物之數也。古今時之數也。僉師之心。乃大虛之體。空明湛寂。即流動而不遷也。踐於無形之表。超於無時之前。暫寄天地。藐視生死。何論物之成壞。時之古今耶。僉師分上法界一刹。天地一佛。古今一夢耳。宜銘之以垂無窮。銘曰。惟山之靈。天地之根。惟水之深。古今之源。於中寶殿。穹窿制度。龍蛇兵燹。慘矣焦土。此日重營。儼若天宮。如跂斯翼。直聳虛空。猗歟奇功。浩渺汪洋。此殿此功。水遠山長。

『소요당집』끝
逍遙堂集終[1]

---

[1] ㉑ '逍遙堂集終'은 저본에는 빠져 있으며, 갑본에는 필사되어 있다. 편자가 을본에 따라 보충하였다.

소요 대선사 행장

　대선사의 휘는 태능太能이요, 소요逍遙는 호이다. 속성은 오吳씨이며, 호남 담양 사람이다.
　명종 임술년(1562, 명종 17) 9월 어느 날에 태어났다. 신승神僧이 작은 글씨의 대승경大乘經을 주는 꿈을 모친이 꾸고 임신하였다. 태어나면서부터 피부가 선명하였고, 골격이 헌앙軒昻하였다. 말을 시작하면서부터 벌써 총명함을 보였으며, 조금 철이 들기 시작하면서부터 탐욕을 끊고 도의 가르침을 즐겨 듣는가 하면 불쌍히 여기며 베풀기를 좋아하였으므로 인근 동네에서 성동聖童이라고 일컬었다.
　나이가 겨우 13세 되었을 적에 백양산으로 놀러 가서 외경外境의 사물을 관찰하다가 바로 속세를 떠날 생각을 하였다. 그러고는 진 대사眞大師에 의탁하여 머리를 깎고서 경률經律을 모두 익히며, 그 뜻을 남김없이 탐구하였다. 그때 부휴 대사浮休大師가 속리산과 해인사 사이에서 교화를 펴고 있었으므로, 그곳에 나아가 대경大經을 수업받고 심오한 뜻을 모두 터득하였다.
　부휴 회상의 수백 명 문도 가운데 오직 선사와 운곡 충휘雲谷冲徽, 송월 응상松月應祥 등 세 사람을 법문法門의 삼걸三傑이라고 불렀다. 명나라 장수인 이여송李如松이 왜적을 정벌하고 개선할 적에 해인사에 머물고 있다가 선사의 단아한 모습을 보고는 부휴에게 말하기를 "백락伯樂의 마구간에는 천리마가 많은 법인데, 대사의 문도 가운데 태능이라고 하는 자는 천리마의 새끼라고 이를 만하다."라고 하였다.

얼마 뒤에 서산이 향산香山에서 현묘한 교화를 펼치고 있다는 말을 듣고는 찾아가서 조사서래의祖師西來意의 뜻을 물었는데, 서산이 한번 보자마자 법기法器임을 알아채고서 건당建幢을 시켜 발우를 전하였다. 그러고는 문하에서 3년을 배우는 동안 또 법당을 열어 강의하도록 명하였는데, 듣는 대중이 문을 가득 채웠으니 그때의 나이가 20세였다.

이윽고 서산이 준 법게法偈【그림자 없는 나무를 찍어, 물속의 거품을 모조리 태운다. 우스워라, 소를 탄 사람이여, 소를 타고 다시 소를 찾다니.】를 가지고 남쪽으로 와서 여러 종장들에게 두루 질문하였으나 그 뜻을 알고 해석하는 자가 한 사람도 없었다. 이에 다시 서산에 와서 조사祖師인 서산에게 묻고 나서야 비로소 무생無生의 뜻을 알게 되었다. 그리하여 마침내 마음을 살피고 본성에 맡기면서 소요逍遙하고 방광放曠하였으므로, 머무는 곳마다 배우기를 원하는 자들이 구름처럼 달려오고 시냇물처럼 모여들어 임제臨濟의 종풍을 크게 떨치게 되었다.

임진년의 변란을 당하여 서산과 송운松雲이 의병을 일으켜 왜적을 무찌를 때, 선사는 불전에서 경건하게 재를 올리며 신명이 보우해 주기를 빌었고, 병자년 남한산성의 역사役事 때에는 왕명을 받들어 서성西城의 수축修築을 완료하여 불의의 사태에 대비하였다. 그러고 보면 충군 애국한 선사의 마음이야말로 서산·송운과 궤를 같이하며 차이를 보이지 않는다고 할 것이다.

선사가 이르러 불법을 강론하는 도량마다 원숭이가 와서 듣고는 머리를 숙였고, 뱀과 이무기가 와서 듣고는 허물을 벗었으니, 이류異類에게까지 미친 교화가 대개 이와 같았다. 그리고 지리산 신흥사와 연곡사를 세울 적에도, 조야朝野가 선사의 도화道化에 감화되어 모두 얼마 되지 않아

완성되었다.

인조 27년 기축년(1649) 11월 21일 선사가 입적할 즈음에 열반을 논하고는 붓을 찾아 게를 썼다.

해탈도 해탈이 아니거니
열반이 어찌 고향이리오
취모검吹毛劍 번쩍번쩍 빛나는데
구설로 칼날을 범하였도다

그러고는 마침내 열반에 들었다. 붉은 무지갯빛이 하늘에 걸리고 기이한 향기가 방에 가득하였다. 이때의 법랍이 88세였다. 다비를 하던 저녁에 영골靈骨이 불 밖으로 뛰어오르고 사리 2과顆가 축원에 응하여 공중으로 솟아올랐으므로, 마침내 연곡사와 금산사, 보개산의 세 곳에 탑을 세워 봉안하였다.

효종대왕이 잠저潛邸에 계실 때부터 선사의 도력에 대해 이미 듣고서 고풍高風을 흠모했는데, 이때에 와서 선사의 열반 소식을 듣고는 크게 슬퍼하였으며, 4년이 지난 임진년(1652, 효종 3) 봄에 특명으로 혜감선사慧鑑禪師라는 시호를 내렸으니, 이는 참으로 특별한 은전이었다. 그리고 중사中使에게 명하여 향폐香幣를 내리게 하는 한편, 상신相臣인 백헌白軒 이경석李景奭에게 명하여 비명碑銘을 짓게 하고, 금산사에 세우도록 하였다. 문집 1권이 간행되어 세상에 전해진다.

불초 문하 11세 법손 예운 혜근猊雲惠勤은 조계의 대각암大覺菴에서 삼가 쓰다.

逍遙大禪師行狀[1]

大禪師。諱太能。逍遙號也。俗姓吳氏。湖南潭陽人。生於明宗壬戌九月日。

妣夢神僧授小字大乘經。有娠旣誕。肌膚鮮明。器宇軒昂。始能言。已見聰明。稍有知。便離貪欲。樂聞道訓。好施矜慈。隣里以聖童稱之。年甫十三遊白羊山。觀物外境。便有出塵之志。依眞大師薙髮。凡習經律。究其旨無餘蘊。時浮休大師。闡化於俗離海印間。師從受大經。盡得奧微。休會數百徒。惟師與雲谷冲徽松月應祥。號爲法門三傑。明將李[2)]公如松。征蠻凱還。駐次海印。見師端雅。謂休曰。伯樂之廐多駿驥。師之徒衆曰。太能。可謂驥之子也云。旣爾師聞西山開玄化於香山。訪之。以西來之意叩之。西山一見。知爲法器。因與竪幢傳鉢。仍摳衣三年。又命開堂揮麈。聽衆盈門。時年二十。俄爾持西山所贈法偈。【斫來無影樹。燋盡水中漚。可笑騎牛者。騎牛更覓牛。】南來徧質諸宗匠。一無知義解釋者。再到西山。問於祖師西山。始知無生焉。遂觀心任性。逍遙放曠。所止執筵者。雲犇川臻。大振臨濟宗風也。龍蛇之厄。西山松雲。倡義旅而赴敵。師則齋虔佛殿。祈蒙冥隲。至丙子南漢之役。師奉命修西城。完之以備不虞。其忠君憂國之心。與西山松雲。同轍而無間焉。師所至講法之場。獼猴聽經而低首。蛇蟒聞法而蛻殼。其化及異類。蓋如此。刱智異之神興燕[3)]谷。朝野感師道化。皆不日就之。仁祖二十七年己丑十一月二十一日。師論涅槃於臨寂。索筆。書偈曰。解脫非解脫。涅槃豈故鄕。吹毛光爍爍。口舌犯鋒鋩。遂入泥垣。赤虹亘天。異香滿室。法臘九旬小二。闍維之夕。靈骨超於火外。設利二顆。應祝而躍出空中。遂封塔于燕谷金山寶盖山三處焉。孝宗大王。自潛邸。已聞師道。欽慕高風。至是聞師涅槃。爲之震悼。越四年壬辰春。特命贈謚曰。慧鑑禪師。誠是特異之恩典也。仍命中使降香幣。又命相臣白軒李景奭製碑銘。立于金山寺。文集一卷。刊行于世。

不肖門下十一世法孫猊雲惠勤。謹書于曹溪之大覺菴中。

---

1) ㉮ 이 행장은 저본에는 빠져 있으며, 갑본에는 필사되어 있다. 편자가 을본에 따라 보충하였다. 2) ㉮ 갑본에는 '李' 뒤에 '公' 한 자가 더 있다. 3) ㉮ '燕'이 갑본에는 '鷰'으로 되어 있다.

소요비명【병서】

백헌 이경석

　옛날 서쪽 총령蔥嶺으로 돌아가면서 신발 한 짝의 신령스러운 자취를 남겼고, 동쪽으로 약산藥山을 건너면서 한마디의 묘한 자취를 전하였다. 그런데 더군다나 사리를 봉안하는 것은 바로 부도浮屠가 숭상하는 일이니, 어떻게 빠뜨릴 수가 있겠는가.
　선사의 속성은 오씨요, 법휘는 태능이니, 호남 담양 사람이다. 가정嘉靖 41년(1562, 명종 17)에 태어났으니, 이때는 바로 임술년 늦가을인 9월이었다. 모친이 작은 글자의 대승경을 받는 태몽을 꾸었는데, 그의 상호相好가 수려하여 기이한 징조에 부합하였다.
　백양산에서 진사眞師에 의탁하여 13세에 머리를 깎고 나서, 황벽黃蘗의 현지玄旨를 터득하여 억조億兆에 이름을 알리게 되었다. 법호는 타고난 성품에 맡겨 소요逍遙한다는 뜻으로 지은 것이고, 자취는 인연 따라 함께 어울리며 거리낌 없이 돌아다녔다.
　남국南國을 차례로 참알하다가 부휴에게 대장경을 수업받았으며, 서산을 재차 방문하여 본원本源이 청정함을 깨달았다. 금강산에 거한 몇 년 동안 그 고봉孤峯은 오를 수가 없었고, 옥게玉偈를 일생 동안 풀어내면서 명경明鏡처럼 환히 비추었다.
　신흥사의 정사精舍를 복된 구역에 새로 제정하고, 연곡사의 총림叢林을

승경勝境에 다시 복구하였다. 원숭이(彌猴)가 메아리처럼 응하며 설법을 듣고, 용상龍象이 강물처럼 치달리며 모여들어, 성대하게 그 문을 메우면서 문도가 성황을 이루었다.

처음의 뜻대로 영예를 사양하여 은총을 받아도 거하지 않았으며, 일을 주관하는 우수한 재능을 발휘하여 큰 공을 이루었어도 자처하지 않았다. 깊이 각원覺源을 탐색하면서 미진迷津에 보배로운 뗏목을 띄웠고, 성대히 진전眞筌을 퍼뜨리면서 고해苦海에 자비로운 배를 띄웠다. 입적할 즈음에 열반을 논하고 석장을 우뚝 세워 게송을 남기고는, 완연히 보통 일처럼 여기며 홀연히 세상을 하직하였다. 이때가 바로 기축년(1649, 인조 27) 11월 21일로서 행년行年은 88세요, 선랍禪臘은 73세였다.

방 안에 향기가 짙게 감돌고 처마에 서광이 비치는 가운데, 수많은 납의가 각처에서 모여들고 법우가 삼천세계를 널리 적셨다. 신주神珠가 축원에 응하여 다비할 적에 튀어나와 둘을 이루고, 선골仙骨이 공중에 뛰어올라 고표高標를 지향하며 하나를 얻었다. 진대珍臺와 정토淨土에 탑을 세우는 것이 온당하겠기에 보개산과 금산사에 나누어 봉안하기로 하고, 사원의 성지聖地에 각각 건립하였다.

그 제자 등이 이 늦은 가을날에 천 리 길을 달려와 슬픈 심정을 더욱 깊이 토로하면서 나의 한마디 말을 간절히 청하였는데, 크게 웃는 소리가 들리는 것만 같으니 어떻게 길게 말을 할 수가 있겠는가.

다음과 같이 명銘한다.

무에 본래 무가 없는데
유에 어찌 유가 있겠는가
멸한다고 멸함이 아니요
우연히 그렇게 되는 것일 뿐
앞에 수壽하기보다는

뒤에 수壽함이 낫지 않겠는가
이보다 더한 수壽가 어디에 있으리오
보존되는 것이 영구하리니

逍遙碑銘【幷序】¹⁾

白軒李景奭

粤昔西歸慈嶺。留隻履之靈蹤。東涉藥山。傳一聲之妙蹟。況當舍利之攸奉。可闕浮屠之是崇。師俗姓曰吳。法諱太能。湖南潭陽人也。生於嘉靖之四十一年。時乃壬戌之高秋九月。阿孃夢而大乘小字。厥相秀而異徵同符。依眞師於白羊。十三祝髮。服玄旨於黃蘗。億兆知名。號因任性而逍遙。跡混隨緣而放曠。歷叅南國。受大藏於浮休。再訪西山。悟本源之淸淨。棲金剛者數載。孤峯絶攀。演玉偈於一生。明鏡揭照。神與祇樹。刱新制於福區。燕谷叢林。修舊觀於勝境。坐聽獼²⁾猴之山應。立致龍象之川奔。爛其盈門。盛矣入室。辭榮夙志。被殊錫而罔居。辦事宏才成。鉅功而弗處。深探覺源。浮寶筏於迷津。茂闡眞筌。泛慈航於苦海。論涅槃於臨寂。卓錫杖於垂辭。宛然其常。欻尒而化。寔惟己丑十一月二十一日也。行年九旬小二。禪臈³⁾七表加三。房櫳馥而香氣濃。簷字晃而祥光拂。衲衣坌集。十佰其人。法雨普沾三千之界。神珠應祝。躍閨毗而成雙。仙骨騰空。指高標而得一。珎臺淨土。宜鷹塔之。分藏寶盖金山。卽雞園而各建。其弟子等三霜奄及千里季來。挹餘悲而愈深。求拙語之誠切。如聞大笑。曷稱長言。銘曰。無本無無。有何有有。滅不爲滅。偶然有偶。非壽於前。而壽於後。壽孰加焉。其存者久。

---

1) ㉯ 이 비명과 찬문贊文은 저본에는 권두에 있었으나 편자가 여기로 옮겨 두었다.
2) ㉯ '獼'이 갑본과 을본에는 '獮'로 되어 있다.　3) ㉯ '臈'이 을본에는 '臘'으로 되어 있다.

상찬

서산 대사가
스님에게 금봉과 설죽의 노래를 지어 주었는데
이는 칠분의 단청으로도 형용할 수 없는 것이니
금봉은 바로 체요 설죽은 바로 성이라고 하겠다.
한마디로 요약하건대
여래보살의 영상影像을 어디에서 또 구해 볼 수 있겠는가.
이와 같이 나는 들었노라.
88세의 금선의 골상骨相이 황명 가정 임술년에 한 번 출현했었다고.

홍문 교리 유하원柳河源은 제題하다.

像贊
西山師。贈師以金峯雪竹之咏。七分丹青之所莫狀。金峯是體。雪竹是性。一言蔽之。又奚求照于如來菩薩之影。如是我聞。八十八臘金仙骨。曾現于壬戌皇明嘉靖。
   弘文校理柳河源題。

스님의 손은 한 개인가 백 개인가
스님의 몸은 천 개인가 억 개인가
무에서 유가 되니 풍화와 설월이요
진에서 가가 되니 능초와 분묵이라
이를 합쳐서 말한다면 진공眞空이 곧 실유實有라고 할까
뒷날 서천의 연화탑 위에
스님의 자리가 몇 번째일지 모르겠네

통주거사 유사형柳士衡은 제하다.

師之手一耶百耶。師之身千耶億耶。自無而有風花雪月。自眞而假綾綃紛
墨。合而言極空則實。他日西天蓮花塔上。不知師之座在第幾席。
　　通洲居士柳士衡題。

숭정崇禎 3년(1630, 인조 8) 봄에 소요 화상逍遙和尙이 혜감선사라는 시호를 받았다. 유고遺稿를 출판하려 하나, 내가 지금 간행하려다 보니 자료가 산일되어 널리 구할 수 없는 실정이다. 그래서 유감으로 생각하면서 다시 뒷사람을 기다리기로 하였다. 사시賜諡의 설에 대해서는 임진년 변란 때 나라를 위해 기축祈祝한 정성과 서성西城을 수축할 때 감독한 공을 인정받아 포증褒贈되었다고 들었다. 그런데 백헌이 지은 비문을 보면 조금도 언급하지 않고 있으니, 내가 매우 애석하게 여기는 바이다. 지금 용추사 법당의 상량문에 매우 자세히 실려 있고, 다시 예조를 상고하매 효종 때 시호를 내렸다는 기록이 있었다.

崇禎三年[1]春。逍遙和尙賜諡慧鑑禪師迲遺稿。愚今剞劂。而散佚不得博求。尙有餘恨。更俟後人。賜諡之說。以壬辰亂。爲國祈祝之誠。監築西城之功。聞有褒贈。而於白軒所著碑。畧不槪見。余甚惜之。今於龍湫法堂上樑。揭之甚詳。更考禮曹。孝宗朝賜諡之籍而揭焉。

---
[1] ㉮ 을본에는 '年' 뒤에 '仁祖八年庚午' 여섯 글자가 첨입되어 있다.

발문

옛날 우리 선조 백헌공白軒公께서 소요 대사의 비명을 지었는데, 그 비석이 금구金溝 금산사에 우뚝 높이 서 있으니, 이는 실로 백천 년이 되도록 후세에 보여 주신 분명한 증거라고 하겠다. 그런데 대사의 덕은 감추어져 밖으로 드러내지 않은 채 말을 주장하되 수사修辭하는 것을 일삼지 않았으므로, 사문沙門의 제자들이 이를 한스럽게 여겼다.

춘담春潭 스님은 대사의 6대 법손인데, 대사의 시편 약간을 수집하여 오래 전할 수 있는 방도를 강구하였다. 내가 대사의 시를 살펴보건대, 맑고 매우 깊어 마치 만 리에 구름 낀 하늘과 같았고, 천강千江의 물에 비친 달빛과 같았으며, 법경法經의 게송과 방불하였다. 그러니 대사의 가르침을 높이 받드는 자들이 안으로 대사의 시를 외우면서 밖으로 우리 선조의 글과 비교해 본다면, 대사의 도가 이에 없어지지 않을 것이다. 이 어찌 아름다운 일이 아니겠는가.

춘담 스님이 내가 백헌공의 후예라는 이유로 자기 선사先師를 위해서 발문을 써 달라고 나에게 요청하였다. 내가 감히 글을 할 줄 안다고 해서가 아니라, 도리에 비추어 볼 때 또한 우연한 일이 아니라고 여겨지기에, 삼가 비문의 끼친 뜻에 입각해서 글을 지어 돌려주었다.

가경嘉慶 5년 경신년(1800, 정조 24) 영의정 백헌공의 6세손인 순창 군수

이면휘李勉輝는 삼가 발문을 짓다.

跋

昔我先祖白軒公撰逍遙大師之碑。屹然高跂於金溝金山寺。是實百千歲。垂示明證也。大師之德。藏中不露。無事乎立言脩辭。沙門弟子。以是恨之。有春潭師。以大師六代法孫。收輯詩篇若干。謀所以壽傳之道。吾觀師之詩。淸遠玄邃。如萬里雲天。如千江水月。彷彿乎法經之偈頌。則尊奉師敎者。入而誦師之詩。外而質諸吾先祖之文。則師之道。於是不泯。曷不美哉。春潭以吾承白軒緖餘。爲其先師。求語以跋。非敢文爲。而於理亦不偶然。謹以碑文遺意。誦而歸之。

嘉慶五年庚申。領議政白軒公六世孫行淳昌郡守。李勉輝謹跋。

주

1 보통普通 : 양나라 무제武帝의 연호이다. 중국 선종의 초조初祖인 보리달마菩提達磨가 보통 원년(520)에 배를 타고 금릉金陵에 와서 무제와 대화를 나눈 뒤에 숭산嵩山 소림사少林寺에 들어가 9년 동안 면벽한 고사가 있다. 『神僧傳』 권4.
2 눈만 공연히~팔뚝이 온전하구려 : 구도심求道心이 투철한 선가禪家의 제자들이 별로 보이지 않는다는 말이다. 혜가慧可가 소림사로 달마를 찾아가서 밤새도록 눈이 쌓인 뜰에 공손히 서서 도를 구했으나 달마는 면벽만을 한 채 한마디 말도 건네지 않았는데, 이에 혜가가 계도戒刀로 자신의 왼쪽 팔을 찍어 그 팔을 바치자 달마가 비로소 입실入室을 허락했다는 설중단비雪中斷臂의 고사가 전한다. 『景德傳燈錄』 권3.
3 옥주玉麈 : 옥 손잡이(玉柄)에 고라니의 꼬리털(麈尾)을 매단 불자拂子라는 말로, 위진 때 청담淸談을 즐기던 사람들이 많이 가지고 다녔으며 나중에는 선종의 승려들도 애용하였다.
4 고운孤雲은 최치원崔致遠(857~?)의 호이다. 세상에서 전하는 말에 의하면 그는 지리산 쌍계사雙磎寺에서 글을 읽었다고 한다. 동구洞口에 두 개의 바위가 마치 문처럼 서서 대치하고 있는데, 그가 직접 동쪽 바위에 쌍계雙溪라고 쓰고, 서쪽 바위에는 석문石門이라고 썼다고 한다.
5 추우면 그대(闍梨)를~덥게 하라 : 당나라 동산 양개洞山良价 선사에게 어떤 승려가 "추위와 더위가 닥치면 어떻게 피합니까?"라고 물으니, 동산이 "어째서 춥지도 않고 덥지도 않은 곳으로 가지 않는가?"라고 대답하였다. 이에 승려가 "춥지도 않고 덥지도 않은 곳이 어디에 있습니까?"라고 다시 물으니, 동산이 "추우면 사리 그대를 춥게 하고, 더우면 사리 그대를 덥게 하라.(寒時寒殺闍黎。熱時熱殺闍黎。)"라고 대답하였다. 『碧巖錄』 43 칙則에 나온다. 사리闍梨는 ⓢ ācārya의 음역인 아사리阿闍梨의 준말로, 제자를 바른길로 인도하며 가르치는 모범적인 스승이라는 뜻이다. 궤범사軌範師·정행正行 등으로 의역하며 도사導師라 일컫기도 한다.
6 섬궁蟾宮(달)의 계수나무~꺾으신 분 : 우수한 성적으로 대과大科에 급제했다는 말이다. 현량대책賢良對策에서 장원한 극선郤詵에게 진晉나라 무제武帝가 소감을 묻자, 극선이 "계수나무 숲의 가지 하나를 꺾고, 곤륜산崑崙山의 옥돌 한 조각을 쥐었다."라고 답변하였는데, 섬궁 즉 두꺼비가 산다는 월궁月宮에 계수나무가 있다는 전설을 여기에 덧붙여서 과거 급제를 '섬궁절계蟾宮折桂'로 비유한다. 『晉書』 권52 「郤詵傳」.
7 세 번~자기子期로 여겼는데 : 시자인 그를 지기知己로 삼을 만큼 무척 아꼈다는 말이다. 당나라의 남양 혜충南陽慧忠 국사가 시자를 세 차례 불렀는데 그때마다 시자가 대답을 하자, "내가 너를 저버릴까 걱정하였는데, 네가 나를 저버리는구나.(將謂吾孤負汝。却是汝孤負吾。)"라고 말한 국사삼환國師三喚의 공안이 『景德傳燈錄』 권5 「西京光宅寺慧忠國師」에 나온다. 자기는 거문고의 명인 백아伯牙의 지음知音인 종자기鍾子期를 가리킨다.
8 삼의三衣 : 비구가 착용하는 세 가지 가사. 즉 대의大衣·오조의五條衣·칠조의七條衣를 말하는데, 보통 승복의 뜻으로 쓰인다.
9 남화南華 꿈속의~깨어 일으켰네 : 『莊子』 「齊物論」 마지막에 "언젠가 장주가 꿈속에서

나비가 되었다. 나풀나풀 잘 날아다니는 나비의 입장에서 스스로 유쾌하고 만족스럽기만 하였을 뿐 자기가 장주인 것은 알지도 못하였는데, 조금 뒤에 잠을 깨고 보니 엄연히 장주라는 인간이었다.(昔者莊周夢爲胡蝶。栩栩然胡蝶也。自喩適志與。不知周也。俄然覺則蘧蘧然周也。)"라는 호접몽胡蝶夢의 이야기가 나온다. 남화는 남화진인南華眞人의 준말로 장자莊子의 별칭이다. 당나라 현종이 천보天寶 원년(742)에 장자에게 남화진인의 봉호封號를 내리고 『莊子』를 『南華眞經』으로 부르게 하였다.

10 계사雞赦 : 조정의 사면赦免이라는 말이다. 당나라 중서성中書省에서 사면하던 날에 금닭(金雞)을 의장儀仗의 남쪽에 꽂아 놓았는데, 깃대의 길이가 7장丈이었고, 닭의 머리에는 7척尺의 붉은 깃발을 붙였다고 한다.

11 궁한 물고기(窮鱗) : 곤경에 처해 급히 구원을 요청하는 긴박한 처지에 놓여 있는 것을 가리킨다. 『莊子』「外物」에, 수레바퀴에 파인 웅덩이 속에서 헐떡이는 물고기가 조금의 물이라도 우선 얻어서 목숨을 부지하려고 한다는 학철부어涸轍鮒魚의 이야기가 나온다.

12 승상繩牀 : 간편하게 접을 수 있으며 윗부분을 노끈으로 얽어 만든 의자. 호상胡牀 또는 교상交牀이라고도 한다. 예전에 관원들이 하인에게 가지고 다니게 하면서 깔고 앉거나 말을 탈 때 사용했으며 사찰에서 승려들도 사용하였다.

13 칼 놀릴 소 : 포정庖丁이 19년 동안 수천 마리의 소를 잡았는데도 그 솜씨가 탁월해서 칼날이 항상 숫돌에서 금방 꺼낸 듯했다는 '포정해우庖丁解牛'의 이야기가 『莊子』「養生主」에 나온다.

14 건덕建德 : 무위無爲의 정치가 행해지는 이상국理想國의 이름으로, 『莊子』「山木」에 나온다.

15 강서江西가 한~배워야 하리 : 강서는 중국 선종 남종南宗의 제7조인 남악 회양南嶽懷讓의 제자로, 강서 지방에서 돈오頓悟의 선풍禪風을 떨친 마조 도일馬祖道一을 가리킨다. 마조의 제자인 석공 혜장石鞏慧藏 선사는 본시 사냥꾼이었다. 그가 사슴을 쫓아 마조의 암자 앞을 지나가다가 마조와 문답을 나누었는데, 마조가 "화살 하나로 몇 마리를 쏠 수 있느냐?"라고 묻자 "화살 하나로 한 마리를 쏜다."라고 대답하니, 마조가 "그대는 활을 쏠 줄 모른다."라고 하였다. 이에 석공이 "화상은 화살 하나로 몇 마리나 쏘느냐?"라고 물었는데, 마조가 "화살 하나로 한 무리를 쏜다.(一箭射一羣)"라고 대답하고는 그를 설복하여 출가시킨 고사가 『五燈會元』 3권 「撫州石鞏慧藏禪師」 조에 나온다.

16 경비객輕肥客 : 호화롭고 사치스러운 생활을 하는 자들을 가리킨다. 경비는 가볍고 따뜻한 옷과 살찐 말이라는 뜻의 경구비마輕裘肥馬의 준말이다. 공자의 제자 자화子華가 "비마를 타고 경구를 입고서(乘肥馬。衣輕裘。)" 제나라로 간 이야기가 『論語』「雍也」에 나온다.

17 반나절의 한가함 : 당나라 이섭李涉의 〈題鶴林寺僧舍〉라는 시에 "절간을 지나다가 스님과 만나 나눈 이야기, 떠도는 몸 반나절의 한가함을 또 얻었네.(因過竹院逢僧話。又得浮生半日閑。)"라는 구절이 나온다.

18 적막한 동쪽~한 가지 : 진晉나라 도잠陶潛의 시에 "동쪽 울타리 밑에서 국화를 따다가, 유연히 남쪽 산을 바라보노라.(採菊東籬下。悠然見南山。)"라는 구절이 있다. 『陶淵明集』 권3 〈飮酒 5〉.

19 달빛 속에~성긴 그림자 : 북송 때 은사隱士인 임포林逋의 〈山園小梅〉라는 시에 "맑고 얕은 물 위에 성긴 그림자 가로 비끼고, 황혼 녘 달빛 속에 은은한 향기 떠도누나.(疎影橫斜水淸淺。暗香浮動月黃昏。)"라는 구절이 있다.
20 계설溪舌 : 부처님의 광장설廣長舌인 시냇물 소리라는 뜻이다. 소식蘇軾의 시에 "시냇물 소리는 바로 부처의 광장설이요, 산 빛 또한 청정한 법신法身이라 하리.(溪聲便是廣長舌。山色豈非淸淨身。)"라는 표현이 나온다. 『蘇東坡詩集』 권23 〈贈東林總長老〉. 광장설은 부처님의 32가지 대인상大人相 가운데 하나로 얼굴을 다 덮고 머리까지 올라간다는 긴 혀를 말하는데, 설법을 뛰어나게 잘하는 것을 일컫는다. 장광설長廣舌이라고도 한다.
21 현성공안現成公案 : 산천초목 등 자연이나 밥 먹고 차 마시는 일상생활 속에 역력히 드러나 보이는 공안이라는 뜻으로, 조작하여 안배할 수 없는 절대적 진리의 현현을 의미하는 선가禪家의 용어이다. 여실공안如實公案이라고도 한다.
22 위음왕이전 : 위음왕불威音王佛이 출현하기 이전이라는 뜻의 선가 용어로, 부모미생이전父母未生以前·천지미개이전天地未開以前·공겁이전空劫以前과 같은 말이다. 위음왕불은 과거장엄겁過去莊嚴劫 최초의 부처님이다.
23 전삼삼과 후삼삼(前三三後三三) : 기거하는 대중의 수를 말한다. 당나라 무착無著 선사가 문수보살에게 "이곳은 대중의 수가 얼마나 되느냐?(衆幾何)"라고 묻자, "앞이 삼삼이요, 뒤가 삼삼이다.(前三三。後三三。)"라고 대답한 이야기가 전한다. 『五燈會元』 권9 「杭州無著文喜禪師」.
24 꼬리 머리 까부누나(擺尾搖頭) : 물고기가 유유히 물속을 돌아다니는 모양을 말하는데, 의기양양해하는 모습을 뜻하는 말로 쓰인다.
25 영양은 뿔을~남기지 않고 : 영양은 밤에 뿔을 나무에 걸어 놓고 잠을 자므로 발이 땅에 닿지 않아 흔적을 남기지 않는다고 한다. 이 때문에 선림禪林에서 철저하게 깨달아 자유무애自由無礙의 경지에 이른 것을 비유할 때 이 표현을 흔히 쓴다.
26 초혜전草鞋錢 : 행각승의 여비.
27 진秦나라 때의 거울 : 진시황秦始皇이 사람의 마음속을 환히 비추어 보았다는 전설의 거울을 가리킨다. 보통 진경秦鏡 혹은 진대경秦臺鏡이라고 한다.
28 〈양춘陽春〉: 전국시대 초나라에서 〈白雪曲〉과 함께 가장 고아高雅한 곡조로 꼽히던 가곡이다. 초나라 송옥宋玉의 「對楚王問」에 "〈양춘곡〉과 〈백설곡〉은 얼마나 고상한지 온 나라를 통틀어도 이 노래를 이어서 화답할 자가 수십 명에 지나지 않는다.(其爲陽春白雪。國中屬而和者。不過數十人)"라고 하였다.
29 제향帝鄕 : 서울, 또는 신선이 사는 곳.
30 남전南泉의 꿈속의 봄 : 당나라 때 어사대부御史大夫 육환陸亘이 남전 보원南泉普願 선사와 이야기를 나누다가, 승조僧肇의 「涅槃無名論」에 나오는 "천지와 나는 뿌리가 같고, 만물과 나는 한 몸이다.(天地與我同根。萬物與我一體)"라는 말을 인용하며 가르침을 청하자, 남전이 정원의 목련을 가리키며 "세상 사람들은 이 하나의 꽃을 꿈속의 일과 비슷하게 바라보고만 있다.(時人見此一株花如夢相似)"라고 대답한 남전일주화南泉一株花의 공안이 『碧巖錄』 40칙에 나온다.
31 동군東君 : 봄을 맡은 신의 이름이다. 동제東帝·동황東皇·청황靑皇·청제靑帝라고도 한다.

32 백념白拈 : 선가의 용어인 백념적白拈賊의 준말로, 신출귀몰한 도적이라는 뜻이다. 칼을 들지 않고 맨손으로 도적질을 하면서 자취를 남기지 않는다는 해석과 백주에 사람들이 보는 앞에서 교묘하게 도적질을 한다는 해석이 있는데, 선기禪機가 신속하고 민첩한 것을 비유하는 말로 흔히 쓰인다.

33 남산의 별비사鱉鼻蛇 : 별비사는 자라 코처럼 생긴 뱀이라는 뜻으로, 코브라 종류의 독사를 가리킨다. 당나라 설봉 의존雪峰義存 선사가 "남산에 한 마리의 별비사가 있으니, 너희들은 아무쪼록 조심해라.(南山有一條鱉鼻蛇。汝等諸人。切須好看。)"라고 하자, 그 제자인 장경 혜릉長慶慧稜은 "오늘 대중 중에 목숨을 잃는 사람이 있을 것이다.(今日堂中。大有人喪身失命。)"라고 하였고, 현사 사비玄沙師備는 "남산이라는 말을 할 것까지 뭐가 있는가?(用南山作什麼)"라고 하였고, 운문 문언雲門文偃은 주장자를 설봉 앞에 내던지며 겁을 내는 시늉을 하였다는 설봉별비雪峰鱉鼻의 공안이 『碧巖錄』 22칙에 나온다.

34 석공石鞏은 활을~성인을 얻었고 : 당나라 석공 혜장 선사에게 삼평 의충三平義忠이 찾아왔을 때 석공이 활을 가지고 시험해 보고는, 문득 활과 화살을 내려놓더니 "30년 만에 오늘 비로소 반 개의 성인을 쏘아 얻었다.(三十年在者裏。今日射得半箇聖人)"라고 찬탄한 고사가 『祖堂集』 권14 「石鞏慧藏」 조에 나온다. 반 개의 성인은 지극히 얻기 힘든 대위덕大威德의 소유자를 비유하는 말이다.

35 강서江西는 화살~떼를 얻었지 : 강서는 마조 도일을 가리킨다. 주 15 참조.

36 조계曹溪 : 선종의 별칭이다. 육조 대사로 칭해지는 당나라 혜능慧能이 조계산 보림사寶林寺에서 선종의 정통으로 일컬어지는 남종을 개창한 데에서 유래한 것이다.

37 조박糟粕 : 문자로 기록된 서책을 말한다. 제나라 환공桓公이 당堂 위에서 책을 읽는 것을 윤편輪扁이 보고는, 그것은 이미 죽은 옛사람이 먹다가 남긴 술 찌꺼기(古人之糟粕)일 뿐이라고 말했다는 이야기가 『莊子』 「天道」에 나온다.

38 귀종의 예마拽磨 : 귀종은 당나라 마조 도일의 법사法嗣인 귀종 지상歸宗智常을 가리킨다. 예마는 맷돌을 가는 것을 말하는데, 남전 보원의 고사를 소요당이 귀종으로 착각한 듯하다. 남전이 유나維那에게 "오늘 작업은 무엇을 하는가?(今日普請作什麼)"라고 묻자, "맷돌을 갑니다.(拽磨)"라고 대답하니, 남전이 "맷돌이야 네 손을 따라서 갈리겠지만, 맷돌중쇠는 움직일 수 없을 것이다.(磨從爾拽。不得動著磨中心樹子。)"라고 말한 공안이 『景德傳燈錄』 권8에 나온다.

39 맷돌중쇠 : 맷돌의 위짝과 아래짝 한가운데 박는 쇠. 위짝의 것은 암쇠라 하여 구멍이 뚫리고, 아래짝은 수쇠라 하여 뾰족한데, 두 짝을 맞추면 위짝을 돌려도 빠지지 않는다.

40 겁 밖으로~발호하는 양梁이었네 : 그동안 자신의 본성을 알지 못하고서 제멋대로 날뛰었다는 말이다. '발호跋扈하는 양梁'은 발호장군跋扈將軍 양기梁冀를 가리킨다. 그는 후한 순제順帝가 죽고 누이동생 양 태후가 임조臨朝하면서 정권을 독점하였다. 그 뒤에 충제冲帝가 죽자 질제質帝를 세웠는데, 질제가 "이 사람이 발호장군이다.(此跋扈將軍也)"라고 자신을 평한 것을 미워하여 독살하고 환제桓帝를 세웠다. 20년 넘게 권력을 전횡하다가 연희 2년에 양 태후가 죽자 환제가 환관 5인과 합세하여 그를 복주伏誅하고 그 종족을 모두 기시棄市하였다. 『後漢書』 권34.

41 통발(筌) : 전筌은 물고기 잡는 통발이라는 뜻으로, 토끼 잡는 그물인 제蹄와 함께 어떤 목적을 달성하기 위한 수단의 뜻으로 쓰이는데, 여기서는 언어 문자를 가리킨다.

『莊子』「外物」에 "전은 고기를 잡기 위한 것이니, 고기를 잡으면 잊게 마련이요, 제는 토끼를 잡기 위한 것이니, 토끼를 잡으면 잊게 마련이다.(筌者所以在魚。得魚而忘筌。蹄者所以在兎。得兎而忘蹄。)"라는 말이 나온다.

42 호미 자루~쥐는 일 : 당나라 선승 양수良遂가 마곡 보철麻谷寶徹 선사를 찾아갈 때마다 마곡이 항상 호미를 들고 밖에 나가 김을 매어, 그에게 깨달음의 계기를 제공한 마곡서두서초麻谷鋤頭鋤草의 고사가 『聯燈會要』7에 전한다.

43 안양安養의 붉은 구련九蓮 : 극락세계를 말한다. 안양은 안심安心하고 양신養身할 수 있다는 뜻으로 서방 극락세계의 별칭인데, 보통 안양국安養國·안양정토安養淨土·안양세계安養世界 등으로 칭해진다. 구련은 구품九品의 연대蓮臺라는 말로, 극락정토에 왕생할 때 아홉 등급으로 나뉘는 연화대蓮花臺라는 뜻이다. 『觀無量壽經』에 의하면 아홉 등급은 중생의 근기를 상품上品·중품中品·하품下品으로 분류하고, 이를 다시 상생上生·중생中生·하생下生으로 나눈 것인데, 이에 따라 왕생하는 정토도 9품의 정토로 나뉘고, 이들을 맞는 아미타불도 9품의 미타로 나뉘며, 수인手印도 9품의 수인으로 나뉘고, 염불하는 방법도 9품의 염불로 나뉜다.

44 『楞嚴經』권1에 여인숙 주인과 손님의 비유, 그리고 공중에 떠다니며 요동하는 먼지의 비유를 들어서 실유實有의 몸과 경계가 아닌 것을 설명하는 내용이 나온다.

45 3척의 용천검龍泉劍을~창공에 뻗치도다 : 용천龍泉과 태아太阿의 두 보검이 땅에 묻혀 하늘의 두우斗牛 별자리 사이에 자기紫氣를 내뿜고 있었다는 설화가 전한다. 『晉書』「張華傳」.

46 광명장光明藏 : 광명의 보고寶庫라는 뜻으로, 여래장如來藏 즉 불성佛性과 같은 말이다.

47 꿈과 같다는 남전의 말씀이여 : 주 30 참조.

48 영반靈飯 : 부처나 죽은 사람의 영혼 앞에 바치는 잿밥.

49 착어着語 : 영가靈駕에게 하는 법문.

50 선타객仙陀客 : 선가에서 선기禪機를 접하고서 민첩하게 반응하며 계오契悟하는 제자나 문객을 지칭한다.

51 만법은 어디서~어찌 되는가 : 어떤 승려가 조주趙州에게 "만법이 하나로 돌아간다고 하는데, 그 하나는 어디로 돌아갑니까?(萬法歸一。一歸何處。)"라고 묻자, 조주가 "내가 청주에 있을 때 삼베 적삼 하나를 만들었는데, 그 무게가 일곱 근이었다.(我在青州。作一領布衫。重七斤。)"라고 대답한 만법귀일萬法歸一의 공안이 『碧巖錄』45칙에 나온다.

52 뱀 : 남산의 별비사鼈鼻蛇를 가리킨다. 주 33 참조.

53 사인四忍 : 제법의 자성自性이 본래 공적한 이치를 체인體認하는 무생법인無生法忍, 멸함이 없는 이치를 체인하는 무멸인無滅因, 인연에 의해 생기는 이치를 체인하는 인연인因緣因, 본래 머묾이 없는 이치를 체인하는 무주인無住因을 말한다. 『思益梵天所問經』권1「四忍法品」에 나온다.

54 다시 나루~면하지 못하리라 : 정처 없이 헤매면서 또다시 떠돌아다닐 수밖에 없게 될 것이라는 말이다. 공자가 제자들을 데리고 천하를 주유周遊하다가 초나라에 들렀을 때 은자隱者인 장저長沮와 걸익桀溺이 짝을 지어 밭을 갈고 있는 것을 보고는 자로子路에게 나루터가 어디에 있는지 물어보게 했던 고사가 『論語』「微子」에 나온다.

55 삼종세간三種世間 : 여러 가지 주장이 있으나 『華嚴經』「孔目章」에 나오는 기세간器

世間과 중생세간衆生世間, 지정각세간智正覺世間이 대표적이다. 기세간은 산하대지 즉 국토를 말하고, 중생세간은 불계佛界에서 지옥에 이르는 열 개의 유정有情의 세계를 말하며, 지정각세간은 여래가 큰 지혜를 구비하고서 삼계의 윤회를 초월한 출세간을 말한다.

56 조동오위曹洞五位 : 조동종曹洞宗의 개조인 동산 양개洞山良价 선사는 진리를 정위正位로 세우고 사물을 편위偏位로 세워 정중편正中偏·편중정偏中正·정중래正中來·편중지偏中至·겸중도兼中到의 오위五位의 설을 주장했다. 그 뒤 조산 본적曹山本寂 선사가 동산의 뜻을 계승하여 군신君臣의 예에 빗대어서 군신오위君臣五位의 설을 확립하였다. 첫째 군위君位는 본래 사물이 없는 공계空界 즉 정위로 동산의 정중래에 해당하고, 둘째 신위臣位는 삼라만상의 색계色界 즉 편위偏位로 동산의 편중지에 해당하고, 셋째 신향군臣向君은 사事를 버리고 이理에 들어가는 것으로 향상向上하여 환멸還滅하는 편중정에 해당하고, 넷째 군시신君視臣은 이理를 등지고 사事로 향하는 것으로 향하向下하여 연기緣起하는 정중편에 해당하고, 다섯째 군신도합君臣道合은 동정합일動靜合一하고 사리불이事理不二하고 비정비편非正非偏한 구경대각究竟大覺의 도위道位로서 겸중도에 해당한다.

57 무위인無位人 : 무위진인無位眞人과 같은 말. 임제종臨濟宗의 창시자 임제 의현臨濟義玄이 즐겨 쓴 말로, 사람마다 본래 갖추고 있는 진여불성眞如佛性을 가리킨다. "고깃덩어리 속에 하나의 무위진인이 있어서, 항상 여러분의 감각기관을 통해 들락거리고 있다.(赤肉團上有一無位眞人。常從汝等諸人面門出入。)"라는 임제의 말이 『臨濟錄』에 실려 있다.

58 호리병 속에~특별한 봄소식을 : 동한의 술사術士 비장방費長房이 선인仙人인 호공壺公의 총애를 받아 그의 호리병 속에 들어가서 선경仙境의 낙을 즐겼다는 전설이 있다. 『神仙傳』「壺公」.

59 노로盧老 남종南宗 : 노로는 조계산 보림사에서 설법한 육조 대사 혜능의 별칭이다. 그의 속성이 노盧씨이기 때문에 그렇게 말한 것이다. 점수漸修를 주장한 신수神秀의 종파를 북종北宗이라 하고, 돈오頓悟를 주장한 혜능의 종파를 남종이라 한다.

60 강위江渭 : 강동江東과 위북渭北을 줄인 말로, 멀리 떨어져 있는 사람을 생각할 때 쓰는 시적 표현이다. 두보杜甫의 〈春日憶李白〉이라는 시에 나오는 "내가 있는 위수渭水 가엔 봄날의 나무, 그대 있는 강남땅엔 저녁의 구름.(渭北春天樹。江東日暮雲。)"이라는 구절에서 유래한다.

61 납극蠟屐 : 밀랍을 칠한 나막신.

62 오사모烏紗帽 : 검고 엷은 비단으로 만든 관모官帽.

63 병석瓶錫 : 승려의 필수품인 병발瓶鉢과 석장錫杖을 합친 말로, 승려의 행장行裝 혹은 승려의 생애를 비유할 때 쓰는 표현이다. 병발은 물을 담는 정병淨瓶과 밥을 담는 발우鉢盂를 말한다.

64 장전張顚 : 초성草聖으로 불렸던 당나라의 명필 장욱張旭의 별칭이다. 술을 좋아하여 대취한 상태에서 미친 듯 돌아다니다가 모발에 먹을 묻혀 휘갈겨 썼으므로 세상에서 장전張顚이라고 불렀다 하며, 문종 때에는 이백李白의 가시歌詩와 배민裵旻의 검무劍舞, 장욱의 초서草書를 삼절三絶로 꼽았다고 한다. 『新唐書』 권202.

65 오탁五濁 : 사바세계에 존재하는 다섯 가지 악한 현상. 겁탁劫濁·번뇌탁煩惱濁·중생

탁樂生濁·견탁見濁·명탁命濁을 말하며, 여기에서 유래하여 보통 말세를 오탁악세五濁惡世라고도 한다.

66 오십여 선지식을~크게 기특해라 : 선재동자가 처음에 문수보살을 찾아갔다가 다시 깨달음을 얻기 위해 남쪽으로 여행하여 110성城의 53선지식을 찾아다니며 법문을 구한 결과 마침내 미진수微塵數의 삼매문三昧門에 들어섰다는 이야기가 『華嚴經』「入法界品」에 나온다.

67 총령에선 옷~짝 남겼고 : 신발 한 짝이 불도佛道의 경지가 높은 선승의 죽음을 말할 때 쓰는 표현이다. 중국 선종의 초조初祖인 달마가 죽은 지 3년 뒤에 위나라 송운宋雲이 총령蔥嶺에서 달마를 만났는데, 그때 그가 짚신 한 짝만을 들고 서천으로 가더라는 이야기에서 유래한 것이다. 『五燈會元』「東土祖師 初祖菩提達磨祖師」.

68 학림에선 광채~발을 내보였지 : 석가모니가 입멸할 때 뒤늦게 온 수제자 가섭迦葉에게 자기의 두 발을 관곽棺槨 밖으로 내보였다는 관중출족棺中出足 혹은 곽시쌍부槨示雙趺의 전설을 말하는 것으로, 가섭에게 세 곳에서 마음을 전해 주었다는 선종의 이른바 삼처전심三處傳心 중 하나이다. 학림은 석가가 입멸한 인도 쿠시나가라성의 발제하跋提河 언덕에 있었던 사라수림娑羅樹林을 말하는데, 석가가 열반하자 이 나무숲이 마치 백학처럼 하얗게 변했기 때문에 이런 이름이 붙었다고 한다.

69 편偏과 정正이~적이 없으니 : 주 56 참조.

70 오주吳州의 달 : 멀리 떨어진 이를 그리워한다는 뜻. 이백의 시 〈送張舍人之江東〉에 "오주에서 달을 보거든, 천 리 밖 나를 생각해 주오.(吳州如見月。千里幸相思。)"라는 구절이 나온다.

71 보문普門 : 중생의 소리를 빠짐없이 듣고 구원해 준다는 뜻이다. 『法華經』「觀世音菩薩普門品」에 자세한 내용이 나온다.

72 금비金錍 : 안과 수술용 쇠칼로, 소요당이 자신을 세상의 양의良醫로 비유한 말이다. 옛날 인도의 의원이 금비를 가지고 맹인의 눈알에 덮인 희끄무레한 백태白苔를 긁어내어 광명을 되찾게 해 주었다는 이야기가 『涅槃經』 권8에 나온다.

73 쌍림雙林 : 석가모니가 열반한 발제하 언덕 사라쌍수沙羅雙樹의 숲을 말한다.

74 태백은 붓에~한림이 되었다네 : 이태백李太白 즉 이백이 붓 끝에 꽃이 피는 꿈을 꾸고 난 뒤부터 더욱 시상詩想이 풍부해졌다는 채필생화綵筆生花의 고사가 전한다. 『開元天寶遺事』「夢筆頭生花」. 이백은 한림 공봉翰林供奉을 지냈기 때문에 '이 한림'으로 부르기도 한다.

75 심원沁園 : 후한 명제의 딸인 심수공주沁水公主의 정원 이름이다. 나중에 두헌竇憲에게 빼앗겼는데, 이를 내용으로 한 〈沁園春〉이라는 이름의 악부樂府가 전한다. 보통 공주의 정원을 가리키는 말로 쓰인다.

76 남쪽 여행객 : 남쪽으로 여행하여 110성城의 53선지식을 찾아다니며 법문을 구한 선재동자를 가리킨다.

찾아보기

각원覺圓 / 139
경선敬禪 / 118
계령戒靈 / 85
계명戒明 / 81
계우繼雨 / 127
금강산金剛山 / 240
금류동金流洞 / 128
금산사金山寺 / 238, 246

뇌운雷運 / 148
『능엄경楞嚴經』 / 166

대현大玄 / 132
대흥사大興寺 / 31
도희道熙 / 113
두류산頭流山 / 106, 205

묘향산妙香山 / 118
밀행密行 / 102

박순朴淳 / 72
방장산方丈山 / 191, 205
백양산白羊山 / 72, 240
법륜法倫 / 233
법린法隣 / 173
법의法義 / 205
법일法一 / 178
보개산寶盖山 / 238
복천사福泉寺 / 216
부휴浮休 / 37, 236

사명 송운四溟松雲 / 31, 170, 214, 237
삼정三政 / 97
상준尙俊 / 115
상징尙澄 / 180
서산 청허西山淸虛 / 31, 34, 37, 134, 229, 232, 237, 243
선우善友 / 126
선행善行 / 165
설매雪梅 / 208
성원性源 / 101
송월 응상松月應祥 / 236
수일 제월守一霽月 / 48
승호勝浩 / 119
시산詩山 / 203

찾아보기 • 255

신총信摠 / 233
신흥사神興寺 / 38, 240
쌍계사雙溪寺 / 54, 87

여산廬山 / 80
연곡사燕谷寺 / 38, 56, 99, 193, 238, 240
연기 조사烟起祖師 / 100
『염송拈頌』 / 32
영오靈悟 / 156
영조靈照 / 116
영준英俊 / 44
예운 혜근猊雲惠勤 / 238
오정길吳廷吉 / 79
옥천암玉泉菴 / 34, 38
용추사龍湫寺 / 233
운곡 충휘雲谷沖徽 / 236
원각 가람圓覺伽藍 / 122
유윤柳淪 / 92
유철柳鐵 / 71
의신난야義神蘭若 / 120
의심義諶 / 136
의현義玄 / 104
이선而善 / 174, 185, 204
인문印文 / 201

정토사淨土寺 / 121
조행祖行 / 86
지감智鑑 / 233

지순智淳 / 213

천해天海 / 135
청련靑蓮 / 171
청련대靑蓮臺 / 212
초엄楚嚴 / 114
최고운崔孤雲 / 54
춘담春潭 / 34, 38, 246
충휘沖徽 / 82
취봉翠峯 / 200

탁령卓靈 / 103

편양鞭羊 / 31

학주學珠 / 117
해원海源 / 177
혜징惠澄 / 233
혜호慧湖 / 183
『화엄경華嚴經』 / 125
화엄사華嚴寺 / 124
환성喚惺 / 195

취미대사시집

| 翠微大師詩集* |

취미 수초 翠微守初
이상현 옮김

---

* ㉮ 저본은 정미년(1667, 현종 8) 호곡병부壺谷病夫 서기본序記本이다.(서울대학교 소장, 권말에『無用集』이 첨부되어 있다.)

취미대사시집翠微大師詩集 해제

이 종 찬
동국대학교 국어국문문예창작학부 명예교수

1. 개요

『취미대사시집翠微大師詩集』은 취미 수초翠微守初(1590~1668)가 남긴 시문집이다. 이 책의 원래 제목은 '취미대사집翠微大師集'이었던 것 같다. 동국대학교에서 출간한 『한국불교전서』의 저본인 현종 8년(1667) 판본을 보면, 그보다 8년 전인 기해년(1659)에 동명東溟 정두경鄭斗卿(1597~1673)이 쓴 서문이 있는데, 그 제목이 '취미대사집 서翠微大師集序'라 되어 있는 것이 이를 증명한다 하겠다. 1667년(정미)에 작성된 호곡壺谷 남용익南龍翼(1628~1692)의 서문이 「취미고 서翠微稿序」라는 점에서도 이 문헌을 원래 시집으로 보지 않았음이 분명하다. 아마 단권으로 되어 있으면서 시가 대부분이고 소疏나 서序와 같은 문文이 겨우 5편이기에 문집이라기보다는 시집이라 했던 것이 아닐까 한다.

2. 저자

취미 대사의 법명은 수초守初이고, 자는 태혼太昏 또는 태일太一이며, 취미는 법호이다. 부휴 선수浮休善修(1543~1615)의 법통을 이은 벽암 각성碧巖覺性(1575~1660)의 문도이다. 대사의 행적은 제자인 백암 성총柏巖性聰(1631~1700)이 지은 「취미 대사 행장」에 대략 전해지고 있다.

대사의 속성은 성成씨로 창녕昌寧이 본관이고, 사육신의 한 분인 성삼문成三問의 후손이다. 선조 23년(1590) 6월 3일 서울에서 태어났다. 어려서 부모를 여의어 형에게서 자랐다. 배움에 뜻을 둘 나이에 꿈속에 한 스님이 나타나 "오는 것이 왜 이렇게 늦는가?"라고 하는 소리를 세 번 듣고 출가의 뜻을 품고 형에게 허락을 구하였으나 허락을 받지 못하자, 밤에 성을 넘어 출가하였으니 나이 겨우 13세였다.

설악산 경헌敬軒 장로에게서 머리를 깎고 16세에 두류산으로 가서 부휴 대사를 뵙고 좌우에서 시봉하였다. 이때 벽암이 부휴의 수제자였는데, 하루는 부휴가 벽암에게 "뒷날 나의 도를 성대하게 할 사람은 반드시 이 사미沙彌일 것이다."라고 하면서 취미를 벽암에게 부탁하였다. 그 후 여러 큰스님들에게 참여하여 학덕을 넓히면서도 방외의 학문을 이해할 필요를 느꼈다. 이에 "옛날에 덕을 품고 도道를 행한 이들은 거의 모두 다른 종교와 학술을 섭렵하여, 유교를 만나면 유교를 논하고 노장老莊을 만나면 노장을 논하였다. 그리하여 불법을 비난하지 못하게 하여 불성佛聖의 교화를 성대하게 하였으니, 어찌 지금처럼 마음이 꽉 막혀 담벼락을 맞댄 것과 같았겠는가."라고 탄식하고는 곧 서울로 돌아와 유가의 사대부와 교유하면서 유가 경전을 토론하고 시문을 수창하였다.

그 후 벽암이 관동으로 옮긴다는 말을 듣고는 다시 마음속으로 다짐하되, 조사의 길을 찾으려 하면서 속세의 전적에만 노니는 것이 옳지 않다 여겨 곧 벽암에게 나아가 지성으로 모셔 깊은 뜻을 깨달았다. 이로부터 돈頓·점漸을 겸한 선지禪旨와 성性·상相을 이해하는 교의敎義를 함께 갖추었으니, 유가의 경사자집經史子集을 겸한 통달의 경지에 이르게 되었다.

40세 되던 1629년에 옥천의 영취사靈鷲寺에서 개당開堂하니 문도가 운집하였다. 당시 재상이던 장유張維(1587~1638)가 희고希古 상인을 시켜 북산北山에 결사하고 대사를 청하여 강석의 자리를 마련하려 하였으나, 대사는 굳이 사양하고 나아가지 않았다. 그때 희고 상인에게 회신한 편지가 문집에 남아 있어 당시 대사의 의지를 알 수 있게 한다. 이에 장유는 스님을 더욱 존경하여 구슬 염주 한 벌을 선사하였다.

43세에 관북 지방의 청에 의하여 오도산悟道山과 설봉산雪峰山 등에서 강석을 열어 영외 지방의 선풍이 이로부터 진작되었다. 다시 해서海西로 가려 하였으나 병자호란을 당하여 뜻을 이루지 못하고, 다음다음 해인 1638년 남쪽으로 내려와 마침 의병을 일으켜 참전했다 돌아온 은사 벽암 대사를 뵙게 되었다.

1643년에는 진주목사로 있던 이소한李昭漢(1598~1645)의 청으로 칠불암으로 옮기니 문도가 300명을 넘었고 뒤이어 목사로 내려온 강대수姜大遂(1591~1658)는 자주 절로 찾아와 담론을 나누기도 하였다.

1652년 지리산으로 돌아오매 마침 이지온李之馧이 용성龍城의 수재守宰로 와 있다가 대사를 성안으로 모셔 며칠씩 머무르게 하고 담론을 펴서 선학禪學의 고명함을 대사에게서 볼 수 있다 하면서 항시 자字를 부르고 이름을 부르지 못했다.

1656년에는 동양위東陽尉 신익성申翊聖의 아들인 신최申最(1619~1658)가 관북절도사로 있으면서 덕원을 지나가다가 대사에게 편지로 문안을 드리며 "유순由旬의 거리밖에 안 되는 지역에서 우러러 뵙지 못하다니 제자의 인연이 기박하기만 합니다.(由旬之地。未獲瞻仰。弟子緣薄。)"라고 하였으니, 당시의 사대부들이 대사에게 경도됨을 짐작할 만하다.

1667년에 황강黃岡의 심원사深源寺로 옮기니, 절도사 성익成杙이 자주 문안을 하며 약을 보내기도 하였다. 그해 가을 묘향산으로 옮기니 문도가 또 100여 명이 모였다.

1668년 2월 중주仲州 오봉산五峰山로 옮기었다가 4월 초하룻날 병이 나시니 부백府伯인 홍석구洪錫龜(1621~1679)가 자주 문안하여 약을 보내지만 대사는 받지 않으며 "죽고 사는 것은 모두 운명인데, 약을 써서 무엇 하겠는가."라고 하였다. 홍석구는 뒷날 대사의 비문 글씨를 쓰기도 하였다. 이후 6월 18일 목욕을 하고 옷을 갈아입고서 대중들에게 다음과 같이 말씀하셨다. "아침에 걷기 시작해서 저녁이 되면 쉬는 법이다. 항상 걸어 다니기만 하고 쉬지 않는 경우는 있지 않으니, 내가 이제 휴식을 취하려 한다. 그대들은 각자 자기의 마음을 의지하고, 밖을 향해 쓸데없이 치달리지 말라." 말씀을 마치고 입적하니, 세수 79세요 법랍이 65세였다.

대사는 당시의 사대부들과 방외의 사귐이 두터워 성총도 행장에서 이 점을 강조하였으니, 조중려趙重呂(1603~1650), 이안눌李安訥(1571~1637), 이식李植(1584~1647), 김육金堉(1580~1658), 임유후任有後(1601~1673) 등이 더욱 두터운 사이였다고 한다.

3. 서지 사항

『취미대사시집』의 저본은 호곡 남용익의 서문(1667년)이 있는 서울대학교 소장본이다. 거기에는 '취미고 서'라 하였고, 그 앞에 있는 동명 정경두의 「취미대사집 서」(1659년)는 남용익의 서보다 8년이 앞서는 1659년에 작성되었다. 이를 통해 보면, 이 책은 1659년(현종 즉위년)에 편집을 마쳤고, 8년 뒤인 1667년(현종 8)에 완성된 것으로 보인다. 동명에게 서문을 부탁한 사람은 성우性宇 스님이고 호곡에게 서문을 부탁한 사람은 원인圓印 스님인데, 둘 다 취미 대사의 제자이다.

4. 내용과 성격

책의 이름을 시집이라 했듯이 거의 시로 구성된 단권이다. 대부분 시로 구성되어 있으면서 권말 부분에 5편의 산문이 있다. 시는 형식으로 구분하여, 오언고풍五言古風 9편, 칠언고풍七言古風 2편, 오언절구五言絕句 14편, 칠언절구七言絕句 55편, 오언율시五言律詩 42편, 칠언율시七言律詩 33편이다. 시의 내용을 몇 갈래로 구분하여 살펴보면 다음과 같다.

1) 사대부와 수창酬唱한 우정

남용익이 쓴 서문을 보면 동악東岳 이안눌의 시에 '수초의 이름을 희안 스님에게서 들어 알았다.'라고 하는 내용이 나온다. 그 시는 『동악집東岳集』 권23에 〈희안 상인의 시운을 써서 지리산에 들어가는 수초 상인과 헤어지는 선물로 주다(用希安上人韻。贈別守初上人入智異山)〉로 되어 있는데, 동악이 취미 대사에게 직접 준 시이다. 그러고 나서 다시 〈삼가 수초 상인에게 지어 주면서, 아울러 충휘와 각성 두 장로에게 소식을 전하다(重贈守初上人。兼簡沖徽覺性兩長老)〉라 하여 시 한 수를 더 보낸다. 『취미대사시집』에는 〈동악 이 선생이 전송하며 지어 준 시에 삼가 차운하다(敬次東嶽李先生贈送韻)〉라 하여 2수를 이어 화답하고 있다. 이 시의 원운은 다음과 같다.

희안이 예전에 수초의 이름을 언급했는데	希安曾說守初名
지금 각성을 따라 지리산으로 들어간다네	方丈今從覺性行
이와 같은 시승을 어찌 쉽게 얻으리오	如爾詩僧那易得
가을날에 나의 정회 금치 못하게 하는구나	使余秋日不勝情
삼신동 외진 곳엔 서리 맞은 단풍잎	三神洞僻霜楓晩

칠불암 깊은 곳엔 갠 달빛 밝으리라	七佛庵深霽月明
충휘沖徽 장로 보거든 소식 좀 전해 주오	徽老見時應問訊
모년에 우환으로 백발이 잔뜩 늘었다고	暮年憂患飽新更

이 시는 수초가 지리산으로 들어간다고 하기에 동악이 희안 스님의 운에 차운하여 준 시이다. 서문을 쓴 남용익은 이 시를 보고서 취미 대사의 시를 인정했던 것이다. 희안 스님은 호를 설봉雪峰이라 하고, 병자호란(인조 14, 1636) 때 강화도에서 피난 온 왕자나 대신들에게 채소를 공급하는 데 공이 있던 스님으로 알려져 있다. 취미 대사의 답시는 이러하다.

야로가 태어나서 이름이 없었는데	野老生來未有名
선생의 말씀 한마디로 알려졌다네	只因夫子贈言行
설제의 시구 청한 은혜 일찍이 받았고	雪齊乞句曾蒙惠
선사에서 청담 논하며 정을 허락했네	禪社論玄已許情
고산에 머리 돌리니 시경이 짧고	回首故山時景短
쇠한 풀에 애끊겨라 석양이 밝네	斷腸衰草夕陽明
알 수 없어라 어느 곳에서 서로 생각날까	不知何處苦相憶
가을 늦은 삼신산 달 뜬 오경이리	秋晚三神月五更

동악이 취미보다 20세나 연상이니 선생으로 존칭함은 당연한 일이다. 그뿐만 아니라 앞의 행장에서도 보았듯이 취미는 방외의 학문에 뜻을 두고 서울로 다시 돌아와 유가 경전을 두루 섭렵하였다 하니, 이때 시에 대한 논의가 직접 있었던 듯도 하다. 시제에서 '공경하여 차운한다(敬次)'라고 한 것으로 보아도 취미는 동악에게 마음으로 존경하는 처지이다.

다음의 시는 두 사람의 교분을 여실하게 보여 주는 시라 하겠다.

임술년 가을 칠월에	壬戌之秋秋七月
소선이 적벽에 배 띄우고 노닌 것처럼	蘇仙赤壁泛舟遊
지금 강어귀에서 술잔을 들고 있는	如今擧酒臨江口
이 낙을 인간 세상은 아는지 모르는지	此樂人間知也不

이는 〈동악 이안눌 선생이 강물에 배를 띄우고「적벽부」의 글자를 모아 지은 시에 삼가 차운하다(敬次東嶽李先生【安訥】泛江集赤壁賦字韻)〉라는 시이다. 동악이 소동파蘇東坡의「적벽부」를 소재로 하여 지어 보낸 시에 취미가 차운한 것이다. 동악의 원시는 이 둘의 관계를 더 직설적으로 표현하고 있다.

일 스님은 시를 짓고 안 스님은 화답하고	一也詩成安也和
강해에서 스님들과 맑은 놀이 즐기노라	上人江海共淸遊
술잔 들고서 산간의 달에게 물어보노니	擧杯爲問山間月
적벽의 배 안에도 이런 낙이 있었는지	赤壁舟中有此不

태일은 취미 대사의 자이다. 두 사람은 시를 매개로 하여 각별한 정을 보이고 있다. 우리 두 사람의 교류가 소동파가 적벽강을 읊던 당시보다 낫다는 것이니, 승속僧俗을 초월한 사귐임을 쉽게 알 수 있다.

동악의 조카인 택당澤堂 이식과 주고받은 시도 있으니 대사의 폭넓은 인맥을 알 수 있다.

푸른 허공 잇닿은 용문을 사랑하노니	高愛龍門逼碧虛
흰 구름 뒤덮인 화정에 암자가 숨어 있네	白雲華頂鎖精廬
육시로 향화 올리는 스님 암자에 머물렀더니	六時香火留君住
삼복의 찌는 더위에 나의 거처 찾아 주었네	三伏炎蒸訪我居

스님은 세상 밖의 흥취만 알고	開士但知塵外趣
선생은 세간의 서책만 안다네	先生只解世間書
돌아갈 때 다시 주는 기우 게송이여	歸時更贈騎牛偈
하늘의 별에 맹세코 처음의 뜻을 이루리라	擧手天星便遂初

이는 택당이 취미 대사에게 보낸 시이다. 허공에 닿는 용문의 정사精舍를 사랑하여 세속 밖의 멋을 즐기는 대사를 기리고 있다. 그러나 자신은 세속의 일만을 이해한다는 겸손이다. 이에 답하는 취미의 시는 다음과 같다.

가장 청허한 용문의 선경	龍門仙境最淸虛
상국이 관심 갖고 오두막 찾아 주었네	相國關懷問弊廬
세간에서 총욕 다투는 일 부끄러워서	恥向世間爭寵辱
숲속에서 함께 안거하기로 맹세했다오	誓從林下共安居
좌선에서 도망쳐 누리는 연하의 흥취요	逃禪剩得烟霞趣
정신 집중해 공부하는 공맹의 서책이라	做業唯專孔孟書
뒷날 유뇌와 함께 어울려 노닐 이곳	他日劉雷忝契處
달이 처음 둥글 때 백련꽃이 피리라	白蓮華發月圓初

택당은 취미보다 나이가 여섯 살 많다. 거기에다 당시의 재상이다. 그러면서도 취미에게 보내는 정이 이렇게 각별하다. 이와 같이 서로 방외자로서의 사귐에 격의가 없었던 것은 취미가 닦은 속가 경전의 탁월한 지식 때문이었을 것이다.

문장은 작은 기예일 뿐이니	文章一小技
도의 차원에선 높을 게 없지요	於道未爲尊
두자가 선지식이라는 것이	杜子善知識

우리 유가의 참 격언이랍니다	吾家眞格言
어찌 운수의 게송을 가지고	那將雲水偈
속유와 논하려 하시는지요	要與俗儒論
오히려 나의 붓을 내던지고서	反欲抛鉛槧
그대의 불이문에 기대고 싶습니다	依君不二門

이는 임유후가 취미에게 보낸 시이다. 그는 대사보다 아홉 살 아래이지만, 이 시를 지을 당시는 승지였으니, 세속적으로 이미 출세 가도를 달리고 있었다. 그러면서도 세속적 문장은 보잘것없으니 산문에 귀의했으면 좋겠다고 한다. 당시의 사회 사정으로 본다면 사대부로서 이러한 심회를 펴기가 쉬운 일이 아니지만 취미 대사에게는 거리감이 없는 심회를 자연스럽게 보이고 있으니, 취미 대사는 당시에 승속을 초월한 도력을 보였던 것 같다.

2) 동도자同道者와의 수창

방외자와의 사귐에서 이념을 초월한 우정이 있었던 것은 대사가 지닌 인간적 본성의 순수함에 기인하였을 것이다. 이렇듯 담박한 소성素性은 동도자에게 쏟는 정감에서도 같이 나타난다.

애잔한 석양 속에 몇 가닥 초동樵童의 노래	樵歌數曲夕陽殘
낙엽 지는 호숫가에 들판의 빛도 썰렁해라	葉落湖邊野色寒
승려가 석장 날리는 곳 멀리 바라보니	遙望一僧飛錫處
비 머금은 저녁 구름이 가을 산을 에워쌌네	暮雲將雨裹秋山

〈가을날에 승려를 보내며(秋日送僧)〉라는 시이다. 가을날에 한 승려를

보내면서 날씨가 싸늘함을 걱정한다. 그저 인간적 정취만이 넘치는 시이다. 석양 속에 초동의 노래에 귀 기울이는 나그네, 지는 잎에 쌀쌀한 날씨, 거기다 흐려지는 구름비를 담고 있는 듯하니 떠나는 길이 염려스러운 것이다.

옷깃 나눠 멀리 이별하면서	遠別惜分袂
시내에 임하니 마음 아파라	臨溪傷我神
꽃 밝은 학성에 내리는 비요	花明鶴城雨
버들 푸른 문양의 봄날이라	柳綠文陽春
방초 속에 홀로 돌아가는 나그네여	芳草獨歸客
백운 따라 천 리 길 떠나는 몸이로다	白雲千里身
평생토록 눈물을 흘리지 않았는데	平生不下淚
여기에서 홀연히 수건을 적시누나	於此忽霑巾

〈의호 상인과 헤어지며(別義浩上人)〉라는 시이다. 보내는 아쉬움이 말로 다 형용될 수 없는 처지이다. 두 사람을 에워싼 주변 경관이 이 이별을 아쉬워하고 있는 셈이다. 꽃과 버들, 풀, 구름 등 상하좌우의 주변이 이 두 사람의 외로움을 자극한다. 평생 눈물 흘려 본 적이 없건만 여기서는 나도 모르는 눈물이 진다고 하였으니, 이보다 더 아쉬운 이별이 있겠는가.
   이렇듯 취미 대사는 동도자에게도 인정 어린 표현이 짙어 승려로서의 시라기보다는 그저 자연인의 시로서 만족하게 하니, 이것이 바로 있는 그대로의 실상을 여여하게 보는 소이가 아닐까.

3) 담박한 서경미 敍景美

대인관계에서도 있는 그대로의 담박한 인정미를 보였던 대사의 시는 주변 경관의 자연에도 꾸밈이 없는 있는 그대로의 순순한 표현을 보인다. 이것이 바로 여여한 실상의 진여를 보는 깨달음의 자세라 하겠다.

가랑비가 간밤에 산에 날리더니	微雨夜飛山
온갖 꽃들이 난만하게 피어났네	百花開爛熳
먼 숲에 부는 화사한 바람이여	好風吹遠林
골 가득 그윽한 향기 퍼뜨리누나	滿壑幽香散

〈맑게 갠 봄날(春晴)〉이라는 시이다. 맑게 갠 봄날의 풍경을 읊었다. 어제 저녁까지도 봉오리만 있던 온갖 꽃들이 밤사이 내린 비로 활짝 피었다. 훈훈히 부는 바람에 온 산이 향기롭다. 봄날의 훈훈한 경개를 짤막하게 표현하면서도 온 산의 정취를 봄날만큼이나 맑게 표현하였다.

5. 가치

조선 왕조가 유교를 국시로 하였기에 불교를 배척하였고 불교의 성직자인 승려에 대해서도 푸대접이 심하였으리라는 것이 일반적 견해이다. 그러나 불교는 면면히 이어져 내려왔으니, 이런 힘은 어디에서 오는 것일까. 한번 되돌아 살펴볼 필요가 있다. 이는 불교계 지도자인 승려의 법력에서 나온 힘일 것이다. 이러한 법력이 당시 사대부의 심금을 울려 준 여파이다. 사회적 방외자 신분으로 사회의 중앙에 서려면 중심에 자리한 사대부보다도 지적 우월성이 있어야 하고, 수작이라 할 수 있는 문화적 교감이 깊지 않고서는 동화될 수가 없다. 그런 면에서 당시의 승려는 시문에 뛰어날 수밖에 없었다. 『취미대사시집』도 이러한 면에서 그 가치가 인정되어야 할 뿐만 아니라, 당시 유불 교류사의 좋은 참고 자료가 된다고 할 것이다.

6. 참고 자료

『취미대사집翠微大師集』(서울대학교 소장본)

『동악집東岳集』

『호곡집壺谷集』

이종찬, 『한국불가시문학사론』, 불광사, 1993.

차례

취미대사시집翠微大師詩集 해제 / 259
일러두기 / 278
취미대사집 서문 翠微大師集序 / 279
취미고 서문 翠微稿序 / 281

주 / 284

오언고풍五言古風 9편
좌선하는 승려 도순에게 주다 贈坐禪僧道順 285
탈영 스님에게 주다 贈脫穎師 286
길을 가다가 피곤해서 읊다 倦行吟 287
엄 스님에게 부치다 寄嚴師 288
천주의 현 스님과 뇌암의 일 스님과 설봉의~ 寄賢天柱一懶庵安雲峰三開士 289
지수 상인을 보내며 送志遂上人 293
의초 상인에게 주다 贈義初上人 295
습득 옹의 시체詩體를 본받아서 效拾得翁體 298
꽃을 마주하고 對花 299

칠언고풍七言古風 2편
백암산 찬 상인이 철쭉 지팡이를 선물한 것에 감사하며 謝白巖贊上人惠躑躅杖 300
삼가 수찬 조중려의 모춘 시에 차운하다 敬次趙修撰【重呂】暮春韻 302

오언절구五言絕句 14편
산속에서 우연히 읊다 山中偶吟 303
마포에 묵으면서 피리 소리를 듣고 宿麻浦聞笛 304
객에게 답하다 答客 305
산속의 생활 山居 306

산속에서 길을 잃고 山中迷路 307
각철 선자에게 주다 贈覺喆禪子 308
회 상인의 시에 차운하다 次會上人韻 309
한성 가는 도중에 漢城途中 310
말다툼을 경계하며 警相諍 311
경치를 읊다 卽景 312
연 상인에게 주다 贈璉上人 313
불법을 묻는 사람에게 보여 주다 示問法人 314
의상대 義湘臺 315
맑게 갠 봄날 春晴 316

칠언절구 七言絶句 55편

가을날에 승려를 보내며 秋日送僧 317
강변에서 피리 소리를 듣고 江上聞笛 318
구 상사의 한거 시에 차운하다 具上舍閑居次韻 319
좌선하는 승려에게 坐禪僧 320
김 처사에게 보여 주다 示金處士 321
금강산 백운암의 감회 金剛山白雲庵有感 322
선운 상인에게 보여 주다 示禪雲上人 323
면벽 面壁 324
축공 스님을 보내며 送竺空師 325
갈대밭 기러기를 그린 병풍에 쓰다 題蘆鴈障子 326
냇가의 꽃 澗花 327
택행 상인에게 주다 贈擇行上人 328
종봉 주인에게 안부를 묻다 問鐘峰主人 329
서향화를 노래하다 咏瑞香花 330
정원의 꽃을 노래하다 咏庭花 331
잠에서 깨어 睡起 332
새 암자 新軒 333
반쯤 죽은 매화 半死梅 334
풍악산 승려에게 주다 贈楓嶽山僧 335

달을 보고 見月 336
차운하여 현재 상인에게 주다 次韻贈玄載上人 337
동악 이안눌 선생이 강물에 배를~ 敬次東嶽李先生【安訥】泛江集赤壁賦字韻 338
선을 배우는 선자를 보내며 送學禪禪子 339
차거로 만든 염주 珤琭念珠 340
청수 상인에게 주다 贈淸粹上人 341
정 강촌에게 부치다 寄鄭江村 342
극문 스님에게 부치다 寄克文師 343
산사를 찾아 訪山寺 344
장봉의의 시에 차운하다 次張鳳儀韻 345
가을밤 秋夜 346
청 스님에게 주다 贈淸師 347
벌써 가을이네 驚秋 348
운행 상인에게 주다 贈雲行上人 349
희안 판사에게 주다 贈希安判事 350
운암사 용담에 제하다 題雲岩寺龍潭 351
객지에서 旅榻 352
승평 역루에서 선우 상인과 헤어지며 昇平驛樓別禪雨上人 353
선을 묻는 승려에게 보여 주다 示問禪僧 354
병풍 속의 매화 屛梅 355
세 번 설봉산에 가서 쓰다 三到雪峰山有題 356
사심 없는 꽃버들 花柳無私 357
정 장군에게 답하다 答鄭將軍 358
이 처사에게 주다 贈李處士 359
꾀꼬리 소리를 듣고 聽鶯 360
어떤 사람에게 답하다 答人 361
바닷가 산에 오르다 登海岳 362
두견이 소리를 듣고 聽子規 363
유선사 遊仙詞 364
늦가을 暮秋 365
한가한 중에 우연히 읊다 閑中偶吟 366

낭옹에게 부치다 寄浪翁 367

천 상인을 만나 강남의 옛 절에 대해 얘기하다 逢天上人與話江南舊寺 368

남해의 승려에게 주다 贈南海僧 369

철관에서 피리 소리 듣고 鐵關聞笛 370

춘파자에게 부치다 寄春坡子 371

오언율시五言律詩 42편

의호 상인과 헤어지며 別義浩上人 372

천진사 백련사에 대해 쓰다 題天眞寺白蓮社 373

금강산 경치를 물어보기에 시를 지어 답하다 有問金剛山景書偈以答 374

박 처사의 강가 정자에 제하다 題朴處士江亭 375

도허 선자 윤 공에게 주다 贈逃虛禪子允公 376

정림사에 대해 쓰다 題靜林寺 377

도우 스님과 헤어지며 別道愚師 378

정현 방사에게 주다 贈鄭賢方士 379

선을 행하는 상인이 게를 청하기에 行禪上人求偈 380

준 스님의 시에 차운하다 次俊師韻 381

한천 마을에서 寒泉村 382

민종 스님에게 보여 주다 示敏宗師 383

이 수사와 헤어지며 別李水使 384

이소한 사군을 모시고 쌍계사에 노닐면서~ 陪李使君【昭漢】遊雙磎寺次韻 385

태정이 영남 월성에 돌아가는 것을 전송하며 送太正歸嶺南月城 386

목우자牧牛子 387

백석사 혜공 선사를 방문하다 訪白石寺惠空禪師 388

충타포에 묵다 宿衝陁浦 389

지경 상인을 전송하며 送志瓊上人 390

아미산에 노닐며 遊峨嵋山 391

불일폭포佛日瀑布 392

소요당에게 증정하다 呈逍遙堂 393

무염당에게 증정하다 呈無染堂 394

정심 스님에게 부치다 寄淨心師 395

한산자의 시체詩體를 본떠서 效寒山子體 396
조령 祖令 397
상현 상인에게 주다 贈尙玄上人 398
임 처사의 유거에 제하다 題林處士幽居 399
양 좌주에게 주다 贈亮座主 400
산사에서 노닐며 遊山寺 401
계명 선자와 회포를 얘기하다 與戒明禪子話懷 402
해정에 대해 쓰다 題海亭 403
정림사를 지나며 過靜林寺 404
봉림사에서 묵다 宿鳳林寺 405
임유후 승지의 시에 삼가 차운하다 敬次任承旨【有後】韻 406
경운루의 시에 차운하다 次慶雲樓韻 407
수 노사에게 증정하다 贈修老師 408
송광사에서 지봉 이 사군의 시에 삼가 차운하다 松廣寺敬次芝峰李使君韻 409
겨울날에 갈천 신 상사에게 부치다 冬日寄葛川愼上舍 410
옛 절을 지나가며 過古寺 411
동명 정두경 학사가 백곡 처능 상인과 헤어질 때~ 謹次東溟鄭學士【斗卿】~ 412
총 장로가 보조암에 쓴 시에 차운하다 次聰長老題普照庵韻 414

칠언율시 七言律詩 33편

진 처사에게 주다 贈秦處士 415
은자를 찾았으나 만나지 못하고 시로 읊다 賦得訪隱不遇 416
동화사 도심 상인에게 주다 贈東華寺道心上人 417
봉은사에서 계민 스님에게 주다 奉恩寺贈戒敏師 418
장 진인의 시에 차운하다 次張眞人韻 419
동악 이 선생이 전송하며 지어 준 시에~ 敬次東嶽李先生贈送韻 420
명 도인에게 주다 贈明道人 422
성안 노사에게 보여 주다 示性安老師 423
혜원과 석 처사가 함께 초암을 지었기에 惠遠與石處士同結草庵仍題一律 424
이취옹이 신안사에 쓴 시에 차운하다 用李醉翁題神安寺韻 425
양촌 권 선생이 각화사의 누대에 쓴 시에~ 敬次陽村權先生題覺華寺樓韻 426

정두원 순상과 최유연 승지와 이소한 사군이~ 謹次鄭巡相【斗源】崔丞旨【有演】~ 427
귀향回鄕 428
한 상사와 함께 비를 만나 시골집에서 묵다 與韓上舍値雨宿村舍 429
환선정喚仙亭 430
차운하여 상 상인에게 주다 次韻贈常上人 431
송월헌의 시에 차운하다 次松月軒韻 432
택당 이식 선생의 시에 삼가 차운하다 敬次澤堂李先生【植】韻 433
학능 스님에게 주다 贈學能師 434
조 전적의 집이 이루어져서 지은 시에 차운하다 次曹典籍堂成韻 435
각선 스님에게 주다 贈覺禪師 436
이제현 처사의 유거에 대해 쓰다 題李齊賢處士幽居 437
쇠 바리때 鐵鉢 438
심 스님의 시에 차운하다 次諶師韻 439
현소 상인에게 주다 贈玄素上人 440
차운하여 양 스님에게 주다 次韻贈亮師 441
매화를 노래한 시에 차운하다 咏梅次韻 442
석문정의 시에 차운하다 次石門亭韻 443
겨울날에 임 선생에게 부치다 冬日寄林先生 444
객중의 봄날 客中春日 445
변 스님에게 기증하다 寄贈卞師 446
차운하다 次韻 447
자해自解 448

잡저雜著 5편

취미당 권화소翠微堂勸化疏 449
강진 만덕산 백련사 만경루의 권화소 康津萬德山白蓮社萬景樓勸化疏 451
안변 설봉산 석왕사를 중수한 서문 安邊雪峰山釋王寺重修序 455
법련 스님에게 주는 글 贈法蓮師序 461
희고 상인에게 답한 글 答希古上人書 463

취미 대사 행장翠微大師行狀 / 466

주 / 477

찾아보기 / 491

1 '한글본 한국불교전서'는 문화체육관광부의 지원을 받아 동국대학교 불교학술원에서 수행하고 있는 '불교기록문화유산아카이브(ABC)사업'의 결과물을 출간한 것이다.
2 이 책은 『한국불교전서』(동국대학교출판부 간행) 제8책의 『취미대사시집翠微大師詩集』을 번역하였다.
3 번역문에 이어 원문을 병기하였다. 원문은 『한국불교전서』를 저본으로 하였으며, 원문에 간단한 표점 부호를 넣었다.
4 원문 교감 내용은 원문 아래에 표기하였다. ㉮은 『한국불교전서』의 교감 내용을, ㉯은 번역자의 교감 내용을 가리킨다.
5 약물은 다음과 같다.
　『　』: 서명
　「　」: 편명, 산문 작품
　〈　〉: 시 작품

취미대사집 서문

취미 스님의 제자인 성우性宇 상인上人이 스님의 시문을 가지고 나를 찾아와서 한마디 말을 청하기에, 내가 승낙을 하고 다음과 같이 말하였다.

그대의 스승이 지은 것은 모두 법도가 있어, 서축西竺 패엽貝葉(불경)의 이치에 통달하였을 뿐만 아니라, 우리 유가儒家의 서적도 모두 섭렵하였다. 그래서 문사文辭로 발현된 것이 청완淸婉하여 맛이 있으니, 당나라에서 찾아본다면 아마도 교연皎然[1]이나 무본無本[2]과 비슷하다고 할 것이다. 또 일찍이 듣건대, 스님이 벽암碧巖을 스승으로 삼아 임제臨濟의 정종正宗을 얻었다고 하였다. 이처럼 선의 등불을 이미 전한 위에 문사에도 능하였으니, 아, 우리 스님이야말로 진정 불교(空門)의 덕 높은 스님(龍象)이라고 하겠다.

기해년(1659, 현종 즉위년) 늦가을에 동명東溟[3] 정군평鄭君平은 써서 부치다.

翠微大師集序

翠微師之弟子。性宇上人。持師詩文。請余一言。余曰諾。汝師之所著。皆有法度。非但西竺貝葉是通。吾儒諸書。亦皆涉獵故。發於辭者。淸婉有味。求諸有唐。其皎然無本之流哉。又嘗聞師師碧巖。得臨濟正宗云。旣傳禪灯。又能文辭。師乎師乎。眞空門龍象哉。

時己亥季秋日。東溟鄭君平書寄。

취미고 서문

　내가 일찍이 동악東岳[4]의 시 가운데 "희안이 예전에 수초의 이름을 언급했는데, 지금 각성을 따라 지리산으로 들어간다네. 이와 같은 시승을 어찌 쉽게 얻으리오. 가을날에 나의 정회 금치 못하게 하는구나.(希安曾說守初名。方丈今從覺性行。如爾詩僧那易得。使余秋日不勝情。)"라는 구절을 좋아하며 문득 입으로 외우다가 마음속으로 평하기를, '이 노인이 시에 노련해서 시를 허여許與하는 경우가 드문데, 유독 이 스님에 대해서만은 시승詩僧으로 지목하였으니, 이 스님과 더불어 시를 논해 볼 수 있겠다.'라고 하였다. 그러고는 그 사람을 한번 볼 수 있거나, 아니면 그 시라도 한번 볼 수 있기를 소원하였는데, 모두 그렇게 되지 못하였다.
　금년에 내가 마침 서주西州에서 잠깐 노닐 적에, 원인圓印이라는 승려가 나를 따라 노닐었는데, 그는 바로 수초守初 스님의 문도였다. 어느 날 그가 세 편의 초고草稿를 꺼내어 나에게 산정刪定해 달라고 매우 간절히 부탁하면서, 첫머리를 장식할 한마디 말을 아울러 청하였다. 내가 그에게 물었더니 바로 스님의 작품이라는 것이었고, 또 스님의 부탁이라는 것이었다. 그래서 내가 비로소 숙원을 풀게 되었다는 기쁜 마음에 사양하지 않고 받아들였다. 그러고는 원고를 펼쳐 보다가 다 읽기도 전에 또 동악 노인이 이 시를 안 것이 기쁘기도 하였는데, 이는 대개 시의 음音이 속되지 않고 맑을뿐더러, 시의 율律 또한 일부러 안배함이 없이 자연히 들어 맞아서, 소순蔬筍의 습기習氣를 완전히 벗어나⁵ 휴잠休潛⁶의 영역으로 진입하고 있었기 때문이었다.

그리고 변려체騈儷體의 글들로 말하더라도, 거의 모두가 오묘한 뜻을 제시하며 선善의 근본을 투철하게 밝힌 것으로서, 원래 불교의 뛰어난 말(上乘語)이라고 할 만한 것이었다. 이를 비유하자면 현포玄圃에 쌓인 옥⁷과 같아서 사랑스럽지 않은 것이 없었는데도, 취사선택을 하여 겨우 열에 두세 개 정도만 수록해 놓았다. 이렇게 한 것은 필시 지극히 정밀한 경지의 작품만 전하려는 의도도 있고, 뒷날 판각板刻하는 부담을 줄이려는 뜻도 들어 있다고 하겠으나, 이것이 과연 스님의 뜻에 맞을지 어떨지는 모르겠다. 그러고는 마침내 이렇게 서문을 써서 그에게 돌려주었다.

정미년(1667, 현종 8) 늦여름에 호곡병부壺谷病夫⁸는 신성新城의 납량헌納凉軒에서 쓰다.

翠微稿序

余嘗愛東岳詩中。希安曾說守初名。方丈今從覺性行。如爾詩僧那易得。使余秋日不勝情之句。輒口誦而心評曰。此老老於詩。於詩小許可。以獨以詩僧目此師。則此師可與言詩已矣。願得一見其人。又願一見其詩。而兩不可得。今年余適薄游。西州有釋圓印者。從余遊。印卽師之徒也。一日袖三編草藁。屬余刪定甚勤。仍請余一語。弁諸首。問之則師之作。而師之請也。余旣以始償宿願爲喜。受而不辭。閱之未終編。又喜岳老之知詩也。盖其爲詩。音淸而不俚。律恊而不俳。絶去蔬筍之氣。駸駸¹⁾乎休潛之流。至若駢儷書疏。率皆揑提妙旨。明透善根。自是空門上乘語。譬諸玄圃積玉。無非可愛。而旣取又舍。僅錄十之二三者。必欲務歸至精之域而。且省它日剞劂之工。不知果當師意否。遂題此以歸之。

峕丁未季炎。壺谷病夫書于新城之納凉軒。

1) ㉮ '翠微稿序……駸駸'은 저본에는 결락되어 있으나 편자가 『壺谷集』 권1(서울대학교 소장)에 의거하여 보입하였다.

주

1 교연皎然 : 당나라 때 저명한 시승詩僧이다. 장성長城 사謝씨의 아들로 사영운謝靈運의 10세손이라고 한다. 이름은 주晝이며 호주湖州의 저산杼山에 거하였다. 저서에 『內典類聚』·『杼山集』·『儒釋交遊傳』 등이 전한다.
2 무본無本 : 당나라의 시인 가도賈島가 환속하기 전 승려일 때의 법호이다. 그가 승려의 신분으로 동도東都에서 노닐 적에 낙양령洛陽令이 불법佛法을 금지하는 것에 대해 시를 지어 마음 아파하니, 한유韓愈가 가련하게 여겨 환속하게 하고 진사進士에 천거했다는 내용이 『唐書』 「韓愈列傳」에 나온다. 『古文眞寶』에 〈訪道者不遇〉라는 오언고풍五言古風의 짧은 시가 수록되어 있다.
3 동명東溟 : 정두경鄭斗卿의 호이다. 군평君平은 그의 자字이다.
4 동악東岳 : 이안눌李安訥의 호이다. 여기에 인용된 시는 『東岳集』 권23 〈用希安上人韻。贈別守初上人入智異山〉이라는 칠언율시 중 앞부분이다.
5 소순蔬筍의 습기習氣를 완전히 벗어나 : 그의 시가 승려의 티를 말끔히 벗어 버렸다는 말이다. 소순蔬筍은 채소와 죽순이라는 뜻으로, 승려처럼 채식을 하는 방외인方外人을 가리킨다.
6 휴잠休潛 : 혜휴惠休와 도잠陶潛의 병칭이다. 혜휴는 남조 송나라 때 시승으로 세종이 명하여 환속하게 하였는데, 본성은 탕湯씨이고 지위는 양주 종사揚州從事에 이르렀으며, 시는 포조鮑照에 필적한다는 평을 얻었다. 도잠은 동진 말기에서 남조 송나라 초기에 활동한 시인으로, 육조六朝 최고의 시인이라 불린다. 호는 오류선생五柳先生, 자는 연명淵明이며, 사부辭賦 「歸去來辭」 외에 「五柳先生傳」·「桃花源記」 등의 산문 작품이 있다.
7 현포玄圃에 쌓인 옥 : 뛰어나게 아름다운 문장을 비유하는 말이다. 현포는 곤륜산崑崙山 정상의 선계仙界에 있는데, 그곳에는 미옥美玉이 셀 수 없이 많다고 한다. 『晉書』 「陸機傳」에 "그의 글이 마치 현포에 쌓인 옥과 같아서 밤에도 빛나지 않는 것이 없다.(機文猶玄圃之積玉。無非夜光焉。)"라는 말이 나온다.
8 호곡병부壺谷病夫 : 남용익南龍翼의 호이다. 이 서문은 『壺谷集』 권15에 「翠微稿序」라는 제목으로 나온다.

오언고풍
五言古風

좌선하는 승려 도순에게 주다
贈坐禪僧道順

기연機緣을 만나도 집착하지 말지니	逢緣休着意
집착하면 도리어 잘못되리라	着意即還失
눈을 감고서 망각하지 말지니	合眼莫忘懷
망각하면 귀신 소굴에 빠지리라	忘懷則鬼窟
망각하고 집착하는 것은	忘懷與着意
도인이 면하기 어려운 병폐	於道難離疾
이 두 가지 마장이 없다면	若無此兩魔
어찌 성불하지 못할 걱정이 있으리오	何慮不成佛

탈영 스님에게 주다
贈脫穎師

탈영 스님은 문자를 좋아해	穎師愛文字
문자 놀이를 즐기려 하면서	欲作文字遊
연하의 맛을 씹어도 보고	咀嚼烟霞味
산수의 가을을 읊기도 한다네	諷詠山水秋
높은 뜻은 실로 가상하다마는	高義誠可尙
세상 인연이 아직도 남았구나	俗緣猶未休
어쩌자고 자기 본분의 일은	奈何自己上
세월만 보내며 돌아보지 않는 걸까	悠悠不回頭
나아가는 길이 하나는 아니지만	所趍非一途
그래도 각자 닦을 것을 닦아야지	亦各修其修
소쇄하기 그지없는 고요한 경계	靜境絶瀟灑
자못 청랑하고 그윽한 석굴	石窟頗淸幽
한 생각 속에 대천세계 들었나니	一念大千界
멋진 놀이는 외물外物 속에 있지 않다네	奇觀非外求

길을 가다가 피곤해서 읊다
倦行吟

너무 피곤해 모래 둑에서 쉬노라니	疲極憩沙堤
먼 산봉우리에서 석양이 내려오누나	夕陽下遠岑
서풍이 불어와 나뭇잎은 떨어지고	西風吹落葉
선들선들 사람 마음 쓸쓸하기만	颯颯凉人心
다리 머리로 성근 비 지나가고	橋頭踈雨過
돌길 위에는 가을 이끼 잔뜩	石逕秋苔深
옛 산으로 돌아가는 한가한 구름이요	閑雲返舊岫
그윽한 숲속에 귀환하는 저녁 새로세	夕鳥歸幽林
마른 창자 속에는 시름만 가득	愁憂集枯腸
바닷가 하늘에는 기러기 소리	海天賓鴻音
귀뚜라미 울음 그치지 않고	寒虫鳴不已
빈 들판에 엷은 그늘 생겨나는 때	曠野生微陰
누가 피곤한 길손 동정하리오	誰憐倦行客
자연히 괴로운 신음 많아질밖에	自然多苦吟

엄 스님에게 부치다
寄嚴師

지난해 가을 설봉에서	雪峯去年秋
남루에 함께 기대 얘기할 적에	同倚南樓語
벌레는 차가운 밤 길게 울어 댔고	虫鳴寒夜永
낙엽 진 숲속의 나무는 앙상하였지	葉脫喬林瘦
정자 너머로 송백松柏이 뒤섞여 이어지고	連亭雜松檜
하늘엔 바람과 이슬 기운 가득한데	滿天浩風露
달빛은 들쭉날쭉 차갑게 비치고	月色寒參差
냇물 소리는 북을 치듯 진동하였지	溪聲震鼙鼓
그윽한 회포를 시 지어 읊조리며	幽抱和新吟
처량한 나그넷길 위로하였는데	旅情慰悽楚
새벽 종소리 울려 퍼지면서	霜鐘動鯨杵
어느새 창문이 부옇게 밝았어라	驚覺紙窓曙
이윽고 동쪽 서쪽 길로 나뉘어	俄然路東西
구름과 비처럼 헤어진 뒤로	分散如雲雨
보고 싶은 생각 가슴에 부여안고	悠悠別離思
울적하게 세월만 흘려보냈네	欝欝流年度
뒤척이며 누워서 잠 못 이루다가	輾轉臥不眠
일어나 뜨락을 거니노라니	起散中庭步
오직 한 조각 싸늘한 달빛	凉蟾一片光
진월[1]처럼 떨어져 만나지 못한 우리	秦越成脩阻
어느 때나 다시 얼굴 마주하고서	何時復相對
노년의 이 몸을 위로해 볼거나	慰此齒髮暮

천주의 현 스님과 뇌암의 일 스님과 설봉의 안 스님 등 세 사람에게 부치다
寄賢天柱一懶庵安雪峰三開士

한성의 절에서 헤어진 뒤로	昔別漢城寺
여러분이 항상 눈에 선했는데	數君長在眼
서로 만여 리나 떨어져 있어서	相去萬餘里
소식조차 끊어질까 걱정하였소	尙恐音信斷
저번에는 호 상인 편에	昨憑湖上人
간절하게 소식을 물어 주더니	枉問通懇欵
이번에는 민 선자 편에	今因敏禪子
또 편지를 부쳐 주었구려	又寄一封翰
봉함 열고서 벗의 정을 보았고	開緘看故意
궤안几案에 놓고서 다정한 눈길 느꼈나니	置案想淸盼
마치 곤륜산의 옥을 얻은 듯	如得崑山玉
며칠 동안 기뻐하며 속진을 씻었다오	累日喜而浣
말한 그 뜻이 또 진중하여서	辭意復珍重
더욱 부끄럽게 느껴졌는데	尤爲增愧赧
기억해 준 것이 너무 놀라워	深驚蒙記憶
망가진 수레에 탄 것만 같았다오[2]	怳若乘朽棧
아, 나는 여러분과	嗟余與諸君
그저 평탄하게 지내는 사이	只在平坦坦
서로 마음을 알아주면서	相知貴知心
하나의 이치로 모든 일을 꿰뚫나니[3]	相得一以貫
만약 도에 깊이 계합契合한다면	苟能道契深
대붕大鵬과 척안斥鷃[4]을 나눌 필요 있으리오	何必說鵬鷃

관북의 길에 들어오고 나서	自來關北路
돌아갈 시기가 늦어졌는데	歸日期已晏
궁벽한 나의 생활 참으로 고독하니	窮居信幽獨
누구와 얘기하며 웃어 보리오	晤語誰與莞
물결이 몰아치는 동쪽 끝 모서리	鯨波極東陲
멀리 이어지는 아침 해 뜨는 언덕	遠接扶桑岸
봉래산은 어디쯤 있는 것일까	逢萊在何許
하늘 너머 구름이 항상 뒤덮여 있네	天外雲常縮
북쪽 바닷가 변방의 산하	關山瀚海陲
혼자서 장관을 만끽할 따름	自得飽壯觀
사람이 드물어 송영하는 일도 없고	人稀絶送迎
땅이 외져서 얼굴 씻는 일도 잊었다오	地僻忘漱盥
실로 아름답지만 우리 땅이 아님이여[5]	信美非吾土
시린 속마음 씻어 내기 어려워라	酸膓難濯澣
사람들 풍속도 다를뿐더러	世服異風俗
눈앞에 도반道伴도 있지 않은걸	眼前乏朋伴
깊은 산속 구름은 외다리 짐승 같고	山深雲似夔
넓은 강물은 한수漢水와 흡사한데	江濶水如漢
어떡하면 가까운 곳에 살면서	如何得近處
손잡고서 항상 왕래할거나	把手常往返
옛 추억만 공연히 떠오르는 가운데	緬焉起空懷
물색도 처량한 기색 머금었나니	物色含悽惋
영화로운 시절에 된서리 내려	榮華有嚴霜
치아와 머리칼 일찍도 쇠했네	齒髮早衰換
현 스님은 천주에 주석하면서	賢公住天柱
날마다 경서를 음미하는데	經籍日把玩

꽃비가 탑상榻牀에 떨어졌다니	華雨穴一榻
강론이 얼마나 진지했을까	講詮何旦旦
일 스님은 개원에 주석하면서	一也主開元
뜬 인생의 허깨비를 물리치고	坐遣浮生幻
밤낮으로 임금님 축원하면서	祝聖朝與夕
한 줄기 향불을 피운다지요	手炷香一瓣
안 스님은 한 편의 글 지을 때마다	安也作新篇
채색 놀처럼 찬란하게 빛나는데	斐然雲錦段
여기에 또 오묘한 필묵의 솜씨	況復筆墨妙
가늘면서도 힘이 있어 신명에 통한다네요	通神瘦且健
모두 뛰어난 명성을 얻어	皆爲得名聲
어떻게 우열을 가릴 수 없나니	粹美無可揀
그 재능이 참으로 아까워서	才調眞可惜
사대부의 감탄을 자아낸다오	搢紳之所歎
하는 일은 각자 다르다지만	所業有殊異
날이 갈수록 원숙해지는데	己事轉閑緩
더구나 상유[6] 시기에 접어들어	況當桑楡脫
지금 벌써 팔십의 반이 됨이리오	八十今已半
그만둘 줄 알면 위태롭지 않을 텐데[7]	知止不近殆
채우지 않으면 괴로운 사람의 마음이여	人情苦不滿
예로부터 큰 명성을 차지하면	從古處大名
포개 놓은 알처럼 위태했건만	其危如累卵
어찌하여 아직도 미적거리면서	胡爲尙淹滯
옛 산으로 돌아가지 못하는 것인지	故山歸期晚
법당에 한 길이나 풀이 우거져서	法堂草一丈
황폐하게 오래도록 베지도 못했는걸	荒凉久未剗

속진의 인연은 끝없이 이어져서	塵緣浩無涯
날마다 천 번 만 번 변화하는 것	機變日千萬
기다리는 것이 있다고 하더라도	雖云有所待
남은 시간이 짧은 것을 어떡하나	其奈時景短
아, 여러분이시여	咄哉二三子
행리를 어느 때나 챙기시려오	行李幾時辦
나도 몇 년 동안 객지 생활 하지만	我亦客數年
자취와 이름 모두 한산하기만	跡與名俱散
돌아가려 해도 돌아가지 못하니	思歸猶未得
굴레 벗지 못하는 말과 같다 할까	如馬難脫絆
신흥사 자리한 동천洞天의 하늘	神興洞裡天
바위 앞 시냇물에 귀를 씻었지	洗耳巖前澗
옛 암자 쓸쓸히 텅 비어 있고	蕭條舊庵虛
이내 낀 나무 적막하게 서 있을 텐데	寂寞烟樹篡
어떡하면 소매를 떨치고 가서	何當決焉去
인연 따라 나무꾼과 어울릴거나	隨緣同樵爨
은근히 이 말씀 부쳐 드리노니	殷勤寄此言
노력하여 항상 스스로 돌이켰으면	努力常自反
가을바람 일어나는 이날 저녁에	秋風一夕起
마음은 남쪽 나는 기러기를 따른다오	心逐南飛鴈

지수 상인을 보내며
送志遂上人

상인이 와서 작별을 고하기에	上人來告別
조용히 다시 물어보았네	從容更問汝
당초 어디에서 왔다가	始從何處來
지금 어디로 가는 것인가	今向何處去
가고 옴이 어찌 그리 자유로운고	去來何自由
참으로 초탈한 스님이로다	脫洒眞淨侶
그가 멀리 가리키는 바다 위의 산	遙指海上山
아스라이 구름이 일어나는 곳	縹緲雲起處
그 속에 텅 빈 옛 암자가 있는데	中有古庵虛
사미가 오래도록 고대했다네	沙彌久延竚
옷소매 부여잡고 다른 자리에 앉아	摻裾坐別筵
아이에게 약초를 달이게 하고는	命童山藥煮
내 마음에 의아하게 여겨지기에	我有疑碍在
밤새도록 마주하고 얘기했다네	通宵相對語
분명히 참되게 도를 잡을지니	皎然抱道眞
이 도는 절차와 순서가 없나니라	此道無節序
원래 평등한 경계이거니	從來平等境
망령되이 집착할 곳이 있으랴	安有妄處所
간택을 혐의한다는 말도 있지만[8]	雖嫌揀擇分
현우의 차이가 얼마나 될까	賢愚去幾許
상인은 그저 웃음만 머금을 뿐	上人但含笑
침묵을 지키며 끝내 말이 없네	嘿嘿終不叙
뜬눈으로 잠 못 이루는 사이	耿耿不能眠

귓전을 울리는 새벽 종소리	曙鐘韻鯨杵
일어나서 행장을 꾸리나니	起來理行李
석장 하나에 짚신 두 켤레	一錫雙草屨
날이 밝자 결연히 떠나는 그 형세가	平明決焉去
마치 구름 뚫고 붕새 날아오르는 듯	勢若雲鵬舉
이별하는 정자에 창연히 섰노라니	離亭悵然立
안개비가 가지런한 숲에 자욱이 내리네	烟雨暗平楚

의초 상인에게 주다
贈義初上人

열반묘심涅槃妙心 정법안장正法眼藏을	涅槃正法眼
전한 그 소식 현묘하고 현묘해라	消息玄又玄
석존이 꽃가지를 들자	釋尊擧花枝
인간과 천상대중이 망연해하였는데	人天衆罔然
당시에 파안미소 한 것은	當時破顔笑
황금색의 걸출한 두타였다네[9]	金色頭陁賢
영취산 봉우리 곧장 하직하고	卽辭鷲頭峰
계족산雞足山에서 선정에 들 때[10]	入定雞足巓
아난다에게 불법佛法을 부촉하며	轉付阿難多
찰간을 문 앞에 내려놓게 하였어라[11]	刹竿倒門前
서축西竺의 이십팔 조사와	西乾四七滿
동토의 여섯 조사가	東土二三聯
대대로 불조의 뒤를 이을 적에	遞代佛祖印
오직 이 마음만을 전하였나니	唯將此心傳
다만 본성을 고수할 것이요	但當守本性
외물에 끌려다니지 말 것이니라	不爲外物牽
만약 보통 기량을 넘는 사람이	倘是過量人
날마다 그 심연을 탐색한다면	日用探其淵
한 모퉁이로 세 모퉁이 반증하면서[12]	擧一反三隅
준마가 채찍을 몰래 엿보듯 하리라[13]	良馬暗窺鞭
음광[14]의 옷을 통쾌하게 걸치고	快着飮光衣
용수[15]의 해설도 완전히 잊은 채	頓忘龍樹詮
덕산[16]의 노래 들리지 않는 때에	寡和德山謌

항상 무생¹⁷의 시편을 읊조릴 것이요	常誦無生篇
한 자루 취모검吹毛劍¹⁸ 비껴 잡고	一柄劍吹毛
푸른 하늘에 기대어 서서	橫把倚靑天
전기¹⁹는 번개가 내리치듯 하고	全機閃電激
대용은 폭풍이 몰아치듯 하리니	大用飄風旋
사해의 꿈틀거리는 중생들과는	四海蠢蠢徒
원래 어깨를 나란히 하기 어려워라	從來難並肩
노승이 일찍부터 숭상한 것은	老僧早所尙
무엇보다도 성인의 말씀	聖言以爲先
마음에 새기고 전전긍긍하였나니	銘心常兢兢
조석으로 어찌 감히 편안할 수 있었으랴	晨夕安敢便
청한하게 고독한 생활을 하며	淸寒幽且獨
배고프면 나물국, 목마르면 샘물	飢菜而渴泉
우뚝 앉아 지금까지 늙어 왔을 뿐	兀兀老至今
온전한 공부는 아직도 멀었어라	功行苦未全
초막에 있건 토굴에 있건	茅庵與土洞
고락은 단지 인연에 따를 뿐	苦樂但隨緣
그대여 내가 어찌할 수 있었으랴	君來我何能
만년에 만난 것을 탄식할 따름이라	相見嗟晚年
지금은 가을의 바로 한가운데	是時秋正中
나뭇잎 물들고 국화꽃 어여쁜 때	葉赤寒花姸
오래된 선찰禪刹 영주사에서	靈珠舊禪社
그대와 함께 어울려 노닐면서	與子同留連
하루 종일 쌓인 서책도 펼쳐 보고	窮日積軸披
밤늦게 등불 아래 얘기도 나눈다네	語夜孤燈懸
바라건대, 그대여 부디 노력해서	願子善努力

광음을 헛되이 보내지 말지어다	光陰莫虛捐
만약 등한히 게으름을 부린다면	等閑如不勤
마음 밭에 잡초가 무성해지리니	心田草芊綿
믿음의 뿌리를 바다처럼 깊이 하고	信根若海深
뜻을 세우기를 산처럼 굳게 하라	立志如山堅
모름지기 이 말을 가슴에 아로새겨	要須佩此言
노망한 자의 말로 여기지 말지니	勿以爲風顚
이치를 파헤치고 본성을 극진히 하여	窮理盡其性
머리에 붙은 불을 끄듯 할지어다	若救頭上燃
한 생각 일어남 속에 깨달음이 있나니	念起卽覺悟
물고기를 잡고 나면 통발을 잊어야지[20]	得魚而忘筌
그리고 잊어야 함도 잊게 될 때에	所忘亦忘時
비로소 금선[21]이라 칭할 수 있으리라	可以稱金仙

습득 옹의 시체詩體를 본받아서
效拾得翁體

사람들은 부유하고 호기로운데	衆人富而豪
나는 홀로 가난하고 바보스럽고	我獨貧且愚
사람들은 출세하고 영예로운데	衆人達而榮
나는 홀로 빈궁하고 고목 같아라	我獨窮且枯
작년엔 송곳 꽂을 땅이 없더니	去年無錐地
금년엔 땅에 꽂을 송곳조차 없네[22]	今年錐也無
빈궁과 영달은 각자 분수 있나니	窮達各有分
어찌 쓸데없이 노심초사하리오	安用妄勞劬
진정 이 이치를 깨달을 수 있다면	苟能達此理
세상을 초월한 대장부라 일컬으리라	出世眞丈夫

꽃을 마주하고
對花

지팡이 짚고 냇가에 나갔더니	杖策出溪頭
냇가의 꽃들이 붉게 타오르네	溪花紅灼灼
예전에 꽃을 보았을 때는	憶昔看花時
어려서 머리칼이 칠처럼 검었는데	年少髮漆黑
지금 꽃을 보는 때에는	如今看花時
연로하여 머리칼이 눈처럼 하얗구나	年老鬢雪白
사람의 삶이 꽃보다도 못한가 봐	人生不如花
어찌 이렇게 공연히 시달리는지	胡爲空役役

칠언고풍
七言古風

백암산 찬 상인이 철쭉 지팡이를 선물한 것에 감사하며
謝白巖賛上人惠躑躅杖

백암산 기슭 어찌 그리도 험준한지	白巖山麓何嵯峩
비단결 천 겹으로 철쭉꽃 붉게 피었는데	錦繡千層紅躑躅
찾는 사람도 드문 하늘 끝 외진 땅	天涯地僻人罕遊
숲속에 버려진 몸을 누가 애석해하랴	棄置林間誰愛惜
상인은 나이 젊고 일을 좋아하는 사람	上人年少好事者
홀로 들어가 뒤지다가 하나 얻고는	獨入冥搜忽有得
낫을 들고 가장 긴 가지 베어 왔나니	持鎌斫取㝡長枝
산중에 그만 하나의 봄빛이 줄어들었네	減却山中春一色
주름진 껍질 벗겨 내니 기이한 골격	皺皮剝盡精骨奇
주장자로 재단하니 길이도 충분	裁爲拄杖尺度足
이끼 흔적 알록달록 묻어 있어도	斑斑雖有苔蘚痕
겹겹이 단단하게 마디가 드러났네	纍纍鏗鏘露節目
봉원에서 생산된 듯 품질도 좋고	品高有類出蓬原
금방 옥을 깎아 낸 듯 윤기도 자르르	光潤完如新削玉
글과 함께 보내온 고마운 마음이여	題封惠送故情深
늙고 병들어 걷지 못함을 염려함이로다	爲念老病行無力
손으로 만져 보노라니 흡족한 기분	以手摩翫欣得之
어떤 위험한 곳도 못 갈 곳이 없네	乘危陟險無不適

씩씩하게 걸으며 먼 곳도 마음대로	扶持健步恣遠遊
유람할 만한 곳은 장차 어디든지	可遊觀處將遍跡
계산의 맑은 날 좋은 풍경도 감상하고	溪山晴日好風景
다리 짚고 건너면 넘어지지도 않으리라	拄過橋梁免欹側
빈집에서 대낮에 단잠을 즐길 적에	虛堂淸晝黑甛時
운헌의 모서리에 기대어 놓으면	定將閑倚雲軒角
번개가 벽에 붙어 검은 용 찾으면서	飛電着壁搜玄螭
바람과 우레 무섭게 일으킬 듯도[23]	蕭蕭疑有風雷作
쇠한 나이에 이 물건 타고 다니면	衰齡一自得渠來
어디든지 순식간에 도달하리라	遠近之行經瞬息
내 손에 있게 된 것을 싫어하지 말지니	煩渠莫厭落吾手
절벽에서 서리와 눈 맞는 것보단 나으리	也勝窮崖霜雪觸
삼신산과 오호도 두루 구경할 것이요	賞遍三山與五湖
필경엔 화택을 벗어날 수도 있으리라	畢竟端能超火宅
다만 걱정은 뒷날 용으로 변화하여	但恐他年變化龍
운우 일으키며 하늘로 날아오르는 것[24]	雲雨飛騰天地黑
그러면 어떻게 손안의 보배로서	安得恒爲掌上珍
동서남북을 치달릴 수 있겠는가	南北東西相馳逐

삼가 수찬 조중려의 모춘 시에 차운하다
敬次趙修撰【重呂】暮春韻

봄비 막 개고 봄풀이 푸릇	春雨初晴春草綠
삼월의 풍광이 온 땅에 넉넉	三月風光遍地足
물 북쪽 들판 남쪽 온통 향기로운 꽃들	水北原南鬧芳菲
물가 난초 숲속의 꽃향내가 물씬	浦芷林花香馥郁
수양버들 가지에선 꾀꼬리 꾀꼴꾀꼴	新鶯睍睆楊柳枝
처마 끝에선 진흙 문 제비들 지지배배	舊燕呢喃屋簷角
귀인의 수레들이 거리를 가득 메우고서	香車寶鞍滿街頭
취중에 태평가를 다투어 부르누나	醉中爭唱昇平曲
시절을 아는 이는 또 어떤 사람일까	知時識節復誰人
복사꽃 오얏꽃은 봄빛을 다투는데	可憐桃李爭春色

산속에서 우연히 읊다
山中偶吟

산 노을은 저녁에 장차 걷히려 하고	山靄夕將收
시내 바람은 삽상하게 일어나려 하고	溪風颯欲起
희열에 잠겨 혼자서 머리 끄덕끄덕	怡然自點頭
형용하기 어려운 오묘한 이 경지여	妙在難形裡

마포에 묵으면서 피리 소리를 듣고
宿麻浦聞笛

어디선가 피리 소리 들려오는데	何處笛聲來
강물 가득 차갑게 비치는 가을 달빛	滿江秋月冷
모래밭 위에는 물새들도 흩어지고	鳴沙散水禽
외로운 돛 그림자 홀연히 지나가네	焂過孤帆影

객에게 답하다
答客

화원[25]의 길을 밟지 못했는데	未踏花源路
어떻게 그 동네의 봄을 알겠소	焉知洞裡春
단지 쌀 없는 밥을 지으며	但炊無米飯
말 없는 사람을 접하고 있소이다	常接不言人

산속의 생활
山居

산도 나를 불러서 살게 하지 않고	山非招我住
나 역시 산을 의식하지 않고	我亦不知山
산과 내가 서로를 잊고 살면서	山我相忘處
별천지의 한가함을 누리고 있소이다	方爲別有閑

산속에서 길을 잃고
山中迷路

숲속에서 홀연히 길을 잃었나니 　　　　林間忽迷路
산에는 휘날리는 누런 잎사귀뿐 　　　　亂峀飛黃葉
비바람이 산골에 몰아쳐서 　　　　　　風雨峽中多
돌아오며 옷을 흠뻑 적셨다네 　　　　　歸來衣盡濕

각철 선자에게 주다
贈覺喆禪子

꿈속에서 주인공을 얘기한다면　　　　　夢說主人公
그 주인공도 꿈속의 사람이라　　　　　　主人還是夢
거울 속의 모습을 살펴보게나　　　　　　看取鏡中形
분명히 누구의 모양이던가　　　　　　　分明是誰樣

회 상인의 시에 차운하다
次會上人韻

낮은 산은 가을빛 머금고	短嶽含秋色
긴 내는 석양빛 띠었네	長川帶夕暉
암자가 멀리 있지 않은가 봐	有庵知不遠
구름 너머 노승이 돌아가니	雲外老僧歸

한성 가는 도중에
漢城途中

어디선가 기러기 울음소리	何處旅鴻聲
한관에 서리가 일찍 내렸네	漢關霜落早
일천 산에 하나의 대지팡이	千山一竹筇
길에서 나그네 늙어 가누나	客子途中老

말다툼을 경계하며
警相諍

피차 허깨비 몸을 지니고   彼此將幻身
허깨비 세상에 함께 살면서   俱生於幻世
어찌하여 허깨비 일색인 속에   如何幻幻中
다시 허깨비 일을 다툰단 말가   復與爭幻事

경치를 읊다
卽景

짙은 나무 그늘 속에 갇힌 제단이요   壇鎖樹陰濃
산골 어귀에서 토해 나오는 구름이라   雲從峽口吐
처마에선 저녁나절 서늘한 기운 일어나고   虛簷生晚凉
뭇 산봉우리 위에는 성긴 비가 흩날리네   亂岫飛踈雨

연 상인에게 주다
贈璉上人

가랑비 내리는 삼봉의 절간	細雨三峰寺
선들바람 부는 팔월의 가을	凉風八月秋
서로 만나서 한 번 웃으니	相逢一笑處
십 년 근심 모두 사라지네	除却十年愁

불법을 묻는 사람에게 보여 주다
示問法人

나무가 흔들림은 돼지가 등을 비빔이요 　　　　樹動猪揩背
물결이 번득임은 오리가 머리를 씻음이라[26] 　　波翻鴨洗頭
이 속에 담긴 뜻을 제대로 알아야 할 것이니 　　若能知此意
남쪽 성城으로 떠도는 사람에게 물어서 또 무엇 　何更問南遊
하리오

의상대
義湘臺

석벽에 기대고 선 천년의 나무요	倚壁千年樹
허공에 솟구친 백 척의 누대로다	凌虛百尺臺
신승은 자취도 없이 사라지고	神僧去無跡
구름 밖에 학만 배회하누나	雲外鶴徘徊

맑게 갠 봄날
春晴

가랑비가 간밤에 산에 날리더니	微雨夜飛山
온갖 꽃들이 난만하게 피어났네	百花開爛熳
먼 숲에 부는 화사한 바람이여	好風吹遠林
골 가득 그윽한 향기 퍼뜨리누나	滿壑幽香散

가을날에 승려를 보내며
秋日送僧

애잔한 석양 속에 몇 가닥 초동樵童의 노래   樵歌數曲夕陽殘
낙엽 지는 호숫가에 들판의 빛도 썰렁해라   葉落湖邊野色寒
승려가 석장 날리는 곳 멀리 바라보니   遙望一僧飛錫處
비 머금은 저녁 구름이 가을 산을 에워쌌네   暮雲將雨裹秋山

강변에서 피리 소리를 듣고
江上聞笛

먼 바람에 실려 가는 어부의 긴 피리 소리	遠風漁笛一聲長
서늘 저녁 향하는 만 리의 강 하늘이라	萬里江天向夕凉
깜짝 놀라 나는 백사장의 기러기들	驚起白沙汀畔鴈
바다 어귀를 두세 줄로 비껴 건너네	海門斜度兩三行

구 상사의 한거 시에 차운하다
具上舍閑居次韻

물외에 노니는 한가한 몸이 되기는커녕　　非關物外作閑身
이름 다투며 정신을 허비하다니 부끄러워　　只媿名場漫費神
낙화가 물 따라 흘러가게 하지 마오　　莫遣落花隨水去
사람들이 골짜기 봄을 알까 두려우니　　恐人知有洞中春

좌선하는 승려에게
坐禪僧

청산은 말이 없고 경물은 깊이 잠기고 靑山嘿嘿景沈沈
선가의 적막한 마음을 체득했나 봐 體得禪家宴寂心
뜰에는 구름만 가득 사람은 오지 않고 雲自滿庭人不到
석양에 성근 비가 서쪽 숲을 지나가네 夕陽踈雨過西林

김 처사에게 보여 주다
示金處士

뜻은 부운에 두고 한가로이 책이나 뒤적이며　　意在浮雲閑卷舒
항상 참됨을 지키며 초가에 누웠는데　　　　　守眞常自臥茅廬
소나무 창의 꿈에서 무단히 깨어 일어났나니　　無端喚起松窓夢
봄비 끝에 외마디 산새 소리였구려　　　　　　山鳥一聲春雨餘

금강산 백운암의 감회
金剛山白雲庵有感

구정봉 앞 옥으로 된 바위 위에	九井峰前玉作巖
도인이 몇 칸 암자를 엮었는데	道人曾搆數間庵
일 다 끝낸 어느 날 저녁 어디론가 돌아가고	功成一夕歸何處
나무에 걸린 가사만 혼자 안개에 젖었다나	掛樹袈裟自濕嵐

선운 상인에게 보여 주다
示禪雲上人

촉천의 붉은 비단에 산당을 수놓다니	蜀川紅錦繡山棠
금침에 색실 꿰어 섬섬옥수 바빴으리	綵線金針玉手忙
봄바람 향해도 사람들 알아주지 않고	試向春風人不識
벌 나비만 부질없이 향내를 탐하게 하겠네	也敎蜂蝶浪偸香

면벽
面壁

참현[27]하는 사람이 동쪽 서쪽 물을 것 있나   參玄不用問西東
면벽하고 마음을 봄이 조사祖師의 가풍이라   面壁觀心是祖風
혼자 웃은 한 소리[28]를 이해하지 못하면서   自笑一聲人不會
어찌 꼭 주인공을 다시 찾으려 한단 말인가   何須更覓主人公

축공 스님을 보내며
送竺空師

언제나 산문 닫고 조사의 관문 찾았는데	常掩巖扉究祖關
선심이 홀연히 변해 이별하게 되었네	禪心忽變別離間
내일 아침 숲속에는 도반도 없이	明朝林下無相伴
낙엽 가득한 산에 가을비 쓸쓸하리	秋雨蕭蕭葉滿山

갈대밭 기러기를 그린 병풍에 쓰다
題蘆鴈障子

쓸쓸한 갈대숲에 가랑비 걷히고	蘆葦蕭蕭細雨收
길 가는 기러기 강가에 막 내려왔네	旅鴻初下碧江頭
누가 베틀의 하얀 비단 베어 와서	何人剪取機中素
소상강 한 조각 가을을 그려 냈는고	幻出瀟湘一片秋

냇가의 꽃
澗花

사람 마음은 길고 짧아 원래 같지 않지만　　　長短人情自不同
냇가의 꽃은 변함없이 떨기로 피어 있네　　　澗花依舊綴芳叢
하늘과 땅도 사적으로 힘을 쓰지 않았는데　　　乾坤已着無私力
봄이 어찌 마음대로 붉게 만들었겠는가　　　春意寧敎取次紅

택행 상인에게 주다
贈擇行上人

조사의 뜻이 온갖 풀 끝에 분명하니　　　祖意明明百草頭
구피 향해 어찌 다시 구할 필요 있으리오　何須更向口皮求
어여뻐라 기러기 떠나는 강천의 저녁이여　最憐征鴈江天夕
한 조각 달빛 비치는 완연한 가을일세　　一片蟾光表裡秋

종봉 주인에게 안부를 묻다
問鐘峰主人

한번 종봉 들어가서 머리 돌리지도 않아   一入鐘峰首不回
세상 사람은 그저 높은 산만 바라볼 뿐   世人徒自望崔嵬
시골 늙은이가 강 하늘 밖을 가리키며   村翁指點江天外
천 겹의 노을 짙은 저곳이 오대라 하네   黯靄千重是五臺

서향화를 노래하다
咏瑞香花

금방 꽃망울 터진 서향화 가지 하나	瑞香纔坼一枝花
벌들이 제집인 양 마음대로 들락날락	任與遊蜂競作家
생각나네 서옥이 일찍이 비평한 말	堪憶舒玉曾解道
봄빛 느끼려면 많은 게 필요 없다고	動人春色不須多

정원의 꽃을 노래하다
詠庭花

어여뻐라 초당 옆의 이름 모를 꽃   獨愛幽花傍草堂
벌과 나비 부질없이 향을 탐하네   幾多蜂蝶浪偸香
봄을 보내는 뜻 무슨 차이 있으리오   但將春意無分別
새로 뻗은 저 가지 짧건 혹은 길건   任彼新枝自短長

잠에서 깨어
睡起

해 비낀 처마 그림자 시냇가로 옮겨 가고   日斜簷影轉溪濱
주렴 걷자 산들바람 먼지 절로 쓸어 가네   簾捲微風自掃塵
창밖엔 꽃잎 지고 사람은 적적한데   窓外落花人寂寂
봄 알리는 산새 소리에 꿈을 깼다오   夢回林鳥一聲春

새 암자
新軒

나무 그늘 옆에 새로 지은 작은 암자　　　　小軒新傍樹陰開
뒤에는 산의 푸르름이 무더기로 쌓였어라　　背面群峰翠萬堆
종일토록 눈을 감고 침상에 누워 있노라면　　終日臥床眠不起
오직 선들바람만 주렴 사이로 찾아올 뿐　　　透簾唯有好風來

반쯤 죽은 매화
半死梅

눈 계곡 얼음 절벽 반쯤 죽은 매화　　　　雪谷氷崖半死梅
가련타 초췌한 몸 추위 속에 부러졌네　　　可憐憔悴冒寒摧
참된 향기는 말이 없어 봄빛 다투지 않나니　眞香默不爭春色
고산[29] 처사 기다려서 꽃 피우려는 듯도　　似待孤山處士開

풍악산 승려에게 주다
贈楓嶽山僧

나도 금강산 들어가서 몇 년 살다가	曾入金剛住數年
작별하고 해동의 하늘로 머리 돌렸소	別來回首海東天
연하의 옛 살림을 잊기 어려워	烟霞舊業難忘處
산인을 보면 구연을 묻곤 한다오	每見山人問九淵

달을 보고
見月

당초 도에 뜻을 두고 분명히 맹세하며　　　當初志道誓分明
선지식 문 앞을 몇 번이나 찾았던가　　　王老門前幾度行
몇 년 동안 맺힌 것이 지금 풀어졌나니　　　積歲碍膺今已釋
바다 하늘의 초승달이 동쪽에서 뜨는구나　　　海天新月自東生

차운하여 현재 상인에게 주다
次韻贈玄載上人

한 잔의 맑은 차 그대에게 권할 때마다 　一椀淸茶每勸君
저녁 해 기울어 만 겹 구름 속으로 　日斜回入萬重雲
누더기 옷에 대지팡이 항상 왕래하는데 　衲衣笻杖常來往
푸른 산 두 곳에 나누어 산다 누가 말하랴 　誰道靑山兩處分

동악 이안눌 선생이 강물에 배를 띄우고
「적벽부」의 글자를 모아 지은 시[30]에 삼가 차운하다
敬次東嶽李先生【安訥】泛江集赤壁賦字韻

임술년 가을 칠월에	壬戌之秋秋七月
소선이 적벽에 배 띄우고 노닌 것처럼[31]	蘇仙赤壁泛舟遊
지금 강어귀에서 술잔을 들고 있는	如今擧酒臨江口
이 낙을 인간 세상은 아는지 모르는지	此樂人間知也不

부록 원운 附原韻

일 스님은 시를 짓고 안 스님은 화답하고[32]	一也詩成安也和
강해에서 스님들과 맑은 놀이 즐기노라	上人江海共淸遊
술잔 들고서 산간의 달에게 물어보노니	擧杯爲問山間月
적벽의 배 안에도 이런 낙이 있었는지	赤壁舟中有此不

【일 스님의 자는 태일이다.(師一字太一)】

동악東岳

선을 배우는 선자를 보내며
送學禪禪子

선을 배우러 하필 중향의 산[33]에 가야 하나 　　學禪何必衆香山
병석[34] 들고 쓸데없이 왔다 갔다 하는구나 　　瓶錫徒勞數往還
문을 나서지 않고도 보는 것 같을지니 　　　　未出門時如瞥地
함원전은 원래 장안에 있느니라[35] 　　　　　含元殿自在長安

차거로 만든 염주
珂瑰念珠

알알이 줄에 꿰인 차거의 보배 구슬	珂瑰珠寶貫絲綸
결백해서 염불하는 사람에게 어울리네	潔白端宜念佛人
하늘 맑은 상방에서 밤에 염송하노라면	天淨上房觀誦夜
별들이 찬란하게 손안에서 구른다오	列星璀璨掌中輪

청수 상인에게 주다
贈淸粹上人

절간에 들려오는 저녁 경쇠 소리	蘭若初聞暮磬聲
뜨락 가득 산 달이 정히 분명해라	滿庭山月政分明
사미는 도반과 도를 논할 것이요	沙彌但得論玄友
유람객의 성명 따윈 묻지 말지어다	莫向遊人問姓名

정 강촌에게 부치다
寄鄭江村

소년의 행사가 이미 차질을 빚었으니	少年行事已蹉跎
절간에서 맞은 봄날 더욱 생각 많으리	林社逢春思轉多
석양에 산에 올라 한번 바라보기를	斜日强登山上望
푸른 복사 붉은 살구 누구의 집인지	碧桃紅杏是誰家

극문 스님에게 부치다
寄克文師

삼신산 동구 안에 백화 향기로운데　　　　三神洞裡百花香
이 속에서 병든 노인 누가 생각할까　　　　誰念衰翁病此方
기억하는가 왕년에 서로 헤어지던 때　　　　因憶昔年分手處
그대 보내고 홀로 석양 속에 서 있었지　　　送君猶自立斜陽

산사를 찾아
訪山寺

절간에 닿기도 전 벌써 저녁 어스름 　　　　未及禪庵已夕陰
나무 구름 속으로 새들이 날아드네 　　　　宿禽飛入樹雲深
황혼이 아직도 산길을 비추는데 　　　　　　黃昏尙在山前路
먼 산 너머 간간이 들려오는 종소리 　　　　愁聽踈鐘隔遠岑

장봉의의 시에 차운하다
次張鳳儀韵

불도는 너무 무정하다 말하지 마오	休言釋道太無情
옛날부터 사람들이 분명하게 보지 못했을 뿐	自是時人見不明
우리 집안 흥취를 알고 싶으신가	欲識吾家端的趣
벽오동 가지에 뜬 삼경의 달을 보게	碧梧枝上月三更

가을밤
秋夜

종소리도 없이 적요한 야삼경에 寂無鐘梵夜三更
낙엽이 바람 따라 빗소리를 내기에 落葉隨風作雨聲
뒤척이다 깜짝 놀라 창을 열고 보니 驚起拓窓淸不寐
하늘 가득 가을 달이 휘영청 밝네 滿空秋月正分明

청 스님에게 주다
贈淸師

조문의 고사께서 새 거처 방문하여 　　　　祖門高士訪新居
대지와 신기의 눈길을 주시누나 　　　　　　大智神機着眼初
새벽에 산 넘고 물을 건너오셨나 봐 　　　　知是曉從山水出
바람과 이슬 기운 온몸에 소슬하니 　　　　滿身風露正蕭疎

벌써 가을이네
驚秋

동림에선 왜 이다지 시간이 더딘지   東林何苦漏聲遲
나그네 아직 잠 못 드는 썰렁한 밤에   客睡寒更未着時
뜰을 지나는 가랑비에 낙엽 지는 소리   微雨過庭聞落葉
아 벌써 가을빛이 오동나무 가지에 왔구나   已驚秋色到梧枝

운행 상인에게 주다 【당시 영원동[36]에 머물고 있었다.】
贈雲行上人【時住靈源洞】

불문佛門에 들어와서 여기저기 다녔지만	空門發跡任東西
영원동처럼 고요히 머물 곳 또 있을까	那有靈源淨處栖
비조께서 뜻을 품고 찾으셨던 이곳	鼻祖初來眞活計
늦가을 달그림자가 찬 시내에 떨어지네	九秋蟾影落寒溪

희안 판사에게 주다
贈希安判事

이름 구하며 수고롭게 귀인의 집을 찾아	求名役役訪侯門
시문 손에 쥐고서 시시콜콜 토론하기보단	爲把詩文細討論
일찌감치 청학동으로 돌아가서	何似早歸靑鶴洞
초당에 누워 솔바람 소리 실컷 들음이 어떠할지	飽聞松籟臥幽軒

운암사 용담에 제하다
題雲岩寺龍潭

바람도 고요히 하늘을 비치는 석담	石潭風靜影涵虛
신물이 그 속에 똬리 틀고 거한다네	神物中蟠自作居
동천에 공연히 안개 낀다 말하지 마오	莫道洞天徒洩霧
사방 교외 봄비는 모두 그 덕분이니	四郊春雨摠由渠

객지에서
旅榻

객창에 부슬부슬 낙숫물 소리 들려오고   旅窓微雨過簷聞
모기가 밤새 귀밑머리 맴돌며 괴롭히네   徹夜難馹遶鬢蚊
아득히 생각거니 오래 닫힌 암자의 문   遙想古庵門閉久
다락에 쌓인 구름 쓸 사람도 없겠네   更無人掃滿樓雲

승평(순천) 역루에서 선우 상인과 헤어지며
昇平驛樓別禪雨上人

승평의 옛 역루에 함께 기댄 날	共倚昇平古驛樓
바닷가 정자에 가을바람이 단풍잎 몰아치네	戰風霜葉海亭秋
밤새워 또렷이 울어 대는 귀뚜라미	寒虫徹夜分明語
강남에 객 보내는 시름을 아는가 봐	解道江南送客愁

선을 묻는 승려에게 보여 주다
示問禪僧

일없이 바람결에 문이 반쯤 열리더니　　　無事臨風戶半開
누가 찾아와서 나에게 한마디 말하라네　　有來要我便陳懷
분명히 보여 줄 건 오직 평상의 흥취　　　分明示指平常趣
밥을 먹었으면 차나 한잔 마시라고　　　　飯後山茶吸一杯

병풍 속의 매화
屛梅

물색도 참한 그림 속의 찬 매화여　　　　畫就寒梅物色眞
풍진에 나부껴 떨어진 적도 없다오　　　　未嘗飄落變風塵
소금과 맛을 맞추진 못한다 해도[37]　　　雖然不是調鹽味
병풍 속에 하나의 봄을 남겨 주었네　　　　留得屛間一樣春

세 번 설봉산에 가서 쓰다
三到雪峰山有題

늦가을 바람 기운 날이 갈수록 으슬으슬 晩秋風氣日稜稜
빗소리 듣는 차가운 밤 등불도 가물가물 聽雨寒更欲晦燈
무슨 일 이루려고 세 번 북산에 들어왔나 三入北山成底事
아는 승려 보기가 노년에 더욱 부끄럽네 老年還愧舊知僧

사심 없는 꽃버들
花柳無私

들판 가득 봄빛이 저물려고 하는 때	滿野春光欲暮時
어여뻐라 꽃버들은 더더욱 사심 없어	可憐花柳更無私
재배하는 사람의 힘 빌리지 않더라도	雖然不借栽培力
그를 보살펴 주는 동풍이 원래 있다오	自有東風管攝伊

정 장군에게 답하다
答鄭將軍

허리와 머리의 금옥을 자랑하지 마오   莫道腰金頂玉流
누더기 입은 이 중의 편안함만 하겠소   何如破衲此僧休
지팡이 짚고 인간의 일 묻지 않은 채   挑筇不顧人間事
천봉만학 속으로 곧장 들어간다오   直入千峰萬壑幽

이 처사에게 주다
贈李處士

은둔하여 보전하며 조용히 지내는 분 　　習隱全資靜裡栖
산봉우리 아래 사립문 항상 닫혀 있다네 　　小扉恒掩亂峰低
산새도 늘상 보며 기심機心을 잊었기에 　　山禽慣見忘機久
날마다 창문 앞 나무 곁에서 노래한다오 　　日傍窓前近樹啼

꾀꼬리 소리를 듣고
聽鶯

살구꽃 바람에 지고 열매가 열리는 때　　　　杏花飄盡子初成
사람 흩어진 시냇가 정자에 비는 왔다 개고　　人散溪亭雨乍晴
남창에 조용히 누워 낮잠에서 깨니　　　　　　靜臥南窓惺午睡
버들가지 깊은 곳에 꾀꼬리 노랫소리　　　　　柳條深處有啼鶯

어떤 사람에게 답하다
答人

낭떠러지 이끼 짙은 석애의 관문에서　　　　　斷崖苔深石碍關
시비의 다툼은 이미 뛰어넘었다오　　　　　　已能超出是非端
누가 알리오, 잣나무 고목 항상 봄빛으로　　　誰知古栢長春色
찬 서리와 눈에도 아랑곳하지 않는 것을　　　一任凌霜冒雪寒

바닷가 산에 오르다
登海岳

대지팡이 다 닳도록 산을 유람하며	遊山禿盡短笻頭
봉호와 뭇 봉우리 두루 등정하였소	倚遍蓬壺亂峰頂
해 저무는 가을날 바다 섬에 머리 돌리니	日暮首回海島秋
흔들리는 물결 속에 산호 그림자 일렁이네	珊瑚影動波搖漾

두견이 소리를 듣고
聽子規

절간의 밤 오경에 달도 지려 하는 때　　野寺更殘月欲低
고향에 가는 꿈을 찬 방에서 깨었네　　故山歸夢罷寒栖
배꽃도 다 지고 봄도 돌아가는데　　　梨花落盡春歸去
오직 자규만이 가지 위에서 울어 주네　唯有子規枝上啼

유선사
遊仙詞

화려한 등불 아래 경단에 열린 멋진 자리	華燈綺席敞瓊壇
섬섬옥수 비파 타는 흥취 다하지 않았는데	碧玉彈琴夜未闌
별과 달 뜬 새벽에 선자의 꿈을 깨고 보니	仙子夢回星月曉
구천의 바람과 이슬에 옷이 온통 차가워라	九天風露滿衣寒

늦가을
暮秋

단풍잎 산에 가득한 쓸쓸한 저녁　　　　　　　滿山黃葉暮蕭蕭
종일토록 사립문 적요하게 닫혔어라　　　　　終日巖扉閉寂寥
찬비 그치자 가을빛 더욱 깊어지고　　　　　　寒雨乍晴秋色遠
기러기 한 소리 하늘 높이 퍼지네　　　　　　　一聲霜鴈度雲霄

한가한 중에 우연히 읊다
閑中偶吟

한 가닥 향연 속에 온종일 결가부좌	盡日跏趺一炷香
늘어진 버들가지 시원한 그늘 드리웠네	淸陰不散柳絲長
한가한 중에 흥취는 별다른 것이 없고	閑中得趣無他事
선책과 금경 그리고 대나무 걸상	禪策金經共竹床

낭옹에게 부치다
寄浪翁

철양 날 개고 산안개 걷히면	鐵陽晴後捲烟嵐
모두 감상할 만한 푸른 산 맑은 물	碧峀淸川共賞探
이젠 항상 꿈속에나 들어올 풍경	從此只應恒入夢
꿈속에서 그대와 다시 얘기 나누리	夢中還復與君談

천 상인을 만나 강남의 옛 절에 대해 얘기하다
逢天上人與話江南舊寺

피곤해 계정에 누우니 돌베개 썰렁	倦臥溪亭枕石寒
빈 제단에 솔방울 떨어지거나 말거나	任從松子落空壇
그대 만나 홀연히 생각난 강남의 절간	因君忽憶江南寺
푸르른 연무 뒤덮인 만 그루 대나무 숲이여	脩竹和烟翠萬竿

남해의 승려에게 주다
贈南海僧

들건대 거처가 바닷가에 있다 하니   聞說禪居在海陲
삼신산의 선경을 모조리 알겠구려   蓬瀛異境盡應知
산호나무에 청천의 달이 걸렸으리니   珊瑚樹掛靑天月
훗날 가지 하나 꺾어 내게 부쳐 주구려   寄我他年折一枝

철관에서 피리 소리 듣고
鐵關聞笛

늦은 단풍 모두 떨어진 철문관에서 　　晩楓飄盡鐵門關
강변 누각에 찬 바람이 뼛속을 파고드네 　江閣霜風徹骨寒
좋을시고 돌아가는 하나의 피리 소리여 　好是一聲歸去笛
밤 깊어 달 밝은 여울을 불며 건너가누나 　夜深吹過月明灘

춘파자에게 부치다 [2수]
寄春坡子 [二]

[1]
금강과 철성으로 땅이 나뉘어	地隔金剛與鐵城
고인에 대한 정회를 풀기 어려웠네	靜懷難向故人傾
그리는 꿈 밤중에 홀연히 깨고 보니	中宵忽罷相思夢
빈 처마에 떨어지는 찬 빗소리만	滴瀝虛簷冷雨聲

[2]
호산에서 두 곳으로 나뉜 뒤로부터	一自湖山兩處分
육신은 떨어져도 마음은 함께였소	形骸雖隔寸心存
흰 구름 단풍 숲 먼 그대를 생각하며	白雲紅樹遙相憶
만 폭의 소리 속에 홀로 문 닫고 있다오	萬瀑聲中獨閉門

오언율시 五言律詩

의호 상인과 헤어지며
別義浩上人

옷깃 나눠 멀리 이별하면서	遠別惜分袂
시내에 임하니 마음 아파라	臨溪傷我神
꽃 밝은 학성에 내리는 비요	花明鶴城雨
버들 푸른 문양의 봄날이라	柳綠文陽春
방초 속에 홀로 돌아가는 나그네여	芳草獨歸客
백운 따라 천 리 길 떠나는 몸이로다	白雲千里身
평생토록 눈물을 흘리지 않았는데	平生不下淚
여기에서 홀연히 수건을 적시누나	於此忽霑巾

천진사 백련사에 대해 쓰다
題天眞寺白蓮社

경치 빼어난 천진사	勝槩天眞寺
도량으로 적격인 곳	端宜作道場
대숲 길에는 푸르름이 일렁이고	翠搖移竹塢
연못에는 꽃향기가 진동한다네	香泛採蓮塘
일천 봉우리 에워싼 저녁의 종각이요	鐘閣千峰暮
오월에도 시원한 바람 부는 누각이라	風軒五月凉
물시계 소리 이따금 듣다 보면	時因聽刻漏
원공[38]의 방인 것을 짐작하겠네	知是遠公房

금강산 경치를 물어보기에 시를 지어 답하다
有問金剛山景書偈以答

나에게 금강산 경치 물어보는데	問我金剛景
그냥 두세 가지 거론해 볼까	聊將擧二三
산 모습은 참으로 백옥이요	山容眞白玉
물 색깔은 그대로 푸른 쪽빛	水色直靑藍
깊은 계곡 단장하는 소나무 계수나무라면	松桂粧深峽
엷은 남기嵐氣 속의 누대라 할까	樓臺入細嵐
이 속에 신승과 우사가 어울려서	神僧與羽士
아침저녁으로 청담을 나눈다오	朝夕共玄談

박 처사의 강가 정자에 제하다
題朴處士江亭

누대를 세우자 그날로부터	亭臺纔築日
백사장에 모여든 갈매기와 백로	鷗鷺集平沙
하얀 비단처럼 긴 강물이 감돌고	素練長江繞
푸른 고둥처럼 먼 산이 비꼈네	靑螺遠岜斜
골이 깊어도 달빛은 맑게 비치고	谷深猶霽月
가을이 저물어도 국화꽃은 피었어라	秋晩亦寒花
남다른 경치가 항상 이러하니	異景常如此
숨어 사는 사람의 거처로 적격일세	幽人合作家

도허 선자 윤 공에게 주다
贈逃虛禪子允公

단지 자취를 피하고자 함이요	只爲逃虛跡
벽곡의 이름을 구함이 아니라오	非干辟穀名
풍연은 터럭 끝에서 일어나고	風烟毫末起
수월은 선정 속에서 밝아라	水月定中明
이미 청산의 주인이 되었거니	已作靑山主
어찌 도성 거리를 생각하리오	寧懷紫陌情
한가로이 꿈꾸다 일어나 보니	一從閑夢罷
봄을 희롱하는 산새 소리들	林鳥弄春聲

정림사에 대해 쓰다
題靜林寺

풀숲 헤치고 돌 모서리 차이면서	草深行石角
산이 어둑해서야 암자에 도착했소	山暝到庵邊
세상 피해 고요함을 구하려 함이리오	避俗寧求靜
선사에게 안심방安心方[39]을 물으려 함이라네	要安敢問禪
처마 옆에는 반쯤 머리 벗겨진 소나무요	簷明松半禿
날 갠 재 위에는 둥글어지는 달빛이라	嶺霽月初圓
청정계는 세상일을 원치 않노니	淨界非干世
유람객들은 소문내지 말기를	遊人莫浪傳

도우 스님과 헤어지며
別道愚師

북악에선 그대가 나를 따라왔는데	北岳君隨我
남천에선 내가 그대를 보내는구려	南天我送君
저녁 종소리 혼자서 시름겹게 들을 터	暮鐘愁獨聽
가을 경치도 누구와 함께 나눠 가지랴	秋景與誰分
들판의 나무는 모두 붉은 잎	野樹皆紅葉
호수와 산 위엔 온통 흰 구름	湖山盡白雲
우리 인생 한번 헤어지고 나면	人生一別後
다시 무리 짓기 어려운 것을	難得再成羣

정현 방사에게 주다
贈鄭賢方士

동구에서 외따로 떨어진 마을	洞口孤村僻
시냇가에 비스듬히 열린 오솔길	溪邊細徑斜
때로 선자의 절간에서 놀기도 하고	時遊禪子社
생각나면 신선의 집도 방문한다네	幾訪羽仙家
살구꽃 동산에는 꾀꼬리 소리 구르고	杏塢鶯初囀
도원에는 복사꽃이 하마 피었으리	桃源樹已花
사람들이 이르기를 도사님께선	人稱有道士
약초 캐고 단사丹砂를 제련하신다나	採藥鍊成砂

선을 행하는 상인이 게를 청하기에
行禪上人求偈

속세를 떠났으면 적막을 즐기면서	出俗甘眞寂
세상살이와 달리 문 닫고 지내야지	關扉異世須
단나檀那를 행함은 우보가 아니요[40]	行檀非羽寶
계율을 지킴은 아주가 그것이라[41]	持律是鵝珠
구름 속에 거하면서 맑아지는 숙업宿業이요	業自棲雲淨
나무뿌리 씹으면서 비쩍 마른 몸이로다	形因食木癯
선가의 도는 단지 이것이니	禪家道止此
다시 나를 귀찮게 하지 말지어다	不必更煩吾

준 스님의 시에 차운하다
次俊師韻

광릉사에 울리는 찬 종소리	寒鍾廣陵寺
금사에 가득한 내 낀 나무들	烟樹滿金沙
돌이 젖어서 오솔길 미끄럽고	石潤幽蹊滑
비쩍 마른 산 위에 낙엽도 많아라	山癯落葉多
구름 끝에 들리는 저녁 예불 소리요	雲端聞暮梵
골 어귀로 돌아오는 초동의 노래로세	谷口返樵謌
다행히 탕휴⁴² 노인을 만난다면	幸遇湯休老
맑은 노래에 수마가 항복하련마는	淸吟伏睡魔

한천 마을에서
寒泉村

야외에 오솔길 가로 비끼고	野外橫微逕
숲 근처에는 몇 채의 가옥	林邊有數家
아동은 참새 떼를 쫓아다니고	兒童駈鳥雀
우로는 뽕나무를 적셔 준다네	雨露潤桑麻
봄 날씨를 만나 만물은 좋아하는데	物喜逢春景
사람은 좋은 시절 지나는 것도 몰라	人忘過歲華
임금님의 힘이 나에게 무슨 상관이랴	何干帝力在
밭 갈고 샘 파서 스스로 먹고사는걸[43]	耕鑿自生涯

민종 스님에게 보여 주다
示敏宗師

대상은 마음 밖에 있지 않나니	境非心外有
주중빈[44] 찾는 일을 그만둘지라	休覓主中賓
도를 배움이 도리어 거짓이 되고	學道還爲妄
현을 공부함이 참을 해치느니라	攻玄已害眞
저녁에 흰 구름이 성긴 비 뿌리고	白雲疎雨夕
봄날에 방초 속에 꽃이 진다네	芳草落花春
이것이 바로 우리의 가업이니	此乃吾家業
다른 사람에게 물을 것 있으리오	何煩問別人

이 수사와 헤어지며
別李水使

장군의 명령이 있지 않아도	未有將軍令
먼저 떠나야 할 행각승의 몸	先須野衲行
일찍이 얼굴을 알던 사람처럼	依俙曾面目
담소하며 반갑게 맞아 주셨네	談笑此逢迎
바다는 탐라국으로 이어지고	海接耽羅國
성곽은 세류영[45]에 의지했어라	城因細柳營
더군다나 머나먼 남쪽 끝이라	況當南極遠
이별의 시름이 더더욱 몰려오네	愁殺更離情

이소한 사군을 모시고 쌍계사에 노닐면서 차운하다
陪李使君【昭漢】遊雙磎寺次韻

달 밝은 쌍계사에	明月雙磎寺
풍류 넘치는 태수의 행차	風流太守行
나무는 가을 따라 색깔이 노쇠하고	樹因秋色老
산은 물에 뒤섞여 모습이 청초해라	山雜水容淸
선경에서 노닐 수 있으면 그만이지	自可遊仙境
도성을 굳이 떠올릴 것 있으리오	何須憶帝城
선사의 약속을 진작부터 알아	早知禪社約
승려가 석문 나와 영접하누나	僧出石門迎

태정이 영남 월성에 돌아가는 것을 전송하며
送太正歸嶺南月城

내가 강북으로 돌아가는 날	我歸江北日
그대 영남으로 떠나가는가	君作嶺南行
가슴 아파라 갈림길이여	岐路傷心地
뜨내기 인생에 석별의 정이여	浮生惜別情
바닷가 하늘에는 기러기 날아가고	海天霜鴈度
가을밤 풀숲에선 쓰르라미 울어 대네	秋草夜螿鳴
장차 어디로 가려 하는가	何處前期在
찬 안개 뒤덮인 월성 땅이라네	寒烟鎖月城

목우자
牧牛子

코를 꿰어 순하게 길들이면서	把鼻順摩挱
머물러서 한 마리 소를 기른다오	淹留養一牛
위산이 글자를 썼던 날이요	溈山書字日
왕로가 끄는 것을 보여 준 가을이라	王老示牽秋
놓아 보낼 때에는 막지 않으며	放去休攔遏
데려올 때에는 새끼줄 벗겨 준다네	收來撥索頭
벼 싹은 끝내 범하지 않으리니	稼苗終不犯
언덕에 마음대로 누워 있건 말건	任與臥荒丘

백석사 혜공 선사를 방문하다
訪白石寺惠空禪師

먼 산에 석양빛 밝게 비치고	遠岑明夕照
이내 낀 나무에 사원이 가렸네	烟樹閉精藍
가엾기도 하지 홀로 가는 나그네 그림자	客影憐歸隻
아쉬워라, 삼월의 봄날 풍광이여	春光惜值三
백석이라는 이름의 절간을 찾아	寺名尋白石
현담을 펼치는 선지를 듣노라니	禪旨聽玄談
늙음을 걱정하며 열심히 수련하는	畏老勤修業
그대를 따라가지 못할까 두려워라	追君恐未覃

충타포에 묵다
宿衝陁浦

포구에 조수가 빠지기 시작하고	浦口潮初落
나루 머리에 해가 지려 하네	津頭日欲斜
소금 파는 해시를 구경도 하고	販鹽看海市
어부의 집에서 노를 젓기도 했네	移棹近漁家
삼신산에 가는 길이 아니요	不是三山路
팔월의 뗏목[46]을 탄 것 같기만	疑同八月槎
잠들기 어려운 나그네의 회포여	旅懷難着睡
밤빛에 물결이 꽃처럼 번득이네	夜色浪翻花

지경 상인을 전송하며
送志瓊上人

사생의 뜻을 함께해 온 벗이여	死生同志友
어찌하여 갑자기 헤어지게 됐나	何遽兩鄕期
이별하는 정자에 옷소매 쥐고 서서	把袖離亭立
시름에 이끌려 이별의 말 늦어지네	牽愁別語遲
눈처럼 휘날리는 살구꽃이요	杏花飛作雪
실처럼 가늘게 내리는 산비로세	山雨細成絲
도착하는 날 휴공[47]이 물어보거든	到日休公問
예전과 달리 쇠했더라 전해 주오	衰容異昔時

아미산에 노닐며
遊峨嵋山

계산 가운데 어느 곳이 좋은가	何處溪山好
아미의 경치가 가장 그윽하지	峨嵋境最幽
대숲으로 통하는 바위 아래 길이요	竹通巖下路
구름 걷힌 산머리의 가을이라	雲捲嶺頭秋
저녁에는 붉게 물든 잎을 노래하고	晚景吟紅葉
난간에선 푸른 물을 굽어본다네	危欄俯碧流
붓끝으로 모두 거둘 수 없으니	筆端收未盡
물색을 후인에게 남겨 줄 수밖에	物色更分留

불일폭포
佛日瀑布

천 척 드리운 하얀 비단 폭	素練垂千尺
은하수가 하늘에서 떨어졌구나	銀河落九霄
허공에서 나래 치던 백로도 놀라고	鷺鷥空外振
멀리서 바라보면 용이 날아오르는 듯	龍奮望中遙
환한 대낮에 우렛소리 울리면서	白日奔雷吼
푸른 하늘에 눈발이 휘날리네	靑天亂雪飄
향로봉이 여기에도 있건마는	香爐峰亦在
적선의 노래[48]가 빠져 있구나	猶欠謫仙謠

소요당에게 증정하다
呈逍遙堂

기용에 맞는 조사의 가르침	祖令當機用
우주에 진동하는 아름다운 명성	嘉聲宇宙喧
간짓대 들고서 봉혈을 뒤지고	持竿探鳳穴
검을 빼 들고서 용문을 어지럽히네	拔劒攪龍門
철악처럼 모두가 견고하고	鐵嶽連根固
황하처럼 철저히 웅혼하네	黃河徹底渾
방초 언덕에서 사람을 기다리고	待人芳草岸
꽃 지는 마을로 도로 들어간다네	還入落花村

무염당에게 증정하다
呈無染堂

붉은 먼지 속으로 발을 내딛고서	跡入紅塵裡
푸른 바닷가에서 간짓대 휘두르네	揮竿碧海濆
연화는 실상을 밝히고	蓮華開實相
패엽은 금문을 꿰는도다	貝葉貫金文
마른 땅에 시원한 빗줄기요	旱地淸凉雨
찌는 하늘에 피어오르는 구름이라	炎天靉靆雲
다년간 무쇠 소의 부르짖음이여	多年鐵牛吼
주객이 나뉘는 일 다시 없으리	無復主賓分

정심 스님에게 부치다
寄淨心師

불법으로 만난 참다운 형제	佛法眞兄弟
현우의 성품이 서로 같지 않네	賢愚性不同
재명은 이둔의 차이가 있지만	才名分利鈍
거취는 동쪽 서쪽 마음대로	去就任西東
세상 밖으로 초월한 종적이요	發跡超方外
도리를 깨달은 뛰어난 자질이라	資腴悟理中
종풍이 그대 덕분에 떨칠 터인데	宗風賴有振
누가 감히 궁통을 따진단 말가	誰敢較窮通

한산자의 시체詩體를 본떠서
效寒山子體

어느 곳에 여생을 부치고 살까	何處寄餘生
암혈巖穴이 바로 오래 보전할 곳	巖居可長保
들을수록 청랑한 샘물 소리	泉聲爽益淸
맞을수록 시원한 솔바람이라	松籟凉愈好
힘이 다 빠진 흰머리 늙은이가	潦倒白頭翁
황면노자黃面老子[49]에게 귀의한다오	南無黃面老
오랜 세월 문밖에 나서지 않다 보니	長年不出門
돌아가는 길도 모두 잊어버렸네	忘却歸來道

조령
祖令

취모검[50]을 거꾸로 손에 쥐고	倒握吹毛劒
문 앞에서 조령을 행하노라	當門祖令行
법왕도 몸을 피할 곳이 없고	法王無處避
마군魔軍도 놀라며 꼼짝 못 하네	魔子擬時驚
바다에 파도가 밀려오는 듯	碧海波濤卷
청천에 벽력이 내려치는 듯	靑天霹靂轟
어떻게 나라의 금기를 범하리오	如何犯國諱
혀 잘리는 형벌도 작지 않은데	截舌禍非輕

상현 상인에게 주다
贈尙玄上人

종문의 경책警策을 가슴에 품고	素抱宗門策
조령을 행하며 경륜하는 오늘날	經綸祖令秋
옷소매 속에 하늘과 땅이 들었고	乾坤雙袖裡
두 눈썹 위에 해와 달이 걸렸도다	日月兩眉頭
영초[51]하듯 손님과 주인을 나누고	影草分賓主
탐간하듯 머물고 감을 논하노라	探竿辨去留
전기와 대용 두 가지 모두	全機與大用
거두지 못하는 곳이 없어라	無處不兼收

임 처사의 유거에 제하다
題林處士幽居

몸 숨길 곳을 이미 잡은 분	已卜藏身處
지금 도인으로 일컬어진다네	時稱有道人
술 들며 지은 시 더욱 묘하고	酒中詩轉玅
거문고의 흥취 진진하기만	琴上興方眞
약초 캐러 산골을 뒤지기도 하고	採藥行穿峽
꽃 옮겨 심으며 봄을 감상도 하고	移花坐賞春
이렇게 늙어 갈 수 있으면 그저 그만	因玆得終老
도성의 뿌연 먼지에는 뜻이 없다오	無意軟紅塵

양 좌주에게 주다
贈亮座主

영착은 코를 건드리지 않고[52]	郢斲非干鼻
아현은 다행히 종을 얻었도다[53]	牙絃幸得鍾
몸이 가벼워 항상 안개 속에 떠다니고	身輕恒御霧
뼈가 푸르러 그저 솔잎만 먹는다네	骨碧但湌松
쾌하게 노니는 일 언제 약속했으랴	勝事何曾約
불문佛門의 계율을 그래도 따르려 하네	玄規倘許從
세상일에 걸린다 말하지 마오	莫言猶涉世
자취 숨긴 곳 알 데가 없으니까	無處解藏蹤

산사에서 노닐며
遊山寺

골에 들어가 대숲을 뚫고　　　　　　入谷行穿竹
누대에 올라가 시름을 날리노라　　　登樓坐遣愁
저녁 솔의 푸른빛 문에 번지고　　　　戶侵松晚翠
바위의 찬물 처마에 떨어지네　　　　簷落石寒流
꾀꼬리는 어여쁘게 울며 여름을 영접하는데　鶯語嬌迎夏
삽상하게 갠 날씨는 가을인가 의심되네　　晴光爽訝秋
계산이 이처럼 아름답건마는　　　　溪山如許美
사람들은 머리를 돌리지 않는구나　　人自不回頭

계명 선자와 회포를 얘기하다
與戒明禪子話懷

정을 잊은 경지에 도달해야만	已到忘情地
일 마친 사람이라 이름하리라	方名了事人
춥고 더운 것은 절서에 따르고	寒暄隨節序
말고 펴는 것은 천진에 맡길지라	舒卷任天眞
계족봉에서 여름 석 달 보내고[54]	雞足經三夏
우두산에서 봄을 열 번 맞았다네	牛頭坐十春
명리名利 좇는 객들 얼마나 많은가	幾多聲利客
정신 소모하는 줄도 알지 못한 채	未解自勞神

해정에 대해 쓰다
題海亭

절벽 위 허공으로 솟구친 누각	絶岸凌虛閣
찾아와 기대어 멀리 바라보노라	來憑寄遠望
배 돌아간 뒤의 바다는 넓기도 하고	舟回餘海濶
기러기 지나간 하늘은 멀기도 해라	鴈去剩天長
백로의 모래톱엔 가을 잎 날리고	鷺渚飛秋葉
어촌에는 벌써 저녁 햇빛 비치네	漁村已夕陽
생각건대 서한의 사신 역시	想應西漢使
일찍이 이 큰길을 거쳐 갔겠지[55]	曾過此康莊

정림사를 지나며
過靜林寺

외진 절에 승려가 얼마 있으랴	僻寺僧多少
풍광도 스산하여 어수선하기만	風光散不齊
평초[56] 밖에는 오던 비가 개고	雨收平楚外
먼 봉우리 서쪽은 구름이 트였어라	雲綻遠峰西
골짜기의 봄날이 이제 저물어 가니	谷口春初暮
나뭇가지에 새들도 깃들려 하네	林梢鳥欲栖
이끼 낀 비탈길이 미끄러우니	苔深滑磴棧
속인들은 올라오기 어려우리라	塵跡絶難躋

봉림사에서 묵다
宿鳳林寺

구름 헤치고 치악산을 나와	撥雲鴟岳出
석장錫杖 날려 봉림사로 향했네	投錫鳳林行
청정한 구역엔 그윽한 흥취 많아	淨界多幽興
맑은 물에 속세의 정을 씻었네	淸流濯世情
대숲에 날리는 가랑비 소리 속에	竹聲飛細雨
차가운 밤 내내 승려와 대화했다오	僧語盡寒更
나그네 침상에서 꿈을 깨고 보니	客榻夢初覺
새벽별 뜬 창밖이 동트려 하네	曉星窓欲明

임유후 승지의 시에 삼가 차운하다
敬次任丞旨【有後】韻

도는 천하의 선비보다 드높고	道高天下士
이름은 무리 중에 존귀한 이를 부끄럽게 하시니	名媿衆中尊
삼소하고자 함이 아니요[57]	不欲開三笑
한마디 말씀을 듣고자 함입니다	要須聽一言
벽경[58]의 성인 공부에 전념하시니	壁經專聖業
연사蓮社[59]에 관심이나 두려 하실까	蓮訣肯心論
선사에 들겠다 허락만 하신다면	倘許投禪社
석문을 지난들 무슨 상관이리오	何妨過石門

부록 원운 附原韻

문장은 작은 기예일 뿐이니	文章一小技
도의 차원에선 높을 게 없지요	於道未爲尊
두자가 선지식이라는 것이	杜子善知識
우리 유가의 참 격언이랍니다	吾家眞格言
어찌 운수의 게송을 가지고	那將雲水偈
속유와 논하려 하시는지요	要與俗儒論
오히려 나의 붓을 내던지고서	反欲抛鉛槧
그대의 불이문[60]에 기대고 싶습니다	依君不二門

경운루의 시에 차운하다
次慶雲樓韻

높은 하늘 밖으로 멀리 벗어나	迥出層霄外
사방의 산들을 한눈에 내려다보네	平臨亂岫頭
달을 맞이하는 누각이 아니면	若非邀月閣
아마도 바람 쐬는 다락이겠지	疑是濯風樓
맑게 갠 날이면 더위를 피하려고	避暑逢淸霽
서늘 기운 타고 명사들이 모여든다오	乘凉集勝流
뒷날 나뭇잎이 붉게 물든 저녁에	他時紅樹晚
흰 구름 머문 가을 다시 감상해야지	重賞白雲秋

수 노사에게 증정하다
贈修老師

옛날 계악에서 서로 헤어졌는데	雞岳昔分手
오늘 취봉에서 다시 뵙게 되었네	鷲峰今見君
일천 시내의 달빛을 병에 길어 오고	汲瓶千澗月
일만 산의 구름을 납의衲衣 속에 거두었네	卷衲萬山雲
연화의 묘법을 깨달은 뒤로부터는	自悟蓮華妙
패엽의 문자를 보지 않게 됐다오	翻嫌貝葉文
흰 머리칼 비추는 푸른 눈동자	靑眸照白髮
서로 마주하다 보니 또 기우는 해	相對又斜曛

송광사에서 지봉 이 사군의 시에 삼가 차운하다【2수】
松廣寺敬次芝峰李使君韻【二】

[1]
굽이굽이 돌고 도는 길	路轉幾多曲
천 겹 만 겹으로 휘감은 산들	山廻千萬重
향나무는 풍상에 고목이 되었고	風霜香樹古
이끼는 돌 제단을 봉했네	苔蘚石壇封
산은 옥을 깎은 듯 하늘을 떠받치고	削玉擎天嶂
솔은 피리 부는 듯 골에 여운 남기네	傳笙韻壑松
홀연히 보이나니 놀라 일어나는 학	忽看驚起鶴
스님이 종을 쳐서 점심시간 알리네	僧報午齊鐘

[2]
선림에 이미 약속이 있었으니	已有禪林約
절에 행차한들 무슨 상관이리오	何妨佛寺行
상쾌하게 날 갠 풍경 창으로 들어오고	納窓晴景爽
맑은 나무 그늘이 사원을 덮었네	閉院樹陰淸
일천 봉우리에 학이 우는 새벽	鶴唳千峰曉
일만 골짜기에 바람이 휘감기네	風廻萬壑聲
뒤늦게 승경 찾았다 누가 말하랴	尋眞誰道晚
늙을수록 더욱 정이 많아지는걸	年老轉多情

겨울날에 갈천 신 상사에게 부치다
【이때 구천동에 머물면서 지었다.】
冬日寄葛川愼上舍【時駐九千洞作】

눈이 갠 차가운 밤 길고도 긴데	雪霽寒宵永
푸른 하늘 굴러가는 얼음 수레바퀴	氷輪碾碧天
누가 알랴 여악의 연사蓮社에서	誰知廬嶽社
갈홍천의 일을 조용히 생각할 줄을[61]	靜憶葛洪川
땅은 사람을 남북으로 가로막고	境阻人南北
바람은 구천동 골짜기를 휘도네	風廻洞九千
어떡하면 우리 안도[62]를 마주하고	何當對安道
함께 중현[63]을 강론할 수 있을는지	得與講重玄

옛 절을 지나가며
過古寺

적막하여라 거승의 자취여	牢落居僧跡
처량하여라 과객의 정이여	凄凉過客情
돌 비탈은 윤기 나는 이끼에 감싸였고	磴封苔色潤
문은 맑은 대나무 그늘에 뒤덮였네	門閉竹陰淸
오래된 탑에는 구름만 젖어 들고	古塔雲唯濕
빈 제단에는 풀이 절로 무성하네	空壇草自生
산새들도 마음이 서글픈 듯	山禽似怊悵
숲 너머에서 종일 울어 대누나	終日隔林鳴

동명 정두경 학사가 백곡 처능 상인과 헤어질 때 지은 시에 삼가 차운하다【2수】
謹次東溟鄭學士【斗卿】別白谷能上人韻【二】

[1]
인과 지의 천성을 받아서	天性稟仁智
산과 물을 좋아하며 노닌다오⁶⁴	樂因山水行
문장을 자신의 업으로 삼고	文章爲己業
풍월을 평생 자임自任한다네	風月任平生
고요함을 익히려 선사에 투신하고	習靜投禪社
번다함이 싫어서 서울을 나왔다오	辭煩出帝城
헤어짐에 다다라 발하는 삼소여	臨分發三笑
도원은 본래 정이 많으니⁶⁵	陶遠本多情

[2]
세상일 사양함에 다른 뜻은 없고	謝世無他意
참을 찾으려는 도의 인연이 깊어서	尋眞信道緣
공명⁶⁶의 상서로운 새소리 들리나니	瑞禽聞共命
산꼭대기 암자의 독경 소리인 듯	淸梵認諸天
동반한 사람은 눈 푸른 승려요	伴得僧靑目
참선하는 것은 백련의 결사로세	禪叅社白蓮
불이⁶⁷를 얘기할 수 있으면 됐지	如能談不二
삼현⁶⁸을 또 물을 것이 있으리오	何更問三玄

부록 원운 附原韻

[1]

면벽하고 앉으면 항상 앉아 있고	面壁坐常坐
지팡이 들고 떠나면 즉시 떠나고	携節行即行
길은 응당 만 리를 돌았을 것이요	路應回萬里
선은 이미 삼생을 깨달았으리라	禪已悟三生
불일의 산사를 하직하고서	佛日辭山寺
왕춘[69]의 도성으로 건너가는 날	王春度洛城
한 번 만났어도 오랜 지기 같은지라	一逢眞若舊
멀리 이별하려니 정을 금치 못하겠네	遠別不勝情

[2]

스님을 알게 되어 기쁘기만 하니	開士欣相識
공문에 정말 인연이 있는가 하네	空門信有緣
백 년 인생 중 바로 이날에	百年唯此日
사해가 미천을 대하였도다[70]	四海對彌天
떨기진 계수桂樹를 항상 생각하였는데	每憶叢生桂
묘법의 연화蓮花를 지금 새로 들었네	新聞妙法蓮
어느 때나 방장실을 다시 찾아서	何時方丈室
함께 앉아 청담을 나눌 수 있을거나	端坐共談玄

총 장로가 보조암에 쓴 시에 차운하다
次聰長老題普照庵韻

난간에 기대 이제 막 발을 걷고는	倚欄新捲箔
흥이 나서 늦게야 붓을 뽑았소	乘興晚抽毫
나무숲은 봄빛을 치밀하게 가두고	樹鎖春光密
산은 날 갠 빛을 드높이 머금었네	山含霽色高
시냇물 거문고는 다투어 바위에 쏟아지고	澗琴爭瀉石
꽃비는 구유에 마구 달라붙네	華雨亂粘槽
오래 앉아 있자니 맑은 그늘 엷어지며	坐久淸陰薄
바람 안개가 슬그머니 옷을 적시네	風烟細濕袍

진 처사에게 주다
贈秦處士

재 너머 숨어 사는 산발한 사람	嶺外幽居散髮人
산과 물이 자기의 참 고향이라네	自言山水是吾眞
맑은 창가 책상에서 『주역』을 보고	晴窓道案看周易
달 뜨는 저녁 주방에서 수은을 제련한다오	月夕溪廚鍊水銀
학 길들여 몇 번이나 문보관을 따라갔나	調鶴幾隨文寶觀
무이의 아침은 닭 울음소리에 일어난다네	聽雞常起武夷晨
해천 어느 곳에 봉래산이 있을까	海天何處蓬萊在
조만간 경첨에 진씨의 이름 기록되리니	早晚瓊籤錄姓秦

은자를 찾았으나 만나지 못하고 시로 읊다
賦得訪隱不遇

선인을 찾으려고 푸른 산에 들어가니	爲訪仙居入翠微
텅 빈 작은 집에 겨울 햇빛만 썰렁할 뿐	小齋虛寂鎖寒暉
복사꽃 심은 아래 봄은 산골에 깊고	種桃花下春深峽
학 기르던 둥지 옆에 낮에도 문 닫혔네	馴鶴巢邊晝掩扉
약 달이던 불 꺼져 냉랭한 아궁이요	丹竈冷沉燒藥火
하의[71] 만들어 볕에 말리던 제단이라	碧壇晴曬製荷衣
봉영[72]의 진경 찾는 약속 진즉 하였는데	蓬瀛宿有探眞約
어디서 바둑 구경하기에 돌아오지 않나	何處觀碁久不歸

동화사 도심 상인에게 주다
贈東華寺道心上人

동화사 백척루에 느지막이 기대서니　　　　晚倚東華百尺樓
해 지는 산성에 비가 막 개었네　　　　　　　夕陽山郭雨初收
고인은 이 경치에 그윽한 흥치 더하련만　　　高人對景添幽興
객자는 봄을 만나 먼 나들이가 애석하오　　　客子逢春惜遠遊
어느 날에 한강 남쪽 옛 절에 돌아갈까　　　　何日漢南歸古寺
몇 년이나 강북으로 선류를 방문했네　　　　　數年江北訪禪流
거승은 자주 왕래한다 웃지를 마오　　　　　　居僧莫笑頻來往
지음을 못 만나 시름 풀지 못했으니　　　　　未遇知音不解愁

봉은사에서 계민 스님에게 주다
奉恩寺贈戒敏師

삼십 년 전 이 절에서 노닐었는데 　　三十年前此寺遊
오늘 또 그대 만나 누대에 올랐네 　　逢君今日更登樓
가슴 아파라 애석한 뜨내기 인생살이 　　傷心自惜浮生事
머리 돌리면 도류에 또 부끄러워라 　　回首還慙有道流
풍경이 다르지 않은 진원의 저녁 　　風景不殊秦苑夕
기러기 소리 건너가는 광릉의 가을 　　鴈聲初度廣陵秋
길고 긴 추운 밤 차 마시며 마주 앉아 　　傾茶坐對寒宵永
강남에 오래도록 이별한 시름 얘기하네 　　說盡江南久別愁

장 진인의 시에 차운하다
次張眞人韻

백학의 둥지 옆에 지팡이 걸어 놓고	白鶴棲邊已掛筇
나무 구름 깊은 곳에 오래도록 자취 감추었네	樹雲深處久藏蹤
청조가 날아오는 관도의 옛 약속[73]	觀桃舊約飛靑鳥
적송[74]에게 물어본 벽곡의 새 처방	辟穀新方問赤松
물 내뿜고 제단에 올라 항상 조두[75]하고	噀水登壇朝斗慣
집중하고 뼈 단련하며 바둑을 둔다네	冥心鍊骨着碁慵
두드리는 사람 없이 굳게 닫힌 문	玄關一閉無人扣
진류가 아니면 만날 수 없고말고	不是眞流不得逢

동악 이 선생이 전송하며 지어 준 시에 삼가 차운하다【2수】
敬次東嶽李先生贈送韻【二】

[1]

야로가 태어나서 이름이 없었는데	野老生來未有名
선생의 말씀 한마디로 알려졌다네	只因夫子贈言行
설제의 시구 청한 은혜 일찍이 받았고	雪齊乞句曾蒙惠
선사에서 청담 논하며 정을 허락했네	禪社論玄已許情
고산에 머리 돌리니 시경이 짧고	回首故山時景短
쇠한 풀에 애끊겨라 석양이 밝네	斷腸衰草夕陽明
알 수 없어라 어느 곳에서 서로 생각날까	不知何處苦相憶
가을 늦은 삼신산 달 뜬 오경이리	秋晚三神月五更

[2]

함께 지낸 지 얼마 안 되어 다시 이별하며	連床未久手重分
물외로 행장도 가벼이 산 구름 밖 나가네	物外輕裝出岫雲
처음엔 북선에 가서 도를 배웠고	初到北禪曾學道
늦게 동악에 가서 글을 논했다오	晚投東嶽細論文
행업이 취할 것 없음을 스스로 아노니	自知行業渾無取
널리 이름 알려진 것이 도리어 부끄러워	還愧名稱已普聞
석장 짚고 결국에는 옛 암자로 돌아가	缾錫竟將歸古隱
봉림의 진경 호숫가에 누우리라	鳳林眞境枕湖濆

부록 원운 附原韻

[1]

희안이 예전에 수초의 이름을 언급했는데	希安曾說守初名
지금 각성을 따라 지리산으로 들어간다네	方丈今從覺性行
이와 같은 시승을 어찌 쉽게 얻으리오	如爾詩僧那易得
가을날에 나의 정회 금치 못하게 하는구나	使余秋日不勝情
삼신동 외진 곳엔 서리 맞은 단풍잎	三神洞僻霜楓晚
칠불암 깊은 곳엔 갠 달빛 밝으리라	七佛庵深霽月明
충휘冲徽 장로 보거든 소식 좀 전해 주오	徽老見時應問訊
모년에 우환으로 백발이 잔뜩 늘었다고	暮年憂患飽新更

[2]

잠시 만나 보고 금세 이별이라니	暫時相見遽相分
만 리 장공에 한 조각 구름	萬里長空一片雲
유독 도를 좋아하는 누런 머리 병든 노인	黃髮病翁偏好道
제일 글을 잘하는 붉은 수염[76]의 선자라네	赤髭禪子最能文
휘공의 빼어난 시구를 사람들이 모두 암송하고	徽公秀句人皆誦
각성 장로의 높은 이름 세상이 모두 안다오	性老高名世共聞
석문[77]에 가거든 말이나 전해 주오	行到石門煩寄語
추풍 속에 해서 가에서 그리워한다고	秋風回首海西濆

명 도인에게 주다
贈明道人

상인은 무슨 일로 오래도록 몸을 잊고	上人何事久忘身
임천에 거주하며 정신을 기르는고	住在林泉爲養神
세상의 시비 물리치고 도를 즐기면서	排世是非甘樂道
솔잎과 꽃잎 먹으면서도 가난 걱정하지 않네	服松花葉不憂貧
삼 년의 묘경은 상을 모두 여의었고	三期妙境渾離相
한 조각 심전은 따로 봄을 지녔어라	一片心田別有春
청산을 좋아하여 주인이 되었으니	自愛靑山仍作主
흰 구름 머무는 물가 나눠 주려 할까	肯將分付白雲賓

성안 노사에게 보여 주다
示性安老師

어디든 비치는 한 줄기 신령스러운 빛	一道靈光觸處周
인연 따라 전변하며 모습을 숨기기도	隨緣轉變實能幽
군생의 조화 역시 그 힘 덕분이요	群生造化資渠力
제성의 신통 또한 이에 말미암은 것	諸聖神通籍自由
북조남선[78]의 해설이 비록 달라도	北祖南禪雖異解
탁경청위[79]는 본시 같은 강물이라	濁涇淸渭是同流
배고프면 밥 먹는 도리 아무도 몰라	飢湌困睡無人會
애석해라 소 타고서 소를 찾으니	可惜騎牛更覓牛

혜원과 석 처사가 함께 초암을 지었기에
율시 한 수를 쓰다
惠遠與石處士同結草庵仍題一律

비야성 근처의 옛 영원동靈源洞	毘耶城近古靈源
오로봉 앞의 폐쇄된 석문	五老峰前鎖石門
물 북쪽 산인은 와서 도를 물어보고	水北山人來問道
재 남쪽 선자는 가서 글을 논한다네	嶺南禪子去論文
화룡의 못 위에는 천년의 구름이요	火龍潭上雲千載
청학의 둥지 옆엔 하나의 달그림자라	靑鶴巢邊月一痕
백련정사의 약속이 이미 있으니	已有白蓮精社契
뒷날 다시 부를 필요도 없으리라	不須他日再招君

이취옹이 신안사에 쓴 시에 차운하다
用李醉翁題神安寺韻

지팡이 짚고 최고봉에 올라	携筇曾陟最高岑
평생 장관의 뜻을 해소했어라	認副平生壯觀心
바위 아래 보이는 난간은 스님의 토굴이요	巖俯小欄開土窟
벽에 쓴 시구는 취옹이 읊은 노래로다	壁題新句醉翁吟
천 길의 불탑에는 풍연이 예스럽고	千尋佛塔風烟古
백 이랑 용담에는 세월이 깊어라	百頃龍潭歲月深
산수 또한 좋은 경치 자랑하는 곳	山水尚能誇好景
주림에 기대어 항상 생각나게 하리라	使人常憶倚珠林

양춘[80] 권 선생이 각화사의 누대에 쓴 시에 삼가 차운하다
敬次陽村權先生題覺華寺樓韻

모르겠네 삼청은 어디에 있나	不知何處是三淸
범우가 높이 걸리고 일월이 밝은 곳	梵宇高懸日月明
단지 방외에서만 얻어지는 참 경지요	眞境只從方外得
오직 객지에서 놀라는 가을 소리로다	秋聲偏向客中驚
금련의 이계는 선대와 가깝고	金蓮二界仙臺近
대소의 천봉은 철벽으로 비꼈네	大小千峰鐵壁橫
영남에 불사가 많다고 말하지만	雖道嶺南多佛寺
각화사 선찰이 가장 이름 높아라	覺華禪刹最知名

정두원 순상과 최유연 승지와 이소한 사군이
쌍계사에 쓴 시에 삼가 차운하다
謹次鄭巡相【斗源】崔承旨【有演】李使君【昭漢】題雙溪寺韻

진세에 머리 흔들고 한가하게 노닐려고	掉頭塵世擬閑遊
함께 명승지 향해 도류를 찾았다네	共向名區訪道流
석문에 구름 일어 서늘히 비 오는 저녁에	雲起石門凉雨夕
선동에 숨은 절간 늙은 괴목의 가을이라	寺藏仙洞老槐秋
중을 불러 새로 캐 온 약초 맛도 음미하고	呼僧探藥嘗新味
객에게 시 읊게 하여 오랜 시름도 씻는다네	屬客哦詩滌舊愁
가장 좋은 것은 사람 적적한 상방에서	最好上房人寂寂
산루 울리는 오경의 범종 소리 듣는 것	五更鐘梵殷山樓

귀향
回鄕

늙어 가며 홀연히 고향 생각나기에	老來鄕國忽關神
따뜻한 봄날 한강에 배를 띄웠다네	日暖浮杯漢水春
도처의 경치는 모두 꿈속이요	到處物華渾是夢
사람과의 담소도 반은 가짜로세	見人談笑半非眞
문 앞의 버들은 바람에 꽃 다 지고	門前槐柳飄花盡
밭 뒤의 매화는 새로 열매 맺었네	圃後梨梅結子新
머리 돌리니 구면인 듯 어여쁜 모습	回首可憐如舊識
성을 등진 삼각산이 구름 높이 솟구쳤네	背城三角卓雲濱

한 상사와 함께 비를 만나 시골집에서 묵다
與韓上舍值雨宿村舍

가랑비 부슬부슬 혼이 끊길 듯하여	細雨濛濛欲斷魂
여정을 잠깐 쉬고 울 옆에 기대었네	暫休行李倚籬根
늦가을 낙엽은 찬 가지에 나부끼고	殘秋落葉飄寒楚
어스름 저녁연기는 멀리 마을 사이에 이네	薄暮輕烟隔遠村
누더기 승려의 감당 못 할 슬픔이여	破衲不堪悲釋子
떠도는 왕손을 누가 동정해 주랴[81]	旅遊誰肯惜王孫
몰아치는 바람 속에 몇 마디 기러기 소리	數聲征鴈凉風緊
어둠 속에 집집마다 모두 문을 닫고 있네	昏黑家家盡閉門

환선정
喚仙亭

환선정이 봉래섬과 가까워서	喚仙亭子近蓬萊
태수가 자주 우객 불러 찾아온다오	太守頻招羽客來
비 갠 뒤의 뽕밭은 낭원[82]과 같고	桑圃雨晴疑閬苑
봄 늦은 계림은 요대와 흡사하네	桂林春晚似瑤臺
산은 북악과 이어져 청색 고둥이 즐비하고	岑連北岳靑螺簇
물은 동해와 접하여 보배 거울이 열렸어라	水接東溟寶鏡開
여기서 구산까지 얼마나 될까	此去緱山知幾許
달밤의 피리 소리에 학이 배회하네[83]	月明橫笛鶴徘徊

차운하여 상 상인에게 주다
次韻贈常上人

두세 명의 선자가 마음을 함께 맺어	二三禪子誓心同
속세 떠나 고요한 곳에 둥지 틀었네	謝世高栖靜境中
불 때서 새로 만든 단약丹藥을 나누고	燒桂共分新竈藥
저녁 종소리 따라 항상 정신을 점검한다오	省神恒趁晚樓鐘
번쩍이는 취모검으로 마군魔軍을 쫓아내고	吹毛閃爍馸魔跡
밀인을 전수받아 조사祖師의 가풍을 떨친다네	密印承傳振祖風
휴하는 왕로가 부탁했기 때문이 아닌데	休夏不因王老囑
주산하며 칼끝에 화살촉 던지기도 어려워라[84]	住山難得箭投鋒

송월헌의 시에 차운하다
次松月軒韻

난야의 유한함이 옥천사와 비슷한 곳	蘭若幽閑似玉泉
도가 높아 천룡도 감동시킬 수 있었다네	道高猶得感龍天
푸른 하늘 밖에 보검을 비껴 쥐고	橫抽寶劍靑霄外
푸른 눈 앞에서 기연을 끊어 버리네	直截機緣碧眼前
나무 옆에 석장 쉬고 항상 결하[85]하며	休錫樹邊常結夏
가지 위에 표주박 건 것이 몇 년이던가[86]	掛瓢枝上幾經年
누가 알랴 오늘날 봉래의 주인이	誰知此日蓬萊主
다겁에 해회의 선인 출신인 것을	多劫曾爲海會仙

택당 이식 선생의 시에 삼가 차운하다
敬次澤堂李先生【植】韻

가장 청허한 용문의 선경	龍門仙境最淸虛
상국이 관심 갖고 오두막 찾아 주었네	相國關懷問弊廬
세간에서 총욕 다투는 일 부끄러워서	恥向世間爭寵辱
숲속에서 함께 안거하기로 맹세했다오	誓從林下共安居
좌선에서 도망쳐 누리는 연하의 흥취요	逃禪剩得烟霞趣
정신 집중해 공부하는 공맹의 서책이라	做業唯專孔孟書
뒷날 유뇌와 함께 어울려 노닐 이곳	他日劉雷叅契處
달이 처음 둥글 때 백련꽃이 피리라[87]	白蓮華發月圓初

부록 원운 附原韻

푸른 허공 잇닿은 용문을 사랑하노니	高愛龍門逼碧虛
흰 구름 뒤덮인 화정에 암자가 숨어 있네	白雲華頂鎖精廬
육시로 향화 올리는 스님 암자에 머물렀더니	六時香火留君住
삼복의 찌는 더위에 나의 거처 찾아 주었네	三伏炎蒸訪我居
스님은 세상 밖의 흥취만 알고	開士但知塵外趣
선생은 세간의 서책만 안다네	先生只解世間書
돌아갈 때 다시 주는 기우 게송이여	歸時更贈騎牛偈
하늘의 별에 맹세코 처음의 뜻을 이루리라	擧手天星便遂初

학능 스님에게 주다
贈學能師

살활을 모두 쓰는 것이 조사의 가풍 殺活兼行是祖風
경위를 잡은 묘한 경지 다함이 없도다 解拈經緯玅難窮
베틀의 북을 던지니 누구를 믿을거나[88] 機橫梭擲憑誰信
그대 덕분에 주옥이 다시 굴러왔네 玉轉珠廻倚子通
시방세계 한데 모아 손아귀에 넣고 同聚十方歸掌握
만물을 모두 거두어 진공에 들이네 盡攏群品入眞空
가주에서 코끼리 친 곳 그 어디인가 嘉州打象知何處
천 겹 능가산이 바닷속에 들어 있네 千疊楞伽在海中

조 전적의 집이 이루어져서 지은 시에 차운하다
次曹典籍堂成韻

임천을 독점하고 띠집을 엮었나니　　　　占得林泉爲結茅
산곽을 등지고 남교를 마주했네　　　　　背依山郭面南郊
어여뻐라 옮겨 심은 댓잎의 바람이여　　　新移晚竹憐風葉
사랑스러워라 매화 가지 끝의 달빛이여　早植寒梅愛月梢
종일 표주박 하나인 안씨의 누항이요[89]　終日一瓢顏陋巷
상에 천 권 가득한 육씨의 서소[90]로다　　滿床千卷陸書巢
문 닫은 곳이 양웅의 집이 아니거니　　　閉門不是楊雄宅
어찌 피곤하게 해조를 본받으리오[91]　　　何用勞神學解嘲

각선 스님에게 주다
贈覺禪師

그대 같은 좋은 지음 만나서 다행이니	逢君幸是好知音
굳센 남자는 밖에서 구할 것이 아닐세	鐵漢終非向外尋
난봉의 둥지 속엔 모두 봉황의 깃털이요	鸞鳳穴中皆瑞羽
전단의 숲속에는 모두 향나무뿐이라오	栴檀薐裡盡香林
활로 찾아 몸을 뒤쳐 한 소식 통하고	翻身活路通消息
신주를 손에 넣어 고금을 분변하네	握掌神珠辨古今
이제는 청산을 찾을 필요도 없으리니	從此碧山無覓處
일가의 풍월을 노래하면 될 테니까	一家風月自淸吟

이제현 처사의 유거에 대해 쓰다
題李齊賢處士幽居

가슴속에 책략 품고 사립문 닫았나니	空懷廟略掩荊扉
의기는 길게 뻗친 백 척의 무지개 같네	意氣長虹百尺飛
군자는 몸의 은일을 상관하지 않고	君子不關身隱逸
현인은 일의 기미를 살피는 법이지	智人應察事幾微
안개 짙은 방초에는 푸른 소가 누워 있고	霧深芳草靑牛臥
집을 안은 높은 솔엔 흰 학이 돌아오네	軒擁高松白鶴歸
점치고 얻은 돈 이외엔 바라는 것 없나니	市卜得錢餘勿願
세상의 누가 벽라의를 끌어당기리오[92]	世間誰挽薜蘿衣

쇠 바리때
鐵鉢

조사祖師의 집안에서 대대로 전했나니	祖門諸代遞相須
노로도 일찍이 손에 쥐고 산을 넘었지[93]	盧老曾持向嶺隅
깨끗한 빛깔은 달빛이 가득한 듯하고	皎潔光疑將滿月
영롱한 모습은 두 개로 나뉜 구슬 같네	玲瓏狀似二分珠
아침엔 마을에 들고 가서 곡식을 빌고	晨携聚落黃粱散
낮에는 재단에 들어가서 쌀을 인다오	午入齋壇白淅輸
진종의 법맥이 이어짐을 표상하나니	表示眞宗傳不絶
어찌 몸뚱이 기르려고 구걸할 뿐이리오	豈唯循乞養微軀

심 스님의 시에 차운하다
次諶師韻

바닷속의 선산이 무슨 필요 있나	不必仙山在海中
하늘 밖에 방장方丈 일천 봉이 있는걸	方壺天外碧千峰
석문의 사원을 잠시 찾아 나서면서	石門眞界纔投足
계오의 그늘에 지팡이를 멈추었소	桂塢淸陰暫駐筇
가을 풀에 목동은 소를 급히 불러 대고	秋草牧童催喚犢
석양에 나무꾼은 급히 나무를 패네	夕陽樵叟數柯銎
종소리 듣고서 절이 있는 곳 알겠으니	情知寺在聞鐘處
이제는 사람 만나 길 묻지 않아도 되겠구나	自此逢人問路慵

현소 상인에게 주다
贈玄素上人

조계사 길상에서 몸을 일으켜	發跡曹溪寺吉祥
소년 시절부터 명성을 드날렸네	少年聲譽已超方
처음엔 남곡의 미옥美玉이라서 놀랐고[94]	始驚玉彩生藍谷
끝내 역양의 오동임을 보았소[95]	終見桐材長嶧陽
아침 예송 시간을 까마귀가 알려 주고	烏報漏殘晨誦輟
한낮의 불공에 새가 꽃잎 물어 떨구네	鳥含花落午齋香
그대 덕분에 선미를 음미할 수 있었으니	憑君得與調禪味
뒷날 행장 정리하여 함께 고향에 가십시다	異日還鄉共俶裝

차운하여 양 스님에게 주다
次韻贈亮師

송악산 속에 작은 암자 문을 닫고   松嶽山中閉小庵
좋은 벗 만나러 남행南行하였네   爲湊良友便圖南
사람이 승복하는 얼음처럼 맑은 도업   淸氷道業傾人緖
세상 얘기 초월한 옥가루[96] 같은 천재라네   屑玉天才絶世談
난간에 한가히 기대니 바람이 소매에 가득하고   閑倚靜軒風滿袖
게송을 읊고 나니 달빛이 석감石龕에 임하네   誦殘金偈月臨龕
다른 해에 고요한 생활 함께 누리게 된다 해도   他年縱許同甘寂
명상에 드는 선정만은 본받지 못할 듯하네   欲効冥禪恐不堪

매화를 노래한 시에 차운하다
咏梅次韻

건원의 한 기운이 갈대의 재를 일으키며[97]	乾元一氣動葭灰
먼저 봄빛을 보내 꽃망울을 터뜨렸네	先遣春光綺蘂開
옥 같은 꽃잎 눈 골짜기 단장할 줄 누가 알았으랴	誰信玉容粧雪壑
흡사 선녀가 요대에 하강한 것 같네	恰如仙女下瑤臺
바람이 대를 스치면 비낀 가지 파르르 떨고	橫梢颺翠風經竹
달이 이끼를 비치면 가는 그림자 알록달록	細影成紋月照苔
동황[98]이 힘을 온통 기울인 것이 아니라면	不是東皇齊着力
매화 향기가 여기에 찾아올 수 있었겠는가	肯敎芳訊此中來

석문정의 시에 차운하다
次石門亭韻

진경 찾는 멋진 흥취 석문이 으뜸인데	尋眞佳趣石門多
봄에 찾아온 풍광 요즈음 어떠한지	春到風光近若何
하늘 밖에는 그림 병풍 푸른 산이 둘러 있고	天外畫屛排碧岫
난간 앞에는 밝은 거울 창파를 굽어본다네	檻前明鏡俯滄波
적선이 지은 노래 다투어 전하는데	謫仙題咏爭傳誦
태을의 명승을 가 보지 못해 한스러워	太乙名區恨未過
제일 생각나는 것은 산호 가지 위의 달빛	最想珊瑚枝上月
깊은 밤 정자 옆에 그림자 너울거리는 것	夜深亭畔影婆娑

겨울날에 임 선생에게 부치다
冬日寄林先生

나이 많고 병들어 세상일 관심도 없이	臘高身病世情闌
만사가 쓸쓸할 뿐 전혀 즐겁지가 않네	萬事蕭條苦未歡
냇가의 사립문 닫을 때 산 그림자 굴러가고	磵戶閉時山影轉
동구의 문 깊숙한 곳에 눈꽃이 차가워라	洞門深處雪花寒
향등은 이미 삼생의 업이 맺힌 것	香燈已結三生業
죽원에 어찌 한나절 한가함이 없으리오	竹院寧孤半日閑
특히 어여쁜 건 갠 밤중 산 위에 뜬	獨愛亂峰新霽夜
둥근 서리 달이 처마 끝을 비추는 것	一輪霜月照簷端

객중의 봄날
客中春日

적막한 물가에 계절이 바뀌어	節序遷移寂寞濱
봄 경치 꼽아 보니 벌써 삼십 일	韶光屈指已三旬
흐렸다 맑았다 자꾸 변하는 세태에	陰晴世態風塵變
냇물처럼 청정한 건 참다운 성리라네	澄淨溪容性理眞
구사의 송백은 속절없이 주인을 기다리고	舊社松杉空待主
이방의 채소와 죽순은 가는 사람 붙잡누나	異方蔬笋苦留人
지금 노경에 의지할 것은 하나 없고	如今老境渾無賴
오직 기쁜 것은 산천의 경물이 새로운 것	唯喜山川景物新

변 스님에게 기증하다
寄贈卞師

총림의 정려를 그 누가 따라잡으리오	叢林靜侶孰追蹤
훌륭해라 그 명성 해동을 뒤흔드네	籍甚英聲振海東
손바닥 위의 영봉은 귀신도 범접 못하고	掌上靈鋒神莫犯
붓끝의 빠른 시구는 번개도 못 따라오리	毫端捷句電難容
집을 감싸고 산골로 빠지며 산을 가두는 안개요	圍軒峽洩藏山霧
골에서 울고 하늘을 돌며 눈을 빚는 바람이라	吼壑天回釀雪風
요컨대 한바탕 묘결을 따져야 하리니	要得一場評玅訣
선사에서 다시 상종해도 무방하리라	不妨禪社更相從

차운하다
次韻

도 높은 현인으로 대중의 스승 되었건만	有道高賢衆所師
미련을 전혀 두지 않고 영욕을 초월했네	任他榮辱絶追思
집안 계승한 그 덕업 어떤 이가 견줄까	承家德業人誰比
성인을 배운 참 규범 세상이 모른다네	學聖眞規世莫知
산 위의 솔은 산들바람에 퉁소를 불고	風細嶺松笙韻處
싸락눈은 계곡에 옥 눈꽃을 흩뿌리는데	雪霏溪壑玉花時
선생이 임천의 흥취 실컷 맛보고	先生飽得林泉趣
한 수의 시에 모두 담아 맑게 읊었네	都付淸吟一首詩

자해
自解

할 일을 생각만 할 뿐 늙어 가니 어떡하나	所業空懷奈老何
일찍 집을 떠난 한 몸 처치하기 어려워라	一身難處早辭家
광경은 흐르는 물처럼 그대로 있지 않고	自憐光景如流水
시정은 지는 꽃잎 따라 하염없이 일어나네	躞有詩情任落花
바람 맞으니 살이 추워 소름이 돋고	膚上觸風寒出粟
불을 지피니 눈이 따스해 놀이 생기네	眼中燃火煖生霞
태평 시대 만나 하는 일 없이 한가해서	時逢聖代閑無事
홀로 창가에 누워 병을 조섭하노라	獨臥幽窓好養痾

취미당 권화소

　옛날에 일원一園의 정사精舍를 창건하여 만덕萬德의 장엄莊嚴을 원만하게 이루었고, 칠 층의 누대樓臺를 일으켜서 묘각妙覺의 정위正位에 뛰어올랐습니다. 이는 정토淨土에 선인善因의 씨앗을 뿌렸기 때문에 적멸도량에서 선과善果를 얻은 것입니다.

　지금 이 선거禪居는 귀신이 아껴 보호해 온 비밀스러운 터전이요, 천지가 귀하게 여겨 숨겨 놓은 승경勝境입니다. 동쪽으로는 바다의 섬과 잇닿아 그대로 신선(羽士)의 봉래蓬萊(신선이 사는 곳)가 되고, 북쪽으로는 노을 낀 산을 등지고서 그야말로 호승胡僧[99]의 토굴이 된다고 할 것입니다.

　부상扶桑[100]의 아침 해가 서린 용(蟠龍)의 위에 신광神光을 비추고, 옥초沃焦[101]의 아침 구름이 푸른 이무기(翠蜃)의 신기루에 드리우고 있습니다. 하늘 꽃의 향기(天香)가 나부끼며 계수나무 열매가 떨어지는 것은 영은靈隱[102]의 산천이요, 공명조共命鳥가 울며 금오金烏[103]가 돌아가는 것은 도림道林의 풍경입니다. 그러니 이곳이야말로 선찰禪刹을 세워 도를 닦을 곳으로서 좌선하며 안거하기에 적합한 곳이라고 할 것입니다.

　모모某 상인上人은 그 생애가 하나의 표주박이요,[104] 그 자취가 한 조각 구름과 같습니다. 그가 이곳에 터를 잡고 건물을 지으려는 서원誓願을 세웠습니다마는, 손뼉 하나로는 소리 내기가 어려우니, 경영에 뜻을 둔 이상에는 반드시 사람들의 도움을 받아야만 일을 이룰 수 있을 것입니다.

　선사善士 여러분에게 바라건대, 광음은 신속하게 지나가고 부귀는 뜬

• 449

구름과 같은 것이니, 하루아침에 진토塵土가 될 돈을 크게 희사喜捨하여, 천년의 보배가 될 한 조각 선행을 닦으십시오. 그러면 삼재三災와 팔난八難이 현생에서 소멸될 뿐만 아니라, 백 가지 복과 천 가지 상서祥瑞를 내세에 또한 누리게 될 것입니다.

翠微堂勸化疏

昔者。創一園精舍。圓成萬德之莊嚴。起七層樓臺。超登玅覺之正位。肆種因於淨土。故獲果於寂場。今此禪居。鬼惜神護之秘基。天慳地藏之勝境。東連海島。依然犽土之蓬源。北負霞岑。正是胡僧之霧窟。扶桑曉日。照神光於蟠龍。沃焦朝雲。儼幻樓於翠蠶。天香飄而桂子落。靈隱山川。共命啼而金烏廻。道林風景。乃栖禪之助道。宜宴跡之安居。某上人一瓢生涯。片雲蹤迹。誓將卜築。然獨掌而難鳴。志在經營。必因人而成事。願諸善士。光陰過隙。富貴如雲。捨萬金一朝之塵。修片善千載之寶。則三灾八難。非特消於現今。百福千祥。抑當享於來世。

강진 만덕산 백련사 만경루의 권화소

일만 길 높이의 태화산 정상은 수고해서 걸어가면 오를 수 있지만, 구련九蓮105의 정토는 한 조각 선행을 닦아야만 이를 수 있습니다. 공덕을 베풀지 않고서는 뛰어오르기가 어려우니, 이 때문에 인仁을 닦아야만 인仁을 얻고 과일의 씨를 뿌려야만 과일의 열매를 얻을 수가 있는 것입니다. 그래서 향성香城106에서 뼈를 갈아 보리菩提의 열매를 얻었고, 설산雪山에서 몸을 던져 각수覺樹의 꽃을 피웠던 것입니다. 마니 구슬은 손안을 비추면서 그 빛이 곧장 칠보의 궁전에까지 뻗치고, 정업淨業은 마음을 전일하게 하면서 곧바로 삼대아승기겁三大阿僧祇劫107을 초월합니다.

만덕산으로 말하면, 호중壺中의 별세계108요 해상의 명승지로서, 세상에서는 운수향雲水鄕이라 칭하고 사람들은 신선굴이라고 이야기합니다. 그 경치는 마치 붕새의 등에서 높이 뛰어올라 십주十洲109를 널리 내려다보는 것과 같고, 그 그림자는 자라의 머리에서 반쯤 떨어져 팔해八海110를 멀리 제압하는 듯합니다. 신령스러운 뿌리는 물속에 잠겨 규룡虯龍이 창파滄波에 칩거하고, 상서로운 봉우리는 허공에 치솟아 봉호蓬壺(봉래산)가 푸른 하늘(碧落)에 빼어났습니다. 그 경계는 세류細柳111에 이어져 주후周侯의 군용軍容과 방불하고, 그 기운은 탐라에 접하여 한라의 산색이 아득합니다. 그래서 지지地誌에는 복지福地 편에 실려 있고, 산경山經에서는 명산名山 편에서 고찰할 수 있습니다.

사원으로 말하면, 실로 원공遠公의 백련白蓮112이요, 바로 단제斷際의 황벽黃檗113이라고 할 것입니다. 국사國師 진정眞靜이 신라 시대에 처음으로 창건하였고, 개사開士 정명靜明이 고려 시대에 그 뒤를 이어 중건하였습니다. 그리고 세조 광묘光廟 때에 이르러 승평昇平의 운세를 맞아 혜조 대사慧照大師가 아름답게 장식하면서, 신명의 도움을 받아 묘한 솜씨를 발휘하여 경영하였습니다. 이로부터 삼존三尊이 삼생三生에 읊어지게 되고, 만덕이 영원히 전해지게 되는 한편, 천 개의 눈으로 자비를 베푸는 교화가 펼쳐지는 것을 백호가 난간에서 엿보게 되고, 3개월 동안 청담淸談을 논하는 풍화風化가 이루어져 청룡이 발우를 내려 주기에 이르렀습니다.

누대로 말하면, 등왕각滕王閣과 같은 고각高閣이요 황학루黃鶴樓와 같은 선거仙居로서, 수행자가 올라가 현묘한 도리를 찾고, 문인이 기대어 승경을 음미하는 곳입니다. 적자赤髭[114]의 오묘한 게송은 설두雪竇[115]의 비평을 들려주는 듯하고, 백씨白氏[116]의 아름다운 노래는 최호崔顥[117]의 시구를 보여 주는 듯합니다. 박달나무 기둥과 계수나무 용마루는 월사月榭[118]와 빛을 서로 비추어 주고, 푸른 서까래와 붉은 대마루는 성궁星宮[119]과 날개를 접하였습니다. 나루터 옆에 세운 정자(津亭)에 8월의 용은 범종 소리를 들으려고 모습을 드러내었고, 화표華表의 천년의 학은 재회齋會를 따라와서 춤을 추었습니다.

그런데 천지신명의 보호를 받아 불조佛祖의 묘훈妙勳을 이어 오던 중에 조화造化가 시기하는 바람에 갑자기 오랑캐(蠻夷)의 병화兵火를 입고 말았습니다. 급고독원給孤獨園이 소실되면서 영명전永明殿의 옛터처럼 쓸쓸하게 바뀌었고, 동우棟宇가 불타면서 대운사大雲寺의 유적처럼 참담하게 변하였습니다. 그리하여 오래도록 웅장하게 서 있던 건물이 하루아침에 황량하게 변하고 말았습니다.

모 상인은 수운水雲처럼 돌아다니고 선림禪林에서 좌선을 하는 동안 선궁禪宮이 불타 없어진 것을 개탄하고 깨달음의 길이 매몰된 것을 탄식하였습니다. 그리하여 개사 정명이 남긴 빛을 돌이키고 국사 진정의 지난 자취를 이어 보려고 하였습니다마는, 그 일이 알을 포개어 올려놓는 것보다도 어려워서 뜻만 속절없이 절실할 따름이었습니다.

바라건대 여러 신사信士들은 화택火宅의 고인苦因을 버리고 금강의 종지種智를 심도록 하십시오. 부귀는 사람들의 원망을 끼치는 것이니 황금을 물처럼 뿌리시고, 재화財貨는 일신을 해치는 칼날과 같으니 벽옥碧玉

을 돌처럼 던지십시오. 선악을 행함에 따라 경사慶事와 재앙을 받는다는 것은 옛 성현의 실다운 말씀이요, 응보를 받고 윤회를 한다는 것은 여래의 바른 가르침입니다. 그 공이 이루어지면 마치 목련目連이 천당에서 제과弟果를 점지하는 것처럼 될 것이요, 그 덕이 보답을 받는 것은 마치 환인桓因이 도리천에서 대복大福을 누리는 것처럼 될 것입니다. 널리 구제하는 길을 넓히고 크게 베푸는 문을 열어, 공사에 다양하게 필요한 물자들을 역량과 분수에 따라 희사하신다면, 고해苦海가 말라 복해福海로 변하면서 길이 천궁天宮의 낙을 누릴 것이요, 악업의 뿌리가 없어지고 선업의 뿌리가 자라면서 마침내 불국佛國에 태어나게 될 것입니다.

康津萬德山白蓮社萬景樓勸化疏

泰華萬仞。勞寸趾而可登。淨土九蓮。修片善而能致。未有功伐。難得超昇。是以修仁得仁。種果得果。香城鑿骨果得菩提。雪山投身。花開覺樹。摩尼照掌。徑臨七寶之宮。淨業冥心。直超三祇之劫。萬德山者。壺中別界。海上名區。世稱雲水之鄕。人道神仙之窟。景高出於鵬背。傍臨十洲。影半落於鰲頭。遙控八海。靈根入水。蟄虬龍於滄波。瑞岀凌虛。擢蓬壺於碧落。境連細柳。依俙周侯之軍容。氣接耽羅。縹緲漢挐之山色。地誌載於福地。山經考於名山。寺者。眞遠公之白蓮。正斷際之黃檗。國師眞靜肇自創於羅朝。開士靜明復繼修於麗代。逮世祖光廟。運際昇平有慧照大師。功承貢飾。神休式賴。妙手攸營。由是三尊韻於三生。萬德傳於萬古。千眼示慈之化。白虎窺軒。三月談妙之風。青龍降鉢。樓者。滕王高閣。黃鶴仙居。淨侶登而探玄。騷人倚而選勝。赤髭妙偈。似聽雪竇之洪機。白氏佳吟。猶觀崔顥之題詠。檀楹桂棟。與月榭而交輝。翠栱朱甍。共星宮而接翼。出現聽梵。津亭八月之龍。來舞隨齋。華表千年之鶴。神祇守護。彌延佛祖之妙勳。造化多猜。遽被蠻夷之兵燹。給園煨燼。蕭條永明之舊基。棟宇煤焰。慘愴大雲之遺迹。幾年崇極。一朝荊榛。某上人水雲行裝。禪林坐寂。慨禪宮之銷歇。嗟覺路之埋塵。欲回開士餘輝。擬襲國師徃轍。然事有難於累卵。志徒切於枛空。諸信士捨火宅苦因。植金剛種智。富貴貽衆人之怨。疏散黃金。財貨害一身之刀。石投碧玉。善惡殃慶。古聖實言。報應輪回。如來正誠。功有所就。目連指弟果於天堂。德有所歸。桓因亨大福於忉利。弘濟路拓。大施門開。可縫可春之資。隨力隨分而捨。則涸苦海爲福海。永享天宮。除業根而長善根。畢生佛國。

안변 설봉산 석왕사를 중수한 서문

살펴보건대 제왕이 정찰淨刹을 숭배한 것은 한정漢庭에서 금인金人의 꿈을 꾼 때부터요,[120] 불조佛祖가 성조聖朝를 보필한 것은 오회吳會에서 영골靈骨을 점검한 때부터이니, 이로부터 사찰(梵宇)이 줄지어 서고 신승神僧이 그 사이에 나오기 시작하였다.

설봉산은 바닷가의 유명한 곳이요, 역중域中의 이경異境이라고 할 것이다. 하늘이 옥골玉骨을 모아 그 그림자가 자라 등 위의 인주麟洲[121]에 떨어지게 하고, 땅이 금정金精[122]을 내어 그 빛이 용 머리의 학부鶴府에 떠 있게 하였다. 멀리 백악白嶽[123]과 이어진 가운데 지축이 철벽鐵壁 은산銀山에 가로 비끼고, 곧바로 창명滄溟을 짓누르는 가운데 수부水府[124]가 영주瀛洲[125] 한해瀚海[126]에 널리 펼쳐지고 있다. 여기에 또 선잠仙岑을 이끌어 좌우에 승경을 제공하니 풍악과 봉래가 그것이요, 국도國島를 제압하며 지척에 선경仙境이 펼쳐지니 금란金蘭과 총석叢石이 그것이다. 황룡의 첩수疊岫는 금천金天에 긴 병풍을 둘러치고, 벽계碧雞[127]의 총사叢祠[128]는 철옹鐵瓮에 끊어진 장벽을 나누고 있다.

그리고 지리는 험준하기 그지없어서 설운雪雲의 일천 산이 검문劍門[129]을 밀치고, 운기雲氣는 뱉고 삼키며 오도悟道의 일만 골짜기가 정미로운 도움(精祐)을 쌓고 있다. 살펴보건대 영령英靈이 세상을 보우保佑하는 나라는 위로 천문에 상응하고, 비휴貔貅[130]가 무위武威를 떨치는 지방은 옆으로 지맥(地絡)에 안온하니, 이처럼 건곤乾坤이 합동으로 역량을 발휘하고 음양이 조화하여 솜씨를 과시하고 있는 것이다.

석왕사는 태조의 원당願堂[131]이요, 무학無學의 선사禪社이다. 규모가 굉장하니 천추토록 두타頭陀[132]의 운월雲月이 되고, 물색이 화청華淸하니 만고토록 도솔兜率[133]의 강산이 될 것이다. 연화蓮花 금방金榜에는 아스라이 삼족三足의 까마귀[134]가 깃들이고, 요초瑤草 기림琪林에는 너울너울 구포

九包^{135}의 봉황이 춤춘다. 그런가 하면 백척百尺의 누교樓橋는 번뇌와 미망의 세계(迷津)에 보배로운 뗏목(寶筏)의 역할을 하고, 육시六時^{136}의 종고鐘鼓는 몽택夢宅에 청운淸韻을 진동시키고 있다.

이곳은 실로 사문沙門의 육해陸海요 용상龍象의 제천諸天으로서, 그야말로 왕이 될 예징睿徵을 드러내어 신몽神夢을 풀이한 곳이다. 서까래 세 개를 등에 진 것은 오채五彩의 용장龍章을 보여 준 것이고, 가지에서 꽃이 핀 것은 천년의 성과聖果를 맺게끔 한 것이니, 전적으로 성승聖僧의 묘용妙用에 기대어 금륜성왕金輪聖王^{137}의 명을 받고, 정성껏 묘각妙覺의 진풍眞風을 펼쳐서 옥의玉扆^{138}의 공훈을 수립하게 되었다.

그러므로 비보裨補^{139}의 법을 근실히 닦아 사위舍衛의 기원祇園^{140}을 웅장하게 하고, 선관禪關을 크게 열어 금릉金陵의 정역淨域으로 빛나게 하였다. 그러고는 친히 용필龍筆을 휘둘러 계원雞園을 진압하도록 명하였는데, 등교騰蛟 박아博鵝의 진경眞經과 철색鐵索 금승金繩의 자획이 삼령三靈의 보력寶曆에 힘입어 풍성豐城에서 바람을 일으키고, 만민의 환심에 응하여 패택沛澤에서 용이 일어나게 하였다.

당시 상황으로 말하면 서도西都가 문란하여 황음荒淫의 학정이 자행되고, 북공北拱의 존엄이 없어진 채 보극寶極의 황도皇圖가 어지러운 때였다. 이에 삼군三軍을 인솔하여 무위武威를 떨치자 홍건紅巾이 저절로 항복하였고, 만세를 부르며 수레를 돌리자 청개靑蓋가 또한 나오게 되었다. 한류漢流를 앞으로 하고 삼각三角을 뒤로 하여 금성탕지金城湯池의 도읍을 정하고, 두수斗宿를 표상하고 구궁九宮을 안배하여 천경지위天經地緯의 원기를 조화시킨 다음에, 해외에 호령을 하고 국중에 대사면을 내리기에 이르렀다.

이는 모두 성왕聖王의 인지仁智 덕분이요, 보살의 반야의 힘 때문이라고 할 것이다. 현기玄機를 쥐고 도道에 통달하여 그 은혜가 여원黎元에 널리 미칠 것을 생각하고, 백현白泫에 나아가 기미幾微를 알아서 그 은택이 승려(緇侶)에 미치게 하였다. 미혹에 빠진 세상을 영취靈鷲의 전범으로 인도하였으니 성스러운 공이 더욱 드러났다고 할 것이요, 접방鰈邦의 풍속을 변하게 하였으니 불타의 교화를 더욱 숭상하게 되었다고 할 것이다. 이제는 사신四信[141]으로 더욱 노력하여 여래의 아름다운 전범을 무궁히 보위할 것이요, 십선十善[142]을 더욱 훈습薰習하여 참된 가르침(眞乘)의 양인良因을 계속해서 수호할 것이다.

그리고 존호를 특별히 올려 국사 묘엄妙嚴이라고 하고, 아름다운 이름을 내걸어 석왕소사釋王蕭寺라고 하였다. 참선 수행자들은 일만을 헤아렸고, 솥을 걸고서 식사하는 곳은 일천 구역에 이르렀으며, 천구天衢[143]의 원형元亨[144]에 힘입어 우주의 영도榮度를 넓혔다. 그리고 박달나무 연기가 태양을 가리며 고해의 파도를 말리고, 만다라화의 꽃비가 공중에 날리며 계戒와 정定의 향 심지를 사르게 되었다.

그런데 날마다 황화皇華[145]를 바치고 해마다 향화를 올리는데, 홀연히 창오蒼梧를 순수巡狩하다가 정수鼎水에 궁검弓劍을 빠뜨릴 줄이야 어찌 알았으랴.[146] 신명이 아끼지 않은 것은 구우九牛[147]의 시청視聽을 중히 함이요, 부처가 수여授與하지 않은 것은 천지를 일마一馬와 똑같이 여김이다.

그 뒤에 말이 머리를 치면서 축융祝融(불귀신)이 선동하여, 주나라 지붕에 내려앉은 까마귀가 되고, 까치가 꼬리를 접으면서 비렴蜚廉(바람귀신)이 그 뒤를 따라, 뒤로 밀려 날아가는 송나라 도읍의 익조鷁鳥가 되었다. 괴로워도 은상恩賞이 없으니 어떻게 불타는 들판에 술을 내뿜어(噀酒) 불을 끌 수가 있었겠는가.[148] 객중客中에 은혜가 없으니 굽은 연돌(曲突)에 섶나무를 옮겨서 불이 붙을 줄 누가 알았겠는가.[149] 금사金沙가 검은 흙으로 변하면서 영명전의 터가 폐허가 되고, 벽탑璧塔이 푸른 재로 변하면서 대운사大雲寺의 유적이 땅을 쓴 듯 없어졌다. 호구虎丘의 구름도 참담한 가운데 밝은 대낮에 용천龍天[150]이 수심에 잠기고, 학수鶴樹[151]의 바람도 슬프게 부는 가운데 황혼에 오작烏鵲도 한이 맺혔다. 아, 천년의 보장寶藏이

하루아침에 티끌과 먼지로 변하고 말았다.

이에 벽암 대사碧嚴大師가 법인法印[152]을 차고 종지宗旨를 선양하며 마니주를 손에 쥐고 밝게 비추면서, 충성심을 발휘하여 성조가 남긴 빛을 만회하려 하고, 비원을 풀기 위해 개사의 지난 자취를 답습하려고 하였다. 그리하여 운석韻釋에게 명하여 시주(檀那)를 널리 모집하게 하고는, 임오년(1642, 인조 20) 봄에 공사를 시작하여 병신년(1656, 효종 7) 여름에 공사를 완료하였다. 보광의 대전이 다시 구름 끝에 우뚝 모습을 드러내고, 지붕과 추녀가 다시 눈앞에 보이게 되니, 사람들이 축하하며 즐거워하고 일제히 손뼉 치며 경하하였다.

삼가 생각건대 우리 전하께서는 공덕이 순임금 우임금과 짝하여 조종祖宗의 위업을 크게 계승하시고, 덕망이 복희씨伏羲氏 헌원씨軒轅氏와 같아서 문왕 무왕의 중흥을 이룩하시리라고 믿는다. 그리고 많은 신사信士들은 계륜季倫[153]과 같은 부유함은 없어도 전갱籛鏗[154]과 같은 수명을 갑절로 누릴 것이요, 연화緣化 도인道人 등은 적자赤髭의 가성家聲과 청목靑目의 사업을 이루리라 믿는다.

그런데 대중이 말하기를 "반야의 성우性宇는 그 도리가 명언名言을 초월하였고, 원각圓覺의 가람은 그 의리가 모양에 매여 있지 않다. 그렇기는 하지만 인연이 있으면 있지 않다 해도 인연이 없는 것이 아니요, 말이 없는 경지라면 말한 것이 없지 않아도 말한 것 역시 상관이 없다. 그런데 하물며 선善이 있는데 쓰지 않으면 불인不仁이 되고, 지知가 있는데 전하지 않으면 밝음이 되지 못하는 데야 더 말해 무엇 하겠는가."라고 하고는, 모두 벽안碧眼 고선高禪에게 의논하여 취미 노한에게 그 일을 부탁하였다.

돌아보건대 나 자신은 우둔하고 일에 서툴러서 손가락에 피만 묻히고 얼굴에 땀만 흥건한 부끄러움을 금할 수 없지만, 나에게 부탁한 은근한 정을 거절할 수 없기에 마지못해 노신초사勞身焦思하며 글을 지어서, 선성先聖의 지극한 덕을 선양하고 후현後賢에게 큰 가르침을 전해 보이는 바이다. 벽해碧海가 상전桑田이 되어 먼지가 날릴 때까지 자비의 거실이 무너지는 일이 없고, 천의天衣가 스치며 바윗돌을 다 닳게 할 때까지 공덕의 터전이 영원히 보전되기를 바라 마지않는다.

安邊雪峰山釋王寺重修序

詳夫帝王崇淨刹。夢金人於漢庭。佛祖補聖朝。校靈骨於吳會。由是梵宇列峙。神僧間生。雪峰山者。海上名區。域中異境。天鍾玉骨。影落鰲背之獠洲。地涌金精。光泛龍頭之鶴府。遙連白嶽。地軸橫於鐵壁銀山。直壓滄溟。水府寬於瀛洲瀚海。且復引仙岑而勝賞左右。楓岳蓬萊。控國島而寅搜咫尺。金蘭叢石。黃龍疊岜。列長屛於金天。碧雞叢祠。分絶障於鐵瓮。若乃地理險矗。雪雲千嶺排劒門。雲氣吐呑。悟道萬壑蓄精祐。觀其英靈命世之國。上應乾文貔貅耀武之方。傍清地絡。發揮乾坤之所合。噴薄陰陽之所交。釋王寺者。太祖願堂。無學禪社。規模宏壯。頭陀雲月之千秋。物色華淸。兜率江山之萬古。蓮花金牓。縹緲三足之烏。瑤草琪林。翩聯九苞之鳳。樓橋百尺。作寶筏於迷津。鐘鼓六時。震淸韻於夢宅。寔沙門之陸海。乃龍象之諸天。爾乃王表睿徵釋原神夢。三椽負木。呈五彩之龍章。數枝開花。結千載之聖果。專意憑聖僧之玅用。受命金輪。投誠演玅覺之眞風。資勳玉屐。是用謹修裨補。壯舍衛之祗園。大啓禪關。煥金陵之淨域。親揮龍筆。命鎭雞園。騰蛟博鵝之眞經。鐵索金繩之字畫。因三靈之寶曆。風起豊城。應萬民之歡心。龍興沛澤。便屬西都委馭。扇虐政於淫荒。北拱隳尊。羑皇圖於寶極。率三軍而用武。紅巾自降。呼萬歲而廻車。靑盖亦出。面漢流背三角而定鼎。金城湯池。象斗宿按九宮而調元。天經地緯。號令海外。大赦國中。是皆聖王仁智之資。菩薩般若之力爾。其握玄機而達道。思溥黎元。就白汯而知微。澤及緇侶。導迷倫於鷲範。盆顯聖功。變風俗於鰈邦。增崇佛化。四信彌勵。衛如來之美範無窮。十善加熏。護眞乘之良因不輟。卽復特進尊號。國師玅嚴。仍揭嘉名。釋王蕭寺。禪流萬指。鼎食千區。荷天衢之元亨。廓宇宙而榮度。檀烟蔽日。竭苦海之洪波。華雨飛空。焫戒定之香炷。皇華日日。香火年年。豈知夫俄巡狩於蒼梧。遺劒弓於鼎水。神不所惜。重視聽於九牛。佛不所授。等天地於一馬。爾後馬首拍而祝融熻流。爲周屋之烏。鵲尾占而蜚廉從飛。退宋都之鷁。苦而無賞。何曾噀酒於燎原。客而無恩。誰解從薪於曲突。金沙土黑。永明之基空墟。璧塔灰靑。大雲之遺跡掃地。虎丘雲慘。白日愁於龍天。鶴樹風悲。黃昏恨於烏鵲。千年寶藏。一朝塵埃。爰有碧巖大師。佩法印而闡宗。掌摩尼而照濁。忠誠所格。欲回聖祖之餘輝。悲願所弘。擬踵開士之徃轍。乃命韻釋。廣募檀那。始役力於壬午之春。終斷手於丙申之夏。普光大殿。復出雲端之崔嵬。接翼重檐。更爲眼前之峽屼。衆賀悅目。齊抃慶懷。恭惟我殿下。功配舜禹。承累洽於祖宗。德侔羲軒。奉重光於文武。百爾信士。蔑季倫之富。倍錢堅之年。緣化道人等。赤髭家聲。靑目事業。僉以爲般若性宇。理旣出於名言。圓覺伽籃。義非繫於像相。然即有緣而非有。不是無緣。即無說而非無。不碍有說。況乎有善不書不仁也。有知不傳不明哉。咸議碧眼高禪。付囑翠微老漢。顧自朽鈍。屢負血指汗顔之羞。憐子殷勤。謾記勞身焦思之績。助敷至德於先聖。傳示大勳於後賢。碧海飛塵。慈悲之室不壞。天衣盡石。功德之基難銷。

법련 스님에게 주는 글

생각건대 스님은 서건西乾(인도)의 도골道骨로서 용마龍馬(龍樹와 馬鳴)의 고명함을 멀리 이었고, 동진의 영령으로서 산천의 순수한 기운을 홀로 차지하였습니다. 그리하여 신인神人이 모두 앙망하니 본래 적멸도량의 빼어난 근기라고 할 것이요, 명자名字가 널리 알려졌으니 바로 석원釋苑의 덕 높은 이라고 할 것입니다.

빛나는 재주가 일찍 드러나서 글이 생융生融[155]보다도 문채가 있고, 의망懿望이 일찍 드러나서 도가 지습支什[156]보다도 향기롭게 되었습니다. 성품은 반야에 부합하여 진조眞照의 영광靈光을 밝게 비추고, 정신은 정관正觀에 계합하여 묘미妙微의 선적善寂을 맑게 보여 주고 있습니다. 여기에 또 연화蓮花의 패엽貝葉 속에서 일승一乘[157]의 요의了義를 분변하였고, 계수桂樹의 향림香林 속에서 삼취三聚의 계도戒度를 익혔습니다.

이에 몸을 잊고 도를 구하면서 천 리 장정長程을 멀게 여기지 않았고, 목숨을 바쳐 스승을 찾으면서 백성百城의 선우善友를 방문하였습니다. 그러고는 은미한 뜻을 깊이 탐색하여 조사의 법등法燈을 환히 밝혀 전하였으며, 작가作家의 창을 손에 쥐고서 법인을 허리에 차고 방 안에 들어가기도 하였습니다.[158] 그리하여 마침내 부촉한 뜻을 잊지 않고서 조풍祖風이 떨어지려는 때에 진작시켰고, 기의機宜에 맞게 따르면서 도화道化가 행해지기 어려운 세상에 널리 퍼지게 하였습니다.

자비의 마음을 크게 내어 만물을 이롭게 하며 마치 거울이 피곤함을 잊고서 비추어 주는 듯하였고, 말을 하기만 하면 바로 법도가 되면서 마치 주머니 속의 송곳이 밖으로 튀어나오는 것과 같았습니다. 그리고 법창우法昌遇 선사의 지난 자취를 밟으려 하지 않고, 진정문眞淨文 선사가 남긴 향기를 반드시 답습하려 하였습니다.

나와 같은 자는 불해佛海의 찌꺼기 물결이요 선림禪林의 병든 잎사귀와 같으니, 어찌 늘그막에 돌보아 주는 사은私恩을 외람되게 받을 줄 생각이나 하였겠습니까. 부끄러움을 가누지 못한 채 그저 고맙다는 생각만 간절히 들 뿐입니다.

예전에 들으니 개사가 봉산蓬山에 도道의 명성을 전파했다고 하였는데, 지금 법붕法朋을 얻어 설령雪嶺에서 맑은 향기를 대하게 되었습니다. 붓끝의 빼어난 구절은 쇠칼로 눈꺼풀을 떼어 낸 것[159]에 비유할 만하고, 혀끝의 현묘한 언어는 옥이 구르는 소리가 귓가에 울리는 것만 같습니다. 쑥덤불이 비록 향초와 무성하게 뒤섞인 격이지만 오진鰲鎭의 기약에 부응하게 되어서 다행입니다. 등라藤蘿 덩굴이 그래도 송백松柏에 의탁할 수 있게 되었으니, 어찌 용산龍山의 회상會上[160]을 부러워하겠습니까.

贈法蓮師序

惟師西乾道骨. 遙承龍馬之高明. 東晉英靈. 獨專山川之粹氣. 神人咸仰. 從來寂場俊機. 名字普聞. 乃是釋苑上德. 才華早著. 文有章於生融. 懿望夙彰. 道彌芳於支什. 性符般若. 朗徹眞照之靈光. 神會正觀. 淸穆玅微之善寂. 且復蓮華貝葉. 辨了義於一乘. 桂樹香林. 熏戒度於三聚. 於是亡躯問道. 不遠千里之長程. 委命求師. 衆近百城之善友. 鉤深索隱. 炳祖焰而傳輝. 把茅[1]作家. 佩法印而入室. 遂乃不忘付囑. 振祖風於欲墜之時. 爲順機宜. 闡道化於難行之世. 弘悲利物. 鏡當臺而忘疲. 吐辭成規. 錐處囊而脫穎. 不躡法昌遇之佳轍. 必襲眞淨文之餘芳. 如余者佛海餘波. 禪林病葉. 何期垂老. 濫承枉顧之私. 無任負羞. 唯切感佩之抱. 昔聞開士. 播道聲於蓬山. 今得法朋. 對淸芬於雪嶺. 毫端秀句. 喩金鎞之刮眸. 舌頭玄言. 警玉韻而側耳. 蕭艾雖並茂於蘭蕙. 幸副鰲鎭之期. 蘿蔦猶可托於松杉. 豈羨龍山之會.

1) ㉠ '茅'는 '矛'의 오자인 듯하다.

희고 상인에게 답한 글

내가 평소에 스님과 뜻을 같이하면서도 각자 일에 끌려다닌 나머지 함께 있지 못한 것이 벌써 몇 년이나 됩니다. 그래서 소식이 몹시 궁금하던 차에 멀리 보내신 서한을 홀연히 받게 되었습니다. 요즈음 상국相國 대단월大檀越의 외호外護를 얻어 북산에 새로 선사禪社를 결성하고는, 특별히 그 명에 따라 사자를 보내 나를 초청해서 법석法席을 열겠다고 하시니, 이는 정말 말세(叔世) 중의 성사盛事라고 말할 만합니다.

그렇기는 하지만 백장 대지百丈大智 선사가 처음에 총림을 건립하고 규제를 세워 말법시대의 바르지 못한 폐해를 바로잡으려 할 적에, 덕행을 저버리는 일을 분명하게 다스릴 수 있는 자로 하여금 반드시 산문山門을 주관하게 한 고사가 있습니다. 대저 도덕이 수립되어 있으면 산문이 다스려지고 심오한 교화(玄化)를 떨칠 수 있겠지만, 도덕이 있지 않으면 명기名器[161]를 훔치고 규구規矩[162]를 업신여긴 나머지 반드시 총림을 무너뜨리고 말 것이기 때문입니다.

나는 외람되게 방포方袍[163]의 대열에 끼이기는 하였습니다마는, 나이도 이미 쇠해져서 보고 듣는 것도 총명하지 못할뿐더러 볼만한 일이 하나도 없고 취할 만한 행동이 하나도 없습니다. 따라서 나의 분수로는 임하林下의 생활을 달갑게 여기면서 배고프면 나물국을 먹고 목마르면 샘물을 마시며 나의 목숨을 다하려고 생각하고 있습니다. 그러니 임금의 명이 있다고 하더라도 사양하고 나아가지 않을 것인데, 하물며 그 밖의 경우야 더 말해 무엇 하겠습니까.

그리고 나는 명성과 이익 때문에 스스로 누를 끼치지 않고 옛사람들이 이르렀던 경지를 밟고 싶은 마음이 절실합니다. 하지만 신명이 보우해 주지 않은 탓으로 걸핏하면 망령되게 행동하기 일쑤라서 지금까지 예전의 습관을 고치지 못한 채 처음의 뜻을 이루지 못하고 있습니다. 그래서 이

때문에 밤낮으로 개탄하는 심정이 참으로 얕지 않습니다.

　옛날에 송나라 인종이 원통 거눌圓通居訥 공을 불러 자효사慈孝寺에 머물도록 하였는데, 대각大覺 선사를 추천하는 표문表文을 올려 조칙詔勅에 응하고는, 거눌 공 자신은 병을 칭탁하고서 끝내 일어나지 않았습니다. 나와 같은 자가 어떻게 감히 만에 하나라도 옛사람에 비길 수야 있겠습니까. 그렇기는 하지만 춘파春坡와 천형天馨 같은 몇 사람으로 말하면, 학식이 통달하고 도덕이 일찍 성숙하였으니 오늘날 선禪을 말하는 자로서 그들보다 뛰어난 이는 없다고 할 것입니다. 따라서 스님이 그 사람들을 천거하여 단월 상국의 명에 응한다면, 조용히 물러나 있으려는 나의 뜻을 온전히 해 주는 것이 될뿐더러 조사의 가르침을 회복하는 계기가 될 수도 있을 것이니, 어찌 다행이 아니겠습니까.

　무릇 임하에 거하는 사람이 내적으로 신념을 지키는 바가 없이, 외적으로 세상의 이익만을 끼고서 자기 몸을 꾸미는 수단으로 삼을 경우, 하루 아침에 외적으로 끼는 것을 잃게 되면, 총림을 전복하고 불법을 오염시키는 환란을 면하지 못하게 될 것입니다. 바라건대 스님이 더 이상 이 일을 가지고 무능한 나를 귀찮게 하지 않으신다면, 그런 다행이 없겠습니다. 이만 줄입니다.

答希古上人書

余素與師同志。而各以事牽。不得合幷者。積有年矣。傾念懸佇之極。忽辱遠示。近得外護相國大檀越。新結禪社於北山。特以其命。專使來招余開法席。此可謂叔世中盛事也。然百丈大智禪師始建叢林立規制。欲捄末法不正之弊。而使明理性負德行者。必主山門焉。夫道德之所存。山門治矣。玄化振矣。道德之所不存。竊名器而巇規矩。破叢林必矣。某濫厠方袍。年已衰邁。視聽不聰明。無一事可觀。無一行可取。分甘林下。飢茹蔬渴飮泉。自期終吾年耳。雖有君上之命。有所辭而不就。況其他耶。且余不以聲利自累。而切欲履踐古人。信得及處。然薄祐所鍾。動輒涉妄。至今因循。未償初志。以此爲歎日夕。殊不淺淺矣。昔宋仁宗。嘗召圓通訥公。俾住慈孝寺。表薦大覺應詔。而訥稱疾竟不起。若余者。安敢擬古人於萬一哉。然而如春坡天馨輩數人。學識淹通。道德夙成。今之言禪者。無出其右。師倘能舉其人。以應檀越相國之命。則全吾靜退之操。而亦祖敎回春之秋也。豈不幸哉。凡林下之人。內無所守。而挾外勢利。徒自以文身者。一朝失其所挾。則將未免顚覆叢林。污穢佛法之患矣。願師更勿以此事累及踈慵。幸甚。不具。

취미 대사 행장

선대사先大師의 휘는 수초守初이고 자는 태혼太昏이며, 취미翠微는 그의 호이다. 성은 성成씨로 창녕이 본관이니, 본조의 명신 성삼문成三問의 방계 후손이다.

만력萬曆 경인년(1590, 선조 23) 6월 3일에 경성 반궁頖宮[164] 북쪽에서 태어났다. 태몽에 얽힌 이야기와 태어날 때의 상서祥瑞가 없지 않으나 모두 생략한다.

아동기에 놀이를 할 때면 반드시 불사佛事를 행하였고, 그 일이 끝나면 우뚝 앉아서 마치 선정禪定에 든 승려의 모습을 짓곤 하였으므로, 보는 이들이 모두 기이하게 여기며 속세의 사람이 아니라고 하였다.

부구賦鷗의 나이에 부모를 잃고 형수에 의지하였다. 15세(志學)가 되어서는 재물을 버리고 대범偶儻한 기개를 숭상하였다. 어느 날 저녁 잠자리에 들었을 적에 비몽사몽간에 범승梵僧이 급히 부르며 "오는 것이 왜 이렇게 늦는가?"라고 말하였는데, 두 번이나 이와 같은 일이 반복되었다. 급히 일어나 앉아서 새벽이 되기를 기다렸다가 형에게 꿈 이야기를 하며 출가하겠다고 청하니, 형이 손으로 입을 막으면서 "다시는 이런 말을 꺼내지 말라." 하였다. 이에 아무 말 없이 물러났으나 며칠 동안이나 마음이 즐겁지 않았다. 그리하여 열흘이 지난 어느 날 밤에 곧장 성을 넘어서 빠져나왔다.

설악의 덕 높은(耆宿) 경헌敬軒에게 의탁하여 머리를 깎고 행자行者가 되었다. 병오년(1606, 선조 39)에 남쪽으로 지리산(頭流)에 이르러 먼저 부휴浮休를 찾아뵙고 계율(尸羅)을 갖추어 시봉하였다(執巾匜). 좌우에서 모실 적에 벽암碧巖 사옹師翁이 소장로小長老로서 제일좌第一座에 거하고 있었다. 하루는 부휴가 스님의 머리를 쓰다듬으며 제일좌에게 말하기를 "뒷날 나의 도를 성대하게 할 사람은 반드시 이 사미沙彌일 것이다. 나는 나이 많고 병이 들었으니 세상에 오래 있지 못할 것이다. 그래서 그대에게 부탁하는 바이니 잘 보살펴 주도록 하라."라고 하였다. 부휴가 스님의 그릇을 인정하고 중하게 여긴 것이 이와 같았다.

성년이 되고 나서 각지를 두루 답사하며 숙장宿匠을 찾아다녔는데, 가는 곳마다 법석에서 창槍을 들지 않는 때가 없었다.[165] 그러고는 탄식하기를 "옛날에 덕을 품고 도를 행한 이들은 거의 모두 다른 종교와 학술을 섭렵하여, 유교를 만나면 유교를 논하고 노장老莊을 만나면 노장을 논하였다. 그리하여 불법을 비난하지 못하게 하여 불성佛聖의 교화를 성대하게 하였으니, 어찌 지금처럼 마음이 꽉 막혀 담벼락을 맞댄 것과 같았겠는가."라고 하고는, 곧장 경성으로 돌아와 한상翰相의 문에 출입하면서 귀족과 사대부들을 사우師友로 삼아 문헌(墳典)을 토론하고 정화精華를 저작咀嚼하는 일을 날마다 멈추지 않았다. 한번은 어느 암자에 묵고 있을 적에, 유생 네다섯 명이 구오癯烏를 운韻으로 하여 시를 짓기를 청하자 스님이 즉시 읊었는데, 그 말구에 "평생에 남는 물건은 없고, 까만 대지팡이가 하나 있을 뿐(平生無長物。唯有竹枝烏。)"이라고 하였으므로 당시에 '죽지오 스님(竹枝烏僧)'이라고 일컬어지기도 하였다.

그때 벽암이 관동에서 교화를 펼치고 있었는데, 스님이 홀연히 마음속으로 생각하기를 '일단 승복을 입었으면 조사의 도에 심취하는 것을 낙으로 삼아야 할 것인데, 어찌 줄곧 속전俗典에 눈길을 주어서야 되겠는가.'

하고는 석장을 들고 곧장 그곳으로 나아갔다. 그러고는 벽암이 자리에 오르는 것을 기다렸다가 법상法牀 주위를 세 바퀴 돌고 나서 좌구坐具를 펴고 예를 표한 뒤에 안부를 물으려 하자, 벽암이 말하기를 "어디에서 임바紝婆[166]의 씨 보따리를 메고 왔는가?"라고 하였다. 이에 스님이 "집착이 없는 곳에 내려놓고 싶습니다."라고 하니, 벽암이 "짐을 푼 뒤에 보도록 하자." 하였다. 스님이 소매를 떨치고 승방(僧寮)으로 돌아가니, 벽암이 부휴의 부탁을 생각해서 빠짐없이 가르침을 베풀며 종횡으로 격발激發하자, 스님이 마음과 뜻으로 조용히 깨달아(冥會) 마치 화살과 칼날이 서로 부딪치는 것만 같았다.[167] 벽암이 수레를 남쪽으로 돌리자 스님이 수행하며 돌아와 오래도록 모시고서 마음속의 잡목을 제거하고 빗장을 활짝 열어젖혀 현묘한 도의 세계로 깊이 들어가니, 벽암이 종문의 모범(準的)이라고 인가하였다.

이때 무염훈無染熏 공이 교학으로 명성을 떨치자 세상의 학인들이 너도나도 모여들어 경론을 가지고 토론하였으므로 스님이 또 그를 깍듯이 모시면서 더욱 정밀하게 공부하여 경론의 심오한 뜻을 계합하였다. 이로부터 선禪은 돈점頓漸을 겸하고 교敎는 성상性相을 아울렀으며, 경사자집經史子集도 널리 탐구하여 여유작작하게 되었다. 그래서 스님이 한번 말을 하면 모두 머리를 조아리며 풀이 바람에 쓸리듯 따르지 않는 자가 없었다. 그리고 사제 간에 선기禪機를 주고받는 것을 보면 간혹 뺨을 치고 수염을 뽑는 것 같은 광경을 연출하기도 하였는데, 이는 보통 사람들이 이해할 수 있는 수준이 아니었기 때문에, 마치 임제[168]와 황벽[169]의 관계처럼 대부분 너무나 엉뚱하여 상정常情에 근사하지 않다고 생각하였다.

몇 년 동안 대중과 함께 생활하다가 숭정 기사년(1629, 인조 7)에 출세出世의 요청을 받고는 옥천의 영취靈鷲에 개당하니 학도가 몰려들었다. 이때 상국 장유張維 공이 희고 상인希古上人에게 북산에 결사結社할 것을 명하고는, 스님의 도풍을 사모하여 누차 서한을 보내 청하였으나, 스님이 난색을 표하며 굳게 사양하고 응하지 않으니, 상국이 더욱 존중하여 차거 硨磲[170] 염주를 선물하기도 하였다.

임신년(1632, 인조 10)에 요청을 받고 관북에 가서 오도悟道와 설봉雪峯 등 제산諸山에서 도를 펼쳤다. 도가 높다는 명성이 널리 전파되어 사방의 승려가 모두 모여들어 법석이 성황을 이루면서 영남(嶺外)에 크게 떨쳤으니, 선학禪學이 융성해진 것은 이로부터 비롯되었다.

얼마 지나지 않아 바다 서쪽으로 항해航海하여 남은 의문을 해결할 목적으로 마침내 동지 4인과 모임을 결성하고는 삿갓을 메고 떠났으나, 양덕에 이르렀을 때 마침 오랑캐가 동방을 유린하는 사태가 발생하여 길이 막혔으므로 뜻을 이루지 못하였다. 정축년(1637, 인조 15)에 동쪽으로 태백으로 가서 일백一白을 경유하여 이듬해에 남쪽으로 돌아와 벽암을 찾아뵈었는데, 벽암은 그때 막 의려義旅를 파한 상태였다. 그리하여 방장方丈의 옛 거처로 돌아왔다가 뒤이어 계족의 정혜定慧와 백운의 용문龍門에서 교화를 펼쳤다.

계미년(1643, 인조 21)에 진주목사晉州牧使 이소한李昭漢 공이 칠불암七佛庵으로 옮길 것을 청하였다. 대중이 300명을 채웠는데, 대중을 제접提接하고 자기를 다스리면서 조석으로 나태하지 않았다. 강대수姜大遂 공이 이 공의 뒤를 이어 부임하여 누차 선사禪社에 들어와 담론하면서 하루해를 넘기곤 하였는데, 현묘한 대화가 끝없이 이어지며 막힘없이 전개되자 기이하게 여겨 "참으로 승려 중의 기재杞梓[171]이다."라고 평하였다.

임진년(1652, 효종 3)에 장성의 진원珍原에서 지리산으로 석장을 돌렸다. 그때 마침 이지온李之蘊 공이 용성龍城의 수재守宰로 나왔다가 주곽州郭에서 영입하여 며칠 동안 머물렀는데, 이 공이 자못 고상한 의론을 음미하고서 말하기를 "선학禪學의 고명함을 스님에게서 보았다." 하고는 항상 자字를 부르고 이름을 부르지 않았다.

병신년(1656, 효종 7)에 보개寶蓋에서 반룡盤龍으로 갔다. 내한內翰 신최申

最 공이 관북의 좌막佐幕으로 나가면서 덕원을 지나다가 우졸郵卒을 보내 글을 전하기를 "유순由旬의 거리밖에 안 되는 지역에서 우러러 뵙지 못하다니 제자의 인연이 기박하기만 합니다."라고 하였으니, 스님을 존경한 것이 또한 이와 같았다.

기해년(1659, 효종 10) 초겨울에 벽암이 늙고 병들었으므로 돌아가 시봉하면서 화엄 법회를 개설하였다. 이듬해 정월에 벽암이 순적順寂하였다. 이로부터 정해진 거소가 없이 혹은 남쪽 혹은 북쪽에 있으면서 오로지 교조敎詔를 자기의 임무로 삼았다. 학자들을 유도할 적에는 반드시 진실된 자애의 마음으로 선도하면서 겉으로 드러내지 않고 격려하며 조금도 싫어하는 기색이 없었으므로 사람들이 모두 공경히 복종하였다.

스님의 조예造詣는 고금을 뛰어넘어 의지하는 바가 전혀 없이 산을 치달리고 바다를 막아 하나의 맛으로 융회融會하였다. 그리고 학자들의 수주守株와 각주刻舟¹⁷²의 병통을 예리하게 지적하였는데, 의원의 문에는 환자가 많은 것처럼 의심과 질문이 벌 떼처럼 일어나더라도 마치 물이 흐르듯 시원하게 해결해 주었다. 이를 비유하자면 큰 물고기(鯤鯨)와 작은 쥐(鼴鼠)가 함께 하해河海의 물을 마시더라도 각각 자기의 배를 채우는 것과 같았으며, 텅 비어서 왔다가 꽉 채워서 돌아가곤 하였으므로 사람들이 끊임없이 모여들었다.

조계曹溪의 도량에 거한 것이 전후로 모두 12년이었다. 사원의 사대전四大殿에 초상이 없자 공장工匠에게 초상을 빚도록 명하여 사전四殿에 6구軀를 봉안하였으며, 그림으로 그리는 것도 그와 같이 하였는데, 어디에 주찰駐札하든 그렇게 해서 그림으로 그리고 조각으로 빚은 숫자가 수천에 이르렀다. 혹자가 이에 대해서 "어째서 유위有爲의 일을 하는가. 반드시 무위無爲로 해야 한다."라고 힐난하면, 스님은 답하기를 "그대는 한쪽 발로만 걸어 다니는 것을 보았는가. 부처의 부처 된 소이는 복혜福慧 두 가지를 아울러 행했기 때문이다. 그래서 양족존兩足尊이라고 칭하는 것이다."라고 하였다. 스님이 지키는 것이 한쪽에만 치우치지 않은 것이 대개 이와 같았다.

병오년(1666, 현종 7)에 구월의 원정元淨에서 법석을 베풀었다. 이듬해(1667년)에 황강의 심원深源에서 석장을 쉬었다. 절도사 성익成杙 공과 별승別乘 윤우갑尹遇甲 공이 모두 스님의 불도에 귀의하였다. 얼마 뒤에 스님이 병에 걸리자 절도사가 자주 사자使者를 시켜 문안하며 약을 보내었다. 그해 가을 7월에 묘향산으로 자리를 옮기니, 그곳으로 몰려간 바닷가의 대중이 수백여 인에 이르렀다.

이에 앞서 스님이『선문염송禪門拈頌』을 열람하다가 정엄 수수淨嚴守遂 선사의 "봄날에 위와 아래의 경치 모두 아리따운데, 비 지나간 숲속에 울리는 두견이 소리(承春高下盡嬋姸。雨過喬林叫杜鵑。)"라는 게송을 접하고는, 마치 한 잔의 강기탕降氣湯을 마신 것처럼 가슴속이 시원해졌으므로, 책을 덮고서 말하기를 "모든 언어 문자는 모두 술 찌꺼기일 뿐이니, 어찌 다른 맛이 있겠는가."라고 하였다.

그러다가 이때에 이르러 사자좌에 앉아 총채를 휘두르며 선지禪旨를 펼치는 그 문풍이 초준峭峻하였으므로, 참석한 사람들 모두가 눈을 크게 뜨고 귀를 쫑긋 세우면서 일찍이 없었던 일이라고 하였으며, 심지어는 눈물을 흘리면서 경하하는 자까지 있었다. 하지만 식견이 얕은 자들은 그 규모를 알지 못한 채 탄식을 하며 물러나는 경우도 많이 있었다.

이듬해(1668년) 봄 정월에 대중에게 고하기를 "이 하나의 보신報身을 버려서 돌아갈 곳이 반드시 있을 것이다."라고 하고는 영북으로 행장行裝을 차리도록 하였다. 2월 갑신에 중주 오봉五峯의 삼장三藏으로 거처를 옮겼다. 여름철 4월 기사에 가벼운 질병 증상을 보이자, 부백府伯 홍석구洪錫龜 공이 자주 병문안을 하며 약을 보냈는데, 스님이 물리치면서 말하기를 "죽고 사는 것은 모두 운명인데 약을 써서 무엇 하겠는가."라고 하였다.

6월 을유에 목욕을 하고 옷을 갈아입은 뒤에 종고鍾鼓를 쳐서 대중과 결별하며 말하기를 "아침에 걷기 시작해서 저녁이 되면 쉬는 법이다. 항상 걸어 다니기만 하고 쉬지 않는 경우는 있지 않으니, 내가 이제 휴식을 취하려 한다. 그대들은 각자 자기의 마음을 의지하고, 밖을 향해 쓸데없이 치달리지 말라. 노승은 태어나서 79년이 되었고 중이 되어 65년을 보내었으니, 나이가 많지 않은 것이 아니요 법랍이 높지 않은 것도 아니다. 서운할 것이 뭐가 있겠는가. 괴로워하지 말고 후하게 장례를 치르거나 탑을 세우지도 말라."라고 하였다. 그리고 명銘을 청하자 세 손가락을 굽혀서 보여 주었다. 또 누가 임종게를 청하자 스님이 말하기를 "내가 항상 제방諸方이 하는 일을 비웃었는데, 더군다나 나 자신이 그런 일을 하겠는가. 부디 동요하지 말고 마음을 편히 지니도록 하라."라고 하였다.

그로부터 사흘 뒤인 정해일丁亥日 오시午時가 될 무렵에 시승侍僧을 불러 "오늘은 재齋를 빨리 지내도록 하라." 하고는, 재가 파하자 장유長幼가 방장실에 둘러앉아서 각자 무량수불을 열 번씩 부르게 한 뒤에 결가부좌를 하고 서쪽을 향하여 손을 모으고 앉아서 입적하였다.

그로부터 7일이 지난 계사일癸巳日에 사원의 동쪽 산기슭에서 다비를 행할 적에 여섯 고을에서 승속僧俗이 모두 모여 참석하였다. 그때 정문頂門의 뼈 하나가 불길 밖으로 튀어나왔으므로, 문인 각흘覺屹 등이 수습하여 설봉산 벽송대碧松臺로 돌아가 주송呪誦을 하며 간절히 구한 지 21일 만에 사리 2과顆를 얻었으니, 이때가 바로 이듬해인 3월 초칠일이었다. 사리탑을 세워 봉안한 곳이 모두 세 곳이니, 중주의 오봉과 학성鶴城의 설봉과 승평昇平의 조계가 그곳이다. 돌아가신 때부터 탑을 세울 때까지의 상서로운 징조가 한두 가지가 아닌데, 이루 다 기록할 수가 없다.

당초에 교리校理 조중려趙重呂 공이 벼슬길에 오르기 이전부터 뛰어난 명성으로 한 세상을 울렸는데, 스님과 방외의 교분을 맺었다. 당세의 명공名公 괴사魁士로서 참된 가르침(眞乘)을 사모하는 자는 스님과 친하게 지내지 않은 자가 거의 없었는데, 그중에서도 동악東嶽 이안눌李安訥 공과 택당澤堂 이식李植 공과 상국 김육金堉 공과 시랑侍郞 임유후任有後 공과 가장 친하게 지냈다.

스님은 선연禪宴의 여가에 또 게구偈句를 잘 지어서 지금 가시歌詩 1권이 있다. 문제자門弟子 중에 스님의 가죽과 골수를 얻어서 다른 사람의 사범師範이 된 자가 32인인데, 그중 설봉의 해란海蘭과 천관의 민기敏機와 오봉의 철조喆照와 반룡의 광륵廣泐과 구월의 천눌天訥이 첫손에 꼽힌다. 또 암혈에 숨어서 홀로 선善을 닦는 자도 있고, 신명身命을 바쳐서 불법을 위호衛護하는 자도 있는데, 이들도 70여 인에 달한다. 전인前人의 빛을 이어받아 후인의 몽매함을 일깨우며 임제의 종풍을 선양한 것이 거의 40년에 이르니, 이는 실제로 부휴가 앞서 말한 바와 같았다.

성총性聰은 일찍이 선사先師의 문하에서 수업하면서 법시法施의 홍은鴻恩을 가장 많이 받았다. 그런데 대들보가 홀연히 부러지고 덕음德音이 영원히 막히면서 하루아침에 갑자기 천고千古의 비통함을 맛보게 되었으니 그 마음을 어떻게 형언할 수가 없다. 이에 세상 사람들이 모두 보고 들어서 훤히 드러난 사실을 간추려 삼가 행장을 짓는 바이다.

翠微大師行狀[1)]

先大師諱守初。字太昏。翠微其號。成姓。系出昌寧。本朝名臣三問之旁裔也。萬曆庚寅六月初三。生于京城領宮之北。娠夕之夢。誕旦之瑞。不無而可略也。爲兒嬉戱。則必爲佛事。已則傲兀而坐。岀然如入定僧。見者咸異之曰。非是塵臼中人。賦鳩之歲。喪考妣。唯兄嫂是依。及志學。唾財賄尙偶儻。一夕薦枕。形未及交。怳然有梵僧疾嚤曰來何遲。如是者再。急起坐。遲明告兄以所夢。求出家。即以手窒口曰。勿復出此語槎矣。嘿然而退。不樂者數日。才浹旬晨夜。便踰城走。依雪嶽耆宿敬軒。落鬘擁毳。丙午南抵頭流。首謁浮休。具尸羅執巾匜。侍左右時。碧嵓師翁。以小長老。居第一座。一日休摩師會撮。而謂第一座曰。異日大吾道者。必此沙彌。吾耄且疾。

非久於世。以付汝。好自將護。其器重如此。旣勝冠。遍踏區宇。叩叅宿匠。所至法席。莫不操戈。嘗歎曰。古之抱德行道者。率皆漁獵他宗異學。對儒談儒。逢老談老。禦其侮誚。俾昌熾佛聖之化。豈若今之蓬心墻面者哉。卽返京輦。出入翰相之門。師友貴游薦紳。討論墳典。咀嚼菁華。進之無已。寓一庵宿。有靑衿四五輩。以癯烏爲韻。請賦詩。師立吟。其末句云。平生無長物。唯有竹枝烏。時稱竹枝烏僧云。會碧嵓轉化關東。師忽心語曰。夫零染之士。醉心祖道爲樂。何一向寓目於俗典耶。荷枊標徑造。而値其陞座。卽遶牀三匝。展坐具設。禮儗問訊。嵓曰何處得一擔紅婆子來。師曰欲放下無着處。嵓曰卸後相見。師擺袖歸寮。嵓以休之囑。密指顯諭。縱橫激發。師心冥意會。箭鋒交拄。旣象駕南旋。師隨御而歸。陪侍積稔。芟其枿拔其椿。洞啓關鍵。深入淵玄。嵓印之曰。宗門準的。是時無染熏公。以敎場傑魁。八表義學風趨駿奔。橫經問難。師又禮事之。益精練契經奧義。自是禪兼頓漸。敎會性相。且經史子集。該綜博究。綽有餘裕。師出一言若崩。厥角罔不靡。然趨下風矣。至於師資激敭。或能批頰扚髻。此非中容下士所能擬議故。多以爲大甚逕廷。不近常情。若臨濟之於黃蘗焉。陸沉于衆有年。崇禎己巳。衆請出世。乃開堂于玉川之靈鷲。學徒臻湊。時相國張公維。命希古上人。結社於北山。嚮師道風。屢以折簡請。師重席。牢讓不赴。益重之。遺以珃㻨數珠一串。壬申被請抵關北。唱道於悟道雪峰諸山。道聲遐布。四來玄侶。坌然畢萃。法席蔚然。大振嶺外。禪學之盛。自此始。居無何欲航游海西。諮決餘疑。遂結同志四人擔簦而邁。至陽德時。値逮夷東躪。路梗不得達。丁丑東之太白經一白。明年南還。省碧嵓。嵓方罷義旅。歸方丈舊栖。尋闡化於雞足之芝慧。白雲之龍門。癸未晉牧李公昭漢。請移七佛。衆盈三百。接人治己。吻昕匪懈。姜公大遂。繼涖玆邦。累入社談。論必移日。玄言亹亹。注瀉無竭。莞然奇之曰。眞僧中杞梓也。壬辰自長之珍原。回錫智異。適李公之蘊。出守龍城。迎入州郭。留數日。頗味高論曰。禪學高明。於師見矣。常字而不名。丙申自寶盖之盤龍。內翰申公最。出佐關北幕。行過德源。遣郵卒致書曰。由旬之地。未獲瞻仰。弟子緣薄。其欽重又若是。己亥初冬。以嵓老且病。歸侍。華嚴開。春正月嵓順寂。繇是居無乏所。或南或北。專以教詔爲己任。誘迪學者。必以眞慈善導。不爲表襮。激滯磨昏。少無忤色。人皆敬服。師之所詣。超今古絶依倚。駈山塞海。融會爲一味。深砭學者守株刻舟之病。醫門多疾。疑難鋒出。辨決如流。譬如鯤鯨蝘鼠。共飲河海。不過滿腹而已。虛而徃實而歸。憧憧不絶。坐曹溪道場前後一紀。寺有四大殿闕肖像。命工捏而塑之。四殿實六軀。從而繪畫者如之。凡諸駐札。繪若塑其數幾千。或難之何以有爲爲。必無爲爲。答曰爾見獨足而行者乎。佛之爲佛。以福慧雙行而已。故稱兩足尊。其所守不偏大致類是。丙午施絳紗于九月之元淨。越明年。憇錫于黃岡之深源。節度使成公栻。別乘尹公遇甲。皆馥師之道。俄有疾。節度數以价問。遺之以藥。厥秋七月。遷席妙香。海衆駢趍。至數百餘指。先是閱禪門拈頌。至淨嚴邃禪師偈曰。承春高下盡嬋妍。雨過喬林叫杜鵑。如服一杯降氣湯。胸次灑然。乃掩卷曰。凡諸語言文字。盡爲糟粕。豈有餘味也。至是據猊座。談柄一揮。顯暢禪旨。門風峭峻一席皆瞪目聳聽曰。曾未之有。至有涕洟而慶法者。持蠡之徒。莫能闚其涯涘望洋。而退者盖夥。次年春王正月。告衆曰。捨此一報身。必有所將歸。嶺北理杖屨。二月甲申。移入仲州五峰之三藏。夏四月己巳。示微恙。府伯洪公錫龜數問之與成藥。師却之曰。死生有數。安用藥爲。六月乙酉。䴡浴更衣。鳴楗椎。訣衆曰。從朝而行。及暮而息。未有長行而不息者。吾將息矣。汝等各信自心。勿外邊浪走。老僧生七十有九。坐六十有五。年非不耆。臘非不高。何所慊焉。毋懊惱。毋厚葬。毋封塔。求諸銘。屈三指示之。有索辭世偈者。師曰。吾常笑諸方所爲。況自爲之耶。幸勿聒撓之心。後三日丁亥日至禺中。喚侍僧曰。今日早齋。齋罷。幼艾環擁丈室。令各籲無量壽佛盡十聲。結趺向西。合爪而坐化。經七日癸巳。遂闍維於寺之東麓。六郡緇素畢集。頂門一骨。爆出香薪之外。門人覺屹等。奉歸雪峰山碧松臺。誦呪懇求三七日。獲舍利兩粒。即明年三月初七日也。起

475

方墳度安者凡三所。仲州之五峯。鶴城之雪峯。昇平之曹溪也。自易簀比
樹塔之日。瑞徵非一。不可殫記。初校理趙公重呂。自未釋褐。英聲振一世。
與師結方外交。當世名公魁士之慕眞乘者。鮮不與善。唯東嶽李公安訥。澤
堂李公植。相國金公堉。侍郞任公有後。最相厚。禪宴之隟。又善偈句。有
歌詩一卷。門弟子各得皮髓。爲人師範者。三十有二人。雪峯海蘭。天冠敏
機。五峯喆照。盤龍廣泓。九月天訥。爲之首。或藏嵓穴而獨善。或委軀命以
衛護者。逮七十有奇。胚胎前光。彝範來蒙。大闡臨濟宗風。垂四十載。果
如休所誌。性聰早游先師之門。最承法施涥[2]恩。樑木忽摧。德音永閟。一
旦奄成千古悲。不勝懷撫其世人所共聞見之章章者。謹狀。

---
1) ㉮ 저본에는 제목 위에 '附錄' 두 글자가 있었으나 편자가 삭제하였다. 2) ㉯ '涥'은 '鴻'의 오자이다.

『취미대사시집』끝
翠微大師詩集終

주

1 진월秦越 : 진秦나라는 서북쪽에 있고 월나라는 동남쪽에 멀리 떨어져 있기 때문에, 서로 헤어져서 만나지 못하는 것을 비유하는 말로 쓰인다.

2 망가진 수레에~것만 같았다오 : 상대방의 기대에 부응하지 못할까 불안해하며 두려워했다는 뜻이다. 당나라 한유韓愈의 시에 "군자의 덕을 고맙게 생각하며, 망가진 수레에 탄 것만 같았다오.(感荷君子德。悅若乘朽棧。)"라는 구절이 있다. 『韓昌黎集』 권5 〈贈張籍〉.

3 하나의 이치로~일을 꿰뚫나니 : 공자가 제자 증삼曾參을 불러서 "나의 도는 하나의 이치로써 모든 일을 꿰뚫고 있다.(吾道一以貫之)"라고 하자, 증삼이 "네, 그렇습니다.(唯)"라고 곧장 대답하고는, 다른 문인에게 "부자의 도는 바로 충서이다.(夫子之道。忠恕而已矣。)"라고 설명해 준 내용이 『論語』 「里仁」에 나온다.

4 대붕大鵬과 척안斥鷃 : 대붕은 하늘을 뒤덮을 정도로 큰 새, 척안은 메추라기와 같은 작은 새로서 각각 대소大小를 나타낸다. 『莊子』 「逍遙遊」에 이에 대한 내용이 나온다.

5 실로 아름답지만~땅이 아님이여 : 경치가 아무리 아름다워도 나그네의 시름은 어찌할 수 없다는 말로. 후한 말 위나라 왕찬王粲이 동탁董卓의 난리를 피하여 형주荊州의 유표劉表에게 가서 잠시 몸을 의탁하고 있을 적에, 유표에게 그다지 중한 대우를 받지 못하는 가운데 고향 생각이 절실해지자, 강릉江陵의 성루城樓에 올라가서 고향 하늘을 바라보며 「登樓賦」를 지었는데, 그중에 "실로 아름답지만 우리 땅이 아님이여, 어찌 잠깐만이라도 머물 수 있으리오.(雖信美而非吾土兮。曾何足以少留。)"라고 탄식하며 객지의 시름을 토로한 구절이 나온다. 「登樓賦」는 『文選』 권11에 수록되어 있다.

6 상유상유桑榆 : 뽕나무와 느릅나무라는 뜻으로, 해가 질 때에는 저녁 햇빛이 이 나무의 가지 끝에 비친다고 해서 일모日暮 혹은 노년을 비유하는 말로 쓰인다.

7 그만둘 줄~않을 텐데 : 『道德經』 제44장의 "만족할 줄을 알면 욕되지 않고, 그만둘 줄을 알면 위태롭지 않게 된다.(知足不辱。知止不殆。)"라는 말을 인용한 것이다.

8 간택揀擇을 혐의한다는 말도 있지만 : 중국 선종 3조인 승찬僧璨의 『信心銘』에 "지극한 도는 어려울 것이 없다. 오직 간택하는 것을 혐의할 뿐이다.(至道無難。唯嫌揀擇。)"라는 구절이 나온다. 『碧巖錄』 제2칙則에도 '조주지도무난趙州至道無難'이라는 제목으로 이 내용이 공안公案으로 제시되고 있다.

9 열반묘심涅槃妙心 정법안장正法眼藏을~걸출한 두타였다네 : 석가모니가 영산회상靈山會上에서 염화시중拈華示衆 했을 때에, 대중이 모두 침묵을 지키는 가운데 오직 가섭迦葉만이 파안미소破顔微笑를 짓자, 석가모니가 "나에게 있는 정법안장·열반묘심·실상무상實相無相·미묘법문微妙法門·불립문자不立文字·교외별전敎外別傳을 마하가섭摩訶迦葉에게 부촉하노라."라고 했다는 말이 육조 대사六祖大師의 『法寶壇經』 서문과 『五燈會元』 권1 등에 나온다. 현우현玄又玄은 『道德經』 제1장의 "현묘하고 현묘하니 모든 현묘함의 문이로다.(玄之又玄。衆妙之門。)"라는 말에서 나온 것이다.

10 계족산雞足山에서 선정에 들 때 : 가섭이 여래의 의발을 전수받고 이를 부처의 부촉附囑에 따라 미륵에게 전하기 위해 계족산에 가서 선정에 든 뒤 가부좌하고 입멸入滅하자 계족산 세 봉우리가 하나의 산으로 합쳐졌는데, 장차 미륵불이 하생下生하여 손가

• 477

락으로 튕기면 그 산이 다시 열리면서 가섭이 선정에서 깨어나 의발을 전하게 된다는 불교 설화가 전한다. 『佛祖統記』 권5 「始祖摩訶迦葉尊者」.

11 **아난다阿難多에게 불법佛法을~내려놓게 하였어라** : 아난다는 불타의 십대제자 중 하나로 다문제일多聞第一로 꼽히는데, 보통 아난으로 줄여서 칭한다. ⓢ Ānanda의 음역이며 환희歡喜라 의역한다. 아난이 가섭에게 "세존이 금란가사金襴袈裟를 전한 외에 별도로 무슨 물건을 또 전해 주었는가?"라고 물었는데, 가섭이 "아난이여!" 하고 부르자 아난이 바로 "예!"라고 대답하니, "문 앞의 찰간을 땅에 내려놓아라.(倒卻門前刹竿著)"라고 일갈한 선종의 이른바 가섭도각찰간迦葉倒卻刹竿 공안이 전한다. 『無門關』 제22칙에 나온다. 찰간은 절 앞에 세우는 깃대와 비슷한 물건을 말한다.

12 **한 모퉁이로~모퉁이 반증하면서** : 『論語』 「述而」의 "한 모퉁이를 가르쳐 주었는데도 나머지 세 모퉁이를 알아채어 반증하지 못한다면 더 가르쳐 줄 것이 없다.(學一隅不以三隅反。則不復也。)"라는 공자의 말을 전용한 것이다.

13 **준마가 채찍을~엿보듯 하리라** : 준마가 채찍 그림자만 보고도 말 탄 사람의 마음을 알아차려서 달리는 것처럼, 근기가 뛰어난 수행자는 약간의 암시에도 곧장 깨달을 수 있다는 말이다. 외도外道가 말없이 앉아 있는 불타의 모습을 보고서 크게 탄복하며 깨달음을 얻었다고 하였는데, 그 외도가 나간 뒤에 아난이 어떻게 된 일인지 물으니, 불타가 "세상의 준마가 채찍 그림자만 보고도 달리는 것과 같다.(如世良馬見鞭影而行)"라고 답변한 이야기가 『碧巖錄』 제65칙 「外道問佛」에 나온다.

14 **음광飮光** : ⓢ Kāśyapa의 의역으로, 가섭을 가리킨다.

15 **용수龍樹** : 대승의 공관空觀을 확립한 인도의 용수보살을 말한다. 용수보살은 선종에서 초조인 마하가섭 이후 제13조로 추앙된다.

16 **덕산德山** : 당나라 덕산 선감德山宣鑑 선사를 가리킨다. 덕산의 문하인 양주 관남關南의 도오 화상道吾和尙이 상당上堂하여 "관남의 북을 치고, 덕산의 노래를 부른다.(打動關南鼓。唱起德山歌。)"라고 하였다는 말이 『景德傳燈錄』 권11 「前關南道常禪師法嗣」 조에 나온다.

17 **무생無生** : 생멸이 없는 제법실상諸法實相의 도리를 뜻하는 불교의 용어이다.

18 **취모검吹毛劍** : 칼날 위에 터럭이 닿기만 해도 잘라질 만큼 날카로운 칼이라는 뜻으로, 보통 반야자성般若自性을 비유하는 말로 쓰인다. 『碧巖錄』 제100칙에 취모검을 소재로 한 공안이 나온다.

19 **전기全機** : 대용大用과 함께 임제종에서 즐겨 쓰는 용어인데, 기機는 기용機用의 뜻으로 선 수행자의 무애자재無礙自在한 활동을 뜻한다.

20 **물고기를 잡고~통발을 잊어야지** : 『莊子』 「外物」에 "통발은 물고기를 잡기 위한 것이니, 물고기를 잡고 나면 통발을 잊어야 하고, 덫은 토끼를 잡기 위한 것이니, 토끼를 잡고 나면 덫을 잊어야 한다. 마찬가지로 말이라는 것도 가슴속의 뜻을 전하기 위한 수단에 불과하니, 그 속뜻을 알고 나면 말을 잊어버려야 한다. 내가 어떻게 말을 잊어버린 사람을 만나 그와 함께 말을 해 볼 수 있을까.(筌者所以在魚。得魚而忘筌。蹄者所以在免。得免而忘蹄。言者所以在意。得意而忘言。吾安得夫忘言之人而與之言哉。)"라는 내용이 나온다.

21 **금선金仙** : 금빛 나는 신선이라는 뜻으로 불타의 별칭이다. 당나라 무종 때 부처의 호를 대각금선大覺金仙으로 고쳤고, 송나라 휘종 때 석가는 금선으로 보살은 대사大士

로 승려는 덕사德士로 고친 일이 있다.

22 작년엔 송곳~송곳조차 없네 : 『莊子』「盜跖」에 "요임금과 순임금은 천하를 소유하였지만, 자손들은 송곳 꽂을 땅도 없었다.(堯舜有天下。子孫無置錐之地。)"라는 말이 나오고, 『景德傳燈錄』 권11에 "작년 가난은 가난이 아니요, 금년 가난이 진짜 가난이라. 작년엔 송곳 꽂을 땅이 없더니, 금년엔 땅에 꽂을 송곳조차 없다네.(去年貧。未是貧。今年貧。始是貧。去年無卓錐之地。今年錐也無。)"라는 게송이 실려 있다.

23 빈집에서 대낮에~일으킬 듯도 : 까만 지팡이를 벽에 기대어 세워 놓으면, 우레가 치는 가운데 번개가 그 지팡이를 용으로 착각한 나머지 찾아올지도 모르겠다는 뜻의 해학적인 표현이다. 한유가 지팡이를 노래한 시에 "빈집에서 낮잠 즐기며 문에 기대 놓으면, 번개가 벽에 붙어 용을 찾아온다네.(空堂晝眠倚扁戶。飛電著壁搜蛟螭。)"라는 표현이 나오는데, 취미가 이 구절을 염두에 두고 지은 것으로 보인다. 『韓昌黎集』 권4 〈和虞部盧四酬翰林錢七赤藤杖歌〉.

24 다만 걱정은~날아오르는 것 : 선인仙人 비장방費長房이 호공壺公에게 얻은 대나무 지팡이를 타고 하늘을 날아 고향에 돌아온 뒤에 그 지팡이를 갈파葛坡 언덕 속에다 던졌더니 순식간에 용으로 변해 사라졌다는 전설이 전한 데서 이렇게 묘사한 것이다. 『後漢書』「方術傳 下」'費長房'.

25 화원花源 : 도연명陶淵明의 「桃花源記」에 나오는 무릉도원武陵桃源을 말한다. 진晉나라 때 무릉의 어부가 복사꽃이 흘러 내려오는 물길을 따라 거슬러 올라가서 진秦나라 때의 난리를 피해 들어온 사람들을 만났는데, 그곳이 워낙 선경仙境이라 바깥세상의 변천과 세월의 흐름도 잊고 산다는 내용이다.

26 나무가 흔들림은~머리를 씻음이라 : 송나라 임제종 승려인 분양 선소汾陽善昭의 어록에 "뽕나무에 돼지가 등을 비비고, 긴 강물에 오리가 머리를 씻는다.(桑樹猪揩背。長江鴨洗頭。)"라는 말이 나온다. 『人天眼目』 권1.

27 참현參玄 : 불법의 현지玄旨를 참구參究한다는 말이다. 『景德傳燈錄』 권30에 "삼가 참현하는 사람에게 아뢰노니, 광음을 헛되이 보내지 마시기를.(謹白參玄人。光陰莫虛度。)"이라는 말이 나온다.

28 혼자 웃은 한 소리 : 가섭의 염화미소拈華微笑를 가리킨다.

29 고산孤山 : 북송 때 은사隱士인 임포林逋를 가리킨다. 항주 전당錢塘 사람으로, 서호西湖의 고산에 초막을 짓고는 매화를 심고 학을 기르며 숨어 살았으므로 당시 사람들이 '매처학자梅妻鶴子'라고 일컬었다.

30 동악東嶽 이안눌李安訥~지은 시 : 『東岳集』 권24 〈壬戌七月既望。海浦舟中。集蘇東坡前赤壁賦字。七言近體十四首。五言近體二十首。七言絶句二十首。五言絶句五十首。共一百四首〉.

31 임술년 가을~노닌 것처럼 : 송나라 소동파의 「前赤壁賦」 맨 처음에 "임술년 가을 7월 16일에, 소자가 객과 함께 적벽 아래에 배를 띄우고 노닐었다.(壬戌之秋。七月既望。蘇子與客泛舟。遊於赤壁之下。)"라는 구절이 나온다.

32 일 스님은~스님은 화답하고 : 『東岳集』 권24의 자주自註에 "시승 수초와 희안은 모두 시가를 잘한다. 수초의 자는 태일이다.(詩僧守初希安。皆能歌。守初字太一。)"라는 내용이 나온다.

33 중향衆香의 산 : 금강산을 가리킨다. 중향은 담무갈曇無竭이 주인이라는 중향성衆香

城의 준말이다. 담무갈은 ⓢ Dharmodgata의 음역으로, 『新華嚴經』 권45 「菩薩住處品」에 나오는 보살의 이름이다. 보통 법기보살法起菩薩로 많이 알려져 있는데, 이 밖에도 법희보살法喜菩薩 · 법기보살法基菩薩 · 보기보살寶基菩薩 · 법상보살法尙菩薩 · 법용보살法勇菩薩 등의 별칭이 있다. 문수보살이 오대산을 주처住處로 삼는 것처럼, 담무갈은 금강산에 거한다고 하는데, 금강산에 대해서는 이설이 있으나 보통은 우리나라의 금강산이라는 것이 통설이다.

34 병석瓶錫 : 승려의 필수품인 병발甁鉢과 석장錫杖을 가리킨다.

35 함원전含元殿은 원래 장안長安에 있느니라 : 함원전은 장안에 있는 당나라의 궁전 이름이다. 『大慧普覺禪師語錄』 권2에 "성색과 언어를 떠나서 도의 참된 실체를 찾으려 한다면, 그것은 함원전 속에서 다시 장안을 찾는 것과 흡사하다.(若離聲色言語求道眞體。大似含元殿裏更覓長安。)"라는 말이 나온다.

36 영원동靈源洞 : 금강산의 계곡.

37 소금과 맛을~못한다 해도 : 은나라 고종이 부열傅說을 재상으로 임명하면서 국에 간을 맞추는 소금과 매실(鹽梅)의 역할을 해 달라고 부탁한 고사가 있다. 『書經』 「說命 下」.

38 원공遠公 : 동진의 고승 혜원惠遠을 가리킨다. 그가 여산廬山의 동림사東林寺에서 유유민劉遺民 · 뇌차종雷次宗 등 명유名儒를 비롯하여 승속僧俗의 18현賢과 함께 염불결사結社를 맺었는데, 그 사찰의 연못에 백련白蓮이 있어 백련사白蓮社라고 일컬었다는 고사가 있다. 『蓮社高賢傳』 「慧遠法師」.

39 안심방安心方 : 항상 편안한 본래의 마음을 찾는 길을 말한다. 중국 선종의 2조 혜가慧可가 초조인 달마에게 "내 마음이 편안하지 못하니 스승께서 마음을 편안하게 해 주셨으면 합니다.(我心未安。請師安心。)"라고 하자, 달마가 "그 마음을 가지고 와라. 너에게 편안함을 주겠다.(將心來。與汝安。)"라고 하였는데, 혜가가 한참 뒤에 "그 마음을 찾아보았으나 찾을 수가 없었습니다.(覓心了不可得)"라고 하니, 달마가 "내가 너에게 이미 안심의 경지를 주었다.(吾與汝安心竟)"라고 한 안심법문安心法門 고사가 전한다. 『景德傳燈錄』 권3.

40 단나檀那를 행함은 우보羽寶가 아니요 : 귀한 재물을 희사喜捨하는 것만이 진정한 보시가 아니라는 말이다. 단나는 육바라밀六波羅蜜의 하나인 보시바라밀布施波羅蜜을 말하고, 우보는 우보지거羽寶之車의 준말로 귀인이 타고 다니는 호화스러운 수레를 말한다.

41 계율을 지킴은 아주鵝珠가 그것이라 : 계율을 자기 목숨보다도 귀하게 여겨 철저히 지켜야 한다는 말이다. 아주는 거위가 삼킨 구슬이라는 말로, 『大莊嚴論經』 권11에 그 이야기가 나온다. 한 승려가 걸식하다가 국왕을 위해 마니주摩尼珠를 가공하는 장인匠人의 집에 들렀는데, 거위가 구슬을 삼킨 사실을 모른 주인이 승려를 의심한 나머지 구타하여 선혈이 낭자하였는데도 승려는 끝까지 입을 다물었다. 승려가 침묵을 지킨 이유는, 사실대로 말하면 거위를 죽게 할 것이니 불살생계不殺生戒를 어기게 되고, 거짓말을 하면 불망어계不妄語戒를 어기게 되기 때문이었는데, 나중에 거위의 배 속에 구슬이 있는 것이 밝혀져 주인이 백배사죄했다는 내용이다.

42 탕휴湯休 : 남조 송나라 때 시승詩僧인 혜휴惠休를 말한다. 그는 포조鮑照와 시를 주고받으며 친하게 교유하였는데, 그의 속성이 탕湯씨여서 탕혜휴湯惠休 혹은 탕공湯公,

탕사湯師라 일컫는다.

43 임금님의 힘이~스스로 먹고사는걸 : 나라의 정치와는 상관없이 태평스럽게 사는 모습을 형용한 말이다. 요임금 때 노인이 지었다는 〈擊壤歌〉에 "해가 뜨면 일어나고 해가 지면 쉬면서, 내 샘을 파서 물 마시고 내 밭을 갈아서 밥 먹을 뿐이니, 임금님의 힘이 도대체 나에게 무슨 상관이랴.(日出而作。日入而息。鑿井而飲。耕田而食。帝力於我何有哉。)"라는 내용이 나온다.

44 주중빈主中賓 : 임제종의 창시자 의현義玄이 학인을 제접提接하기 위해 제창한 이른바 사빈주四賓主 가운데 하나로, 주와 빈은 각각 스승과 제자를 가리킨다.

45 세류영細柳營 : 서한의 장군 주아부周亞夫의 군영 이름으로, 한나라 문제文帝가 시찰을 왔을 때에도 군사들이 장군의 명령만 따르면서 황제를 제지한 고사로 유명하다. 이후 군기軍紀가 엄한 장군의 군영을 가리키는 말이 되었는데, 여기서는 수영水營의 비유로 쓰였다.

46 팔월의 뗏목 : 옛날에 바다와 은하수의 길이 통해서, 어떤 사람이 8월에 뗏목을 타고 하늘에 올라가 견우와 직녀를 만나고 왔다는 전설이 진晉나라 장화張華의 『博物志』 권10에 나온다.

47 휴공休公 : 육조 시대의 시승인 탕혜휴를 말한다. 주 42 참조.

48 적선謫仙의 노래 : 이백李白의 〈望廬山瀑布〉라는 시를 말한다. 두 수로 되어 있는데, 첫째 수의 맨 처음이 "서쪽으로 향로봉에 올라가, 남쪽으로 폭포수를 바라본다.(西登香爐峯。南見瀑布水。)"로 시작하고, 둘째 수에 "날리며 곧장 내려오는 삼천 척의 물줄기여, 어쩌면 하늘의 은하수가 떨어지는 건 아닐는지.(飛流直下三千尺。疑是銀河落九天。)"라는 장쾌한 표현이 나온다. 적선은 인간 세계에 귀양 온 신선이라는 뜻으로, 하지장賀知章이 이백을 처음 만나 그의 글을 보고는 붙여 준 별칭이다.

49 황면노자黃面老子 : 여래如來의 몸이 금색인 데에서 유래한 말로, 부처의 별칭이다.

50 취모검吹毛劒 : 주 18 참조.

51 영초影草 : 풀을 베어 묶어서 물속에 던져 넣은 뒤에 물고기가 그곳에 모여들면 그물을 던져서 한꺼번에 잡는 방식을 말하는데, 보통 선가禪家에서 학인을 계발하기 위한 방편 교설敎說을 뜻하는 말로 쓰인다. 또 간짓대 위에 물새의 깃털을 묶어 물속에 넣고 휘저어서 물고기를 한곳에 모이게 한 뒤에 그물을 던져 잡는 것을 탐간探竿이라고 하는데, 영초와 함께 임제종 사할四喝의 하나로 일컬어진다. 탐간영초는 줄여서 탐초探草라고도 한다.

52 영착郢斲은 코를 건드리지 않고 : 친하게 지내는 사이를 비유한 말이다. 영郢이라는 지역의 장석匠石이 도끼를 휘둘러서 사람의 코끝에 살짝 묻힌 하얀 흙만 교묘하게 떼어 내고 사람은 절대로 다치지 않게 하였는데, 그럴 때마다 흙을 묻힌 사람은 가만히 서서 미동도 하지 않았다. 뒤에 송나라 원군元君이 그 말을 듣고는 장석을 불러 시연試演을 청하자, 장석이 "예전에는 잘했지만 지금은 나의 단짝이 오래전에 죽어서 더는 솜씨를 발휘할 수가 없다.(臣則嘗能斲之。雖然。臣之質死久矣。)"라고 대답한 이야기가 『莊子』「徐无鬼」에 나온다. 이는 장자가 친구인 혜시惠施의 묘소를 지나가다가 종자從者에게 들려준 이른바 운근성풍運斤成風의 고사로, 흔히 지기知己를 뜻하는 비유로 인용되곤 한다.

53 아현牙絃은 다행히 종을 얻었도다 : 의기투합하는 지기의 관계를 비유한 말이다. 아현

은 백아伯牙의 거문고를 뜻하고, 종은 종자기鍾子期를 가리킨다. 춘추시대 거문고의 명인 백아가 높은 산에 뜻을 두고 연주를 하면 친구인 종자기가 그 음악 소리를 듣고는 "멋지다. 마치 태산처럼 높기도 하구나."라고 평하였고, 흐르는 물에 뜻을 두고 연주를 하면 "멋지구나. 마치 강하처럼 넘실대는구나."라고 평하였는데, 종자기가 죽고 나서는 백아가 더 이상 세상에 지음知音이 없다고 탄식하며 거문고 줄을 끊어 버린 고사가 전한다. 『列子』「湯問」, 『呂氏春秋』「本味」.

54 계족봉에서 여름~달 보내고 : 하안거夏安居를 마쳤다는 말인 듯하다. 가섭이 계족산에 들어가 미륵불이 하생할 때까지 선정禪定에 들고 있다는 전설이 있다.

55 생각건대 서한의~거쳐 갔겠지 : 전한의 박망후博望侯 장건張騫이 무제武帝의 명을 받고 대하大夏에 사신으로 나가서 황하의 근원을 찾을 적에 뗏목을 타고 달포를 지나 은하수 위로 올라가서 견우와 직녀를 만나고 왔다는 전설이 전한 데서 이렇게 말한 듯하다. 『天中記』 권2.

56 평초平楚 : 높은 곳에서 바라볼 때 나무숲이 가지런하게 보이는 것을 말한다.

57 삼소三笑하고자 함이 아니요 : 동진의 고승 혜원이 있는 여산 동림사에 도잠陶潛과 육수정陸修靜이 찾아가서 환담을 나누고 헤어질 때, 사원 앞에 흐르는 호계虎溪의 다리를 건너다가 세 사람이 의기투합하여 큰 소리로 웃었다는 호계삼소虎溪三笑 고사가 있다. 『蓮社高賢傳』 「百二十三人傳」.

58 벽경壁經 : 벽중壁中의 경서經書라는 말로, 유교의 서책을 가리킨다. 한나라 무제 말기에 노나라 공왕恭王이 자기 궁실宮室을 넓히려고 공자의 구택舊宅을 헐다가 갑자기 종경鐘磬과 금슬琴瑟 소리가 들려오자, 두려운 생각이 들어 공사를 중단하고는 그 벽 중에서 『古文尙書』 등 수십 종의 고문 경전을 발굴하였던 고사가 『漢書』 「藝文志」에 전한다.

59 연사蓮社 : 백련사白蓮社의 준말로, 사원에서의 멋진 모임을 가리킨다. 동진의 혜원이 승속僧俗의 18현賢과 염불결사를 맺었는데, 그가 주석하던 여산 동림사의 연못에 백련白蓮이 있었으므로 백련사라고 일컫게 되었다.

60 불이문不二門 : 불이법문不二法門의 준말로, 유일무이한 불법의 진수 혹은 최고의 경지를 비유하는 말이다. 유마거사維摩居士가 중생의 병이 다 낫기 전에는 자신의 병도 나을 수 없다면서 드러눕자 세존이 문수보살 등을 보내어 문병하게 하였는데, 문수가 불이법문에 대해 물었을 때 유마가 묵묵히 아무런 대답도 하지 않자, 문수가 탄식하며 "이것이 바로 불이법문으로 들어간 것이다.(是眞入不二法門也)"라고 했다는 이야기가 『維摩經』 「入不二法門品」에 나온다.

61 누가 알랴~생각할 줄을 : 승려인 취미가 유생인 신 상사를 그리워하고 있다는 말이다. 여악廬嶽의 연사蓮社는 동진의 고승 혜원이 여산 동림사에서 승속 18현과 결사를 맺은 것을 말한다. 갈홍천葛洪川은 당나라 소설에 나오는 냇가의 이름인데, 여기서는 친구를 추억하는 뜻으로 쓰였다. 그 사연을 간단히 소개하면 다음과 같다. 당나라 때 이원李源이라는 사람이 낙양洛陽 혜림사惠林寺에 있을 적에 승려 원택圓澤과 친하게 지냈다. 하루는 둘이 배를 타고 남포南浦에 놀러 갔다가 비단 배자褙子를 입고 물을 긷는 한 부인을 보았는데, 원택이 울면서 이원에게 말하기를 "저 부인이 임신한 지 3년이 되었는데, 내가 죽어서 그의 아들이 될 것이다. 지금부터 12년 뒤 중추일中秋日 달밤에 항주 천축사天竺寺 밖에서 다시 만나자."라고 하였다. 원택은 그날 밤에 과연 죽

었고, 그 부인은 그날 아이를 낳았다. 이원이 12년 뒤에 그곳을 찾아가 보니, 갈홍천 가에서 한 목동이 소뿔을 두드리며 자기의 옛날의 원택임을 증명하는 노래를 불렀으므로 서로 옛 친구임을 확인하고는 안부를 묻고서 다시 헤어졌다고 한다.

62 **안도安道** : 진晉나라 대규戴逵의 자인데 친구의 뜻으로 쓰였다. 왕휘지王徽之가 폭설이 쏟아진 날 밤에 갑자기 친구인 대규가 그리워서 산음山陰에서 섬계剡溪까지 밤새도록 배를 몰고 그 집 앞까지 갔다가 그냥 돌아온 고사가 있다. 『世說新語』「任誕」.

63 **중현重玄** : 거듭 현묘하다는 말로, 심오한 도의 세계를 가리킨다. 『道德經』제1장의 "현묘하고 현묘하니 모든 오묘함의 문이로다.(玄之又玄。衆妙之門。)"에서 유래한다.

64 **인仁과 지智의~좋아하며 노닌다오** : 『論語』「雍也」에 "지자는 물을 좋아하고 인자는 산을 좋아한다.(智者樂水。仁者樂山。)"라는 공자의 말이 나온다.

65 **헤어짐에 다다라~정이 많으니** : 도원陶遠은 도연명陶淵明과 혜원慧遠이라는 말로, 유자儒者인 정두경과 승려인 취미를 가리킨다. 삼소三笑는 호계삼소의 준말이다.

66 **공명共命** : 공명조共命鳥의 준말. ⓢ jīvaṁ-jīvaka 즉 기바기바耆婆耆婆迦의 의역으로, 명명조命命鳥 혹은 생생조生生鳥라고도 한다. 꿩과에 속하는 새로 설산雪山의 신조神鳥로 여겨지는데, 새소리가 아름다워서 가릉빈가迦陵頻伽와 함께 불경에 자주 등장한다.

67 **불이不二** : 불이문不二門의 준말이다. 주 60 참조.

68 **삼현三玄** : 임제종의 창시자인 임제 의현臨濟義玄이 학인을 지도하면서 사용하던 방법인 삼현三玄의 구句를 말한다. 이에 대해서는 해설이 분분하나 전통적인 해석은 다음과 같다. 제1구. "임제 내가 제시한 삼요의 인을 찍으면 붉은 도장 자국이 비좁기만 한데, 어떻게 생각할 사이도 없이 주인과 객의 신분이 분별되고 만다.(三要印開朱點窄。未容擬議主賓分。)" 제2구. "문수보살이 어찌 교학을 닦는 무착의 질문을 수용하겠는가마는, 방편이라 하더라도 어찌 뛰어난 근기를 저버리기야 하겠는가.(妙解豈容無着問。漚和爭負截流機。)" 제3구. "무대 위의 꼭두각시 춤을 보아라. 앉고 서고 하는 것이 숨은 사람의 짓이니라.(看取棚頭弄傀儡。抽牽元是裏頭人。)" 『鎭州臨濟慧照禪師語錄』「上堂條」〈人天眼目〉권1.

69 **왕춘王春** : 공자가 『春秋』를 편찬할 때 노나라 은공隱公 원년 조에 '춘왕정월春王正月'이라고 쓴 데서 나온 말로, 천하를 통일한 제왕의 봄이라는 뜻이다. 대개 새해 봄을 가리키는 말로 쓰인다.

70 **사해四海가 미천彌天을 대하였도다** : 두 사람이 유자와 불승佛僧이라는 신분을 떠나 서로 만나서 친하게 되었다는 말이다. 진晉나라 고승 도안道安이 형주荊州에 와서 저명한 문학가인 습착치習鑿齒를 만나, "나는 미천 석도안彌天釋道安이오."라고 자신을 소개하자, 습착치 역시 "나는 사해 습착치四海習鑿齒요."라고 재치 있게 답변하며 서로 친해진 고사가 전한다. 『晉書』권82 「習鑿齒傳」. 미천은 하늘에까지 잇닿았다는 말로, 지기志氣가 고원高遠함을 비유한 말이다.

71 **하의荷衣** : 연잎으로 만든 옷이라는 뜻으로, 은자의 의복을 가리킨다.

72 **봉영蓬瀛** : 신산神山인 봉래蓬萊와 영주瀛洲의 합칭으로 보통 선경을 가리킨다.

73 **청조靑鳥가 날아오는~옛 약속** : 전설적인 선녀 서왕모西王母가 사자使者를 보내어 선도仙桃를 즐길 수 있도록 초청한다는 말이다. 청조는 서왕모의 사자라고 하는 청색의 신조神鳥를 말한다. 서왕모가 거하는 곤륜산 꼭대기에 선도 나무가 있는데, 일찍

• 483

이 한나라 무제에게 그 복숭아를 대접했을 때 무제가 그 씨를 남겨 두어 땅에 심으려고 하자, 서왕모가 웃으면서 "그 복숭아는 3천 년에 한 번 열매를 맺을 뿐 아니라, 중국은 땅이 척박하니 심어도 자라지 않을 것이다."라고 말했다는 전설이 전한다. 『博物志』권8 「漢武帝內傳」. 관도觀桃는 복숭아 구경이라는 말이다.

74 적송赤松 : 고대 전설상의 선인仙人인 적송자赤松子를 말한다. 한나라의 개국공신 장량張良이 유후留侯로 봉해진 뒤에 "인간 세상의 일을 버리고 적송자를 따라 노닐고 싶다."라고 하고는 불 땐 음식을 먹지 않는 벽곡辟穀과 몸을 가볍게 하는 도인導引을 행했다는 기록이 『史記』「留侯世家」에 나온다.

75 조두朝斗 : 도교에서 아침마다 북두北斗에 절하며 기도드리는 것을 말한다.

76 붉은 수염(赤髭) : 적자赤髭는 인명으로 천축의 불타야사佛陀也舍인데, 각명覺明이라 의역한다. 후진 홍시弘始 9년(407)에 장안에 와서 『毗婆沙論』을 좋아하여 윗수염이 붉어지니 당시 사람들이 적자비바사赤髭毗婆沙라 불렀다.

77 석문石門 : 쌍계사雙溪寺를 가리킨다. 지리산 쌍계사 동구에 두 개의 바위가 마치 문처럼 서서 대치하고 있는데, 고운孤雲 최치원崔致遠이 동쪽 바위에는 쌍계雙溪라고 새기고, 서쪽 바위에는 석문石門이라 썼다고 한다. 이 시가 『東岳集』권23 「拾遺錄 下」에 '삼가 수초 상인에게 지어 주면서, 아울러 충휘와 각성 두 장로에게 소식을 전하다(重贈守初上人。兼簡沖徽覺性兩長老)'라는 제목으로 나오는데, 그 원문에는 석문이 쌍계로 되어 있다.

78 북조남선北祖南禪 : 남선은 중국 선종 가운데 육조 혜능六祖慧能 계열의 돈오頓悟를 위주로 하는 종파를 가리키고, 북조는 점수漸修를 위주로 하는 신수神秀 계열의 종파를 가리킨다.

79 탁경청위濁涇淸渭 : 탁한 경수涇水와 맑은 위수渭水라는 말이다. 섬서성에 있는 이 두 강물은 서로 합류해도 본래의 청탁淸濁이 뒤섞이지 않는다고 하는데, 보통 인물의 우열이나 사물의 진위, 사리의 시비를 가리킬 때 쓰인다.

80 양촌陽村 : 권근權近의 호이다.

81 떠도는 왕손을~동정해 주랴 : 이른바 애왕손哀王孫 고사를 인용한 것이다. 한나라 개국공신으로 소하蕭何·장량과 함께 한초삼걸漢初三傑이라 불리는 회음후淮陰侯 한신韓信이 젊은 나이에 빈궁해서 끼니를 잇지 못할 적에 빨래터의 아낙네가 밥을 먹여 주었는데, 이에 한신이 감격해서 언젠가 반드시 크게 보답하겠다고 하자, 그 아낙네가 "대장부가 끼니도 해결하지 못하기에 내가 왕손을 동정해서 밥을 주었을 뿐이니 어찌 보답을 바라겠는가.(大丈夫不能自食。吾哀王孫而進食。豈望報乎。)"라고 말한 고사가 『史記』「淮陰侯列傳」에 나온다.

82 낭원閬苑 : 곤륜산 꼭대기에 있다는 선경의 이름이다. 그곳에 요대瑤臺라는 누대도 있다고 한다.

83 여기서 구산緱山까지~학이 배회하네 : 왕자교王子喬는 주나라 영왕靈王의 태자로 이름이 진晉인데 피리 불기를 좋아하여 곧잘 봉황의 울음소리를 내곤 하였다. 그가 선인仙人 부구공浮丘公을 따라 숭산嵩山에 올라가서 선도仙道를 닦은 뒤, 30년이 지난 칠월 칠석에 구산 정상에 백학을 타고 내려와서 산 아래 가족들에게 손을 흔들어 인사하고는 며칠 뒤에 떠나갔다는 전설이 있다. 『列仙傳』「王子喬」.

84 칼끝에 화살촉 던지기도 어려워라 : 뛰어난 근기의 소유자들이 만나서 불꽃 튀는 선기

禪機로 서로의 경지를 시험하며 대결하는 것을 말한다.

85 결하結夏 : 승려들이 음력 4월 보름부터 3개월 동안 사찰 밖으로 나가지 않고 좌선을 하며 공부에 매진하는 것을 말하는데, 결제結制 혹은 하안거夏安居라고도 한다.

86 가지 위에~몇 년이던가 : 오래도록 은거 생활을 했다는 말이다. 요임금 때 은사隱士인 허유許由가 기산箕山 아래 영수潁水 북쪽에 은거하면서 손으로 물을 움켜 마시다가, 어떤 사람이 표주박 하나를 주자 그것을 나뭇가지에 걸어 두었는데, 바람이 불 때마다 덜그럭거리는 소리가 나자 그 표주박까지도 번거롭다고 내버렸다는 고사가 전한다.

87 뒷날 유뇌劉雷와~백련꽃이 피리라 : 승속을 초월하여 이 절에서 유자와 불자가 의기투합하여 결사를 맺을 것이라는 말이다. 유뇌는 유유민劉遺民과 뇌차종雷次宗을 가리킨다. 동진의 고승 혜원이 여산의 동림사에서 유유민·뇌차종 등 명유名儒를 비롯하여 승속의 18현과 함께 서방정토에 태어나기를 기원하는 백련사라는 염불결사를 맺은 고사가 유명하다.『蓮社高賢傳』「慧遠法師」.

88 베틀의 북을~누구를 믿을거나 : 유언비어가 난무하듯 근거 없는 이야기가 떠도는 것을 말한다. 증자曾子와 이름이 똑같은 증삼曾參이라는 사람이 살인을 하였는데, 세 차례나 연속해서 증삼이 살인했다고 증자의 모친에게 잘못 전하니, 그 말을 믿지 않을 수가 없어서 그 모친이 길쌈을 하다가 북을 던지고 베틀에서 내려와 도주했다는 이야기가 전한다.『戰國策』「秦策」2.

89 종일 표주박~안씨의 누항陋巷이요 : 안빈낙도安貧樂道의 생활을 말한다.『論語』「雍也」에 "어질다, 안회顔回여. 한 그릇 밥과 한 표주박 물을 마시며 누항에 사는 것을 사람들은 근심하며 견뎌 내지 못하는데, 안회는 그 낙을 바꾸지 않으니 어질도다, 안회여.(賢哉。回也。一簞食。一瓢飮。在陋巷。人不堪其憂。回也。不改其樂。賢哉。回也。)"라고 칭찬한 공자의 말이 실려 있다.

90 서소書巢 : 송나라 육유陸游의 서실 이름이다. 그가 협소한 서재에 서책이 가득 차서 몸을 움직일 수 없을 정도가 되자, 자신의 서실을 서소라 이름하고「書巢記」를 지은 고사가 전한다.

91 문 닫은~해조解嘲를 본받으리오 : 한나라 양웅揚雄이 집 안에 조용히 앉아『太玄經』을 짓고 있을 적에 혹자가 그에게 도가 아직 깊지 못해서 곤궁한 게 아니냐고 조롱하자, 양웅이「解嘲」를 지어 해명하면서 "오직 적막함만이 덕을 지키는 집이다.(惟寂惟寞。守德之宅。)"라고 말하고, 또 "나는 묵묵히 나의 태현을 홀로 지킬 뿐이다.(默然獨守吾太玄)"라고 말한 고사가 전한다.『漢書』권87「揚雄傳」.

92 점치고 얻은~벽라의薜蘿衣를 끌어당기리오 : 안빈낙도하는 은자의 생활을 하고 있으니 아무도 세상일로 유혹할 수 없으리라는 말이다. 한나라 성제成帝 때 고사高士 엄군평嚴君平이 성도成都에서 점을 쳐 주며 숨어 살았는데, 날마다 생활에 필요한 100전錢의 돈을 얻기만 하면 문을 닫고『老子』를 강의했던 고사가 전한다.『漢書』권72. 벽라의는 칡덩굴 옷이라는 뜻으로, 산에 사는 은자의 옷을 가리킨다.

93 노로盧老도 일찍이~산을 넘었지 : 노로는 속성이 노盧씨인 육조 대사 혜능을 가리킨다. 그가 5조 홍인弘忍의 의발을 전해 받고는 몰래 사원을 빠져나와 도망친 뒤에 조계산에서 선풍禪風을 크게 떨친 고사가 전한다.

94 남곡藍谷의 미옥美玉이라서 놀랐고 : 그가 명문 출신이라는 말이다. 남곡은 섬서성의 미옥 생산지인 남전藍田을 가리키는데, 훌륭한 집안의 자제를 비유할 때 남전생옥藍

田生玉이라는 표현을 쓴다.
95 역양嶧陽의 오동임을 보았소 : 그가 자질이 뛰어난 현재賢才임을 확인했다는 말이다. 연주兗州 추현鄒縣에 있는 역산嶧山의 남쪽 언덕(嶧陽)에서 자라는 오동나무는 거문고를 만드는 최상급 재료로 전해 온다. 『書經』「禹貢」에도 서주徐州에서 특산물로 바치는 공물 가운데 역양의 고동孤桐이 들어 있다.
96 옥가루 : 뛰어난 문재文才나 구변口辯을 형용할 때 황금 부스러기와 옥가루(碎金屑玉)라는 표현을 쓴다.
97 건원乾元의 한~재를 일으키며 : 동지冬至가 돌아왔다는 말이다. 황종黃鍾은 십이율十二律의 첫 번째 율로 11월에 해당하는데, 동지가 되면 일양一陽의 기운이 처음으로 생기면서 그 율관律管 속을 채운 갈대를 태운 재가 풀썩 일어나며 반응한다고 한다.
98 동황東皇 : 봄을 주재하는 신화 속의 상제上帝 이름이다.
99 호승胡僧 : 서역이나 북방 등 외국에서 온 승려를 이르는 말이다.
100 부상扶桑 : 동쪽 바닷속에 있다는 상상의 신목神木으로, 해가 뜰 때에는 이 나무의 가지를 흔들고서 올라온다고 한다.
101 옥초沃焦 : 전설 속의 큰 산 이름으로, 동해의 남쪽에 있다고 한다.
102 영은靈隱 : 절강성 항주杭州의 서호 가에 있는 산. 서호 10경의 하나로 허유許由와 갈홍葛洪이 이곳에 은거하였다고 한다.
103 금오金烏 : 태양의 별칭이다. 태양 속에 세 발 달린 금 까마귀가 있다는 전설에서 유래한 것이다.
104 그 생애가 하나의 표주박이요 : 안빈낙도의 생활을 하고 있다는 말이다. 주 89 참조.
105 구련九蓮 : 구품九品의 연대蓮臺라는 말로, 극락정토에 왕생할 때 아홉 등급으로 나뉘는 연화대蓮花臺라는 뜻이다. 『觀無量壽經』에 의하면 아홉 등급은 중생의 근기를 상품上品·중품中品·하품下品으로 분류하고, 이를 다시 상생上生·중생中生·하생下生으로 나눈 것인데, 이에 따라 왕생하는 정토도 구품의 정토로 나뉘고, 이들을 맞는 아미타불도 구품의 미타로 나뉘고, 수인手印도 구품의 수인으로 나뉘고, 염불하는 방법도 구품의 염불로 나뉜다고 한다.
106 향성香城 : 『般若經』에 나오는 법용보살法涌菩薩의 주처住處. 상제常啼보살이 이곳에서 반야바라밀다를 구하였다고 한다.
107 삼대아승기겁三大阿僧祇劫 : 보살이 수행하여 부처가 되기까지 걸리는 시간을 말한다.
108 호중壺中의 별세계 : 선경仙境을 말한다. 후한 때의 한 선인仙人이 여남汝南의 시장에서 약을 팔면서 항상 옥상屋上에 호로병 하나를 걸어 놓고는 시장이 파하면 그 병속으로 뛰어 들어가곤 하였다. 당시에 시연市掾으로 있던 비장방費長房이 그 광경을 보고는 이상하게 여겨 그 선인을 찾아가 알현하고는 그를 따라서 함께 병 속으로 들어가 보니, 화려한 옥당玉堂에 좋은 술과 맛있는 안주가 그득하여 함께 술을 실컷 마시고 나왔다는 전설에서 유래한다. 이 전설에 따라 그 선인을 후세에 호공壺公이라 칭하게 되었다. 『後漢書』 권82 하 「費長房傳」, 『神仙傳』 「壺公」.
109 십주十洲 : 바다 가운데의 신선이 산다는 곳.
110 팔해八海 : 사방四方과 사우四隅에 있는 바다로, 천하의 모든 바다를 말한다.
111 세류細柳 : 군영軍營을 가리킨다. 주 45 참조.
112 원공遠公의 백련白蓮 : 동진 혜원이 백련결사를 맺은 동림사를 가리킨다.

113 단제斷際의 황벽黃檗 : 당나라 말기에 단제 선사斷際禪師 희운希運이 강서 의풍현宜豐縣의 황벽산黃檗山에 건립한 사원을 말하는데, 황벽사黃檗寺 혹은 영취사靈鷲寺라고 한다. 사방에서 학인이 운집하여 성황을 이루면서 황벽종黃檗宗의 선풍을 떨쳤다.
114 적자赤髭 : 주 76 참조.
115 설두雪竇 : 설두 중현雪竇重顯. 송나라 때 선승으로 설두산에서 운문종 중흥에 크게 힘썼다.
116 백씨白氏 : 고려 때 문장가인 백문보白文寶와 백문절白文節을 가리킨다.
117 최호崔顥 : 당나라 때 시인. 그가 지은 〈登黃鶴樓〉는 당나라 때 칠언율시 가운데 으뜸가는 명시로 꼽히는데, 이백이 이 시를 보고 격찬해 마지않으면서 자기도 이에 필적할 시를 지어 보려고 운韻과 시상詩想과 시구까지 모방하여 〈登金陵鳳凰臺〉라는 시를 지었다고 한다.
118 월사月榭 : 달을 감상하는 누각.
119 성궁星宮 : 궁전이나 높고 화려하게 지은 집.
120 제왕이 정찰淨刹을~꾼 때부터요 : 후한 명제가 꿈속에서 체격이 크고 정수리에서 광명을 발하는 황금색 사람(金人)을 보고는 신하들에게 물었는데, 불佛이라고 하는 서방의 귀신으로서 키가 1장丈 6척尺에 황금색이라고 대답하자 천축天竺에 사신을 보내어 불법을 구했으므로 마침내 중국에 불교가 들어왔다는 기록이 있다. 『後漢書』권88「西域傳」〈天竺〉.
121 인주麟洲 : 전설 속에 나오는 봉린주鳳麟洲로, 신선들이 산다고 하는 곳이다.
122 금정金精 : 달빛이나 햇빛을 말한다.
123 백악白嶽 : 북악산.
124 수부水府 : 해신海神이나 용왕이 산다고 하는 바닷속의 궁전을 가리킨다.
125 영주瀛洲 : 신선이 사는 곳.
126 한해瀚海 : 북쪽에 있다고 하는 큰 바다를 말한다.
127 벽계碧雞 : 전설 속에 나오는 신물神物이다.
128 총사叢祠 : 숲속에 있는 사당이다.
129 검문劍門 : 강소성에 있는 험한 절벽으로 경치가 아름답고 지대가 매우 높다.
130 비휴犹獬 : 호랑이를 잡아먹는다는 맹수인 비휴를 그린 기旗이다.
131 원당願堂 : 나라의 안녕을 빌고 민가나 왕실의 명복을 빌던 절. 또는 절의 일실一室.
132 두타頭陀 : Ⓢdhuta의 음역으로, 속세의 번뇌와 의식주에 대한 탐욕을 버리고 청정하게 불도를 수행하는 것을 말한다.
133 도솔兜率 : 불가에서 말하는 하늘의 하나. 여기서는 절을 의미한다.
134 삼족三足의 까마귀 : 태양 속에 산다는 세 발을 가진 까마귀. 이것이 곧 태양의 정기라고 한다.
135 구포九苞 : 봉황의 아홉 가지 특징을 말하는데, 흔히 봉황의 별명으로 쓰인다.
136 육시六時 : 하루를 아침·낮·해 질 녘·초저녁·밤중·새벽으로 나눈 것이다.
137 금륜성왕金輪聖王 : 전륜성왕 중에 가장 뛰어난 왕이다.
138 옥의玉扆 : 옥으로 장식한 궁중의 호화로운 병풍.
139 비보裨補 : 산천비보山川裨補의 준말로, 국가가 계속 번창하도록 각처에 절을 세워서 지덕地德이 쇠하는 것을 막고 부처의 가호를 빌어야 한다는 주장을 가리킨다. 고

려 초에 도참설圖讖說을 주장한 도선道詵의 밀기密記에 비보소神補所로 지정된 곳이 전국적으로 3,800군데나 되었으며, 신종 원년(1198)에는 아예 산천비보도감山川裨補都監을 설치하여 이에 대한 일을 관장하게까지 하였다. 『高麗史』 권18 「毅宗世家」 권77 〈百官志 諸司都監各色〉.

140 기원祇園 : 인도 사위성舍衛城의 수달 장자須達長者가 석가의 설법을 듣고 매우 경모한 나머지 건립해서 희사한 정사精舍의 이름이다. 왕사성王舍城의 죽림정사竹林精舍와 함께 불교 최초의 양대 정사로 꼽는다.

141 사신四信 : 신근본信根本·신불信佛·신법信法·신승信僧. ① 신근본 : 우주 만유의 근본. 인류의 참 생명인 유일唯一 실재의 진여를 믿음. ② 신불 : 진여의 현현賢現인 불타를 믿음. ③ 신법 : 부처님이 증득하신 진여의 공덕을 말한 교법을 믿음. ④ 신승 : 교법을 실현하여 자리이타自利利他의 행력을 부지런히 하여 향상向上을 기약하는 승려들을 믿음.

142 십선十善 : 몸(動作)·입(言語)·뜻(意念)으로 십악十惡을 범하지 않는 계제制戒. 불살생不殺生·불투도不偸盜·불사음不邪婬·불망어不妄語·불양설不兩舌·불악구不惡口·불기어不綺語·불탐욕不貪慾·불진에不瞋恚·불사견不邪見을 말한다.

143 천구天衢 : 하늘. 제왕이 거주하는 도성을 가리키기도 한다.

144 원형元亨 : 『周易』에서 말하는 건乾의 네 가지 원리에 원元·형亨·이利·정貞이 있다. 곧 사물의 근본 원리라는 말인데, 원元은 만물의 시始로 춘春에 속하고 인仁이며, 형亨은 만물의 장長으로 하夏에 속하고 예禮이다.

145 황화皇華 : 아름답고 화려한 꽃. 원래는 천자의 명을 받들고 멀리 사방으로 가서 아름다움을 선양하는 사신이나 사신의 행차를 일컫는 말이다. 『詩經』 「小雅」 〈皇皇者華〉의 서序에 "황황자화皇皇者華는 임금이 사신을 보낼 때 예악禮樂으로써 보내는 것이니, 멀리 가서 빛냄이 있을 것을 말한다.(皇皇者華。君遣使臣也。送之以禮樂。言遠而有光華也。)"라고 하였다.

146 홀연히 창오蒼梧를~어찌 알았으랴 : 조선 태조 이성계李成桂의 죽음을 표현한 말이다. 황제黃帝가 형산荊山 아래 정호鼎湖에서 솥을 만들어 연단鍊丹을 하다가 그 일을 끝내고서 용을 타고 승천할 적에 신하와 후궁 70여 인을 함께 데리고 갔는데, 여기에 참여하지 못한 소신小臣들이 용의 수염을 잡고 있다가 용의 수염이 빠지는 바람에 모두 떨어졌고, 이때 황제의 활도 함께 떨어졌으므로 백성들이 그 활을 안고 부르짖으면서 울었다고 하여 그 활을 오호궁嗚呼弓이라고 하였다는 전설이 전한다. 『史記』 권28 「封禪書」. 또 순임금이 39년 동안 제위에 있다가 남쪽을 순수巡狩하던 중에 창오의 들판에서 죽어서 그곳에 장사 지낸 고사가 있다. 『史記』 「五帝本紀」.

147 구우九牛 : 구우일모九牛一毛. 아홉 마리 소의 많은 털 가운데 하나라는 뜻으로, 지극히 미소한 것을 비유하는 말이다.

148 어떻게 불타는~수가 있었겠는가 : 도술에 능통한 동한 성도成都 사람 난파欒巴가 조정의 연회 석상에서 황제가 하사한 술을 입에 머금었다가 내뿜어 비를 만들어서 성도 저잣거리의 화재를 진압했다는 이야기가 진晉나라 갈홍葛洪이 지은 『神仙傳』 「欒巴」에 보인다.

149 굽은 연돌(曲突)에~누가 알았겠는가 : 전국시대 제나라의 순우곤淳于髡이 이웃집에 손님으로 왔다가 화재의 염려가 있다면서, 굴뚝을 고치고 옆에 있는 나뭇단을 다른

곳으로 멀리 옮기라고 충고했는데도 그 주인이 말을 듣지 않아 마침내 불이 난 결과 그 불을 끄느라 머리카락이 타고 이마가 그을었다는 곡돌사신曲突徙薪의 이야기가 전한다. 『漢書』「霍光傳」.

150 용천龍天 : 불법을 수호하는 신인 천룡팔부天龍八部를 가리킨다.
151 학수鶴樹 : 사라쌍수娑羅雙樹라고도 한다. 중인도 쿠시나가라성 밖 발제하跋提河 언덕에 있었는데, 석존이 입멸할 때 말라 죽어서 흰 학과 같은 색이 되었으므로 학림鶴林 또는 학수鶴樹라고 한다.
152 법인法印 : 교법의 표시. 인印은 인신印信·표장標章이라는 뜻. 세상의 공문에 인장을 찍어야 비로소 정식으로 효과를 발생하는 것과 같다. 삼법인·사법인 등이 있어 외도의 법과 다른 것을 나타낸다.
153 계륜季倫 : 진晉나라의 부호 석숭石崇.
154 전갱籛鏗 : 800년을 살았다는 팽조彭祖.
155 생융生融 : 동진 때 승려인 축도생竺道生과 도융道融.
156 지습支什 : 경·율·논에 통달하고 오명五明을 잘 알며 특히 주술에 능숙했다는 인도 스님 지바하라와 『成實論』·『十誦律』·『大品般若經』·『妙法蓮華經』·『阿彌陀經』·『中論』·『十住毘婆沙論』등 경·율·논 74부 380여 권을 번역한 구마라집을 가리킨다.
157 일승一乘 : 부처님의 교법敎法을 말한다.
158 작가作家의 창을~들어가기도 하였습니다 : 간혹 스승의 가르침을 능가하는 안목을 보였다는 말이다. 후한의 하휴何休가 『春秋』 삼전三傳에 대해서 저술을 하였는데, 정현鄭玄이 그 내용을 반박하여 수정을 가하자, 하휴가 "강성이 나의 방에 들어와서는, 나의 창을 잡고서 나를 치는구나.(康成入吾室。操吾矛以伐我乎。)"라고 탄식하였던 고사가 전한다. 강성은 정현의 자字이다. 『後漢書』「鄭玄傳」.
159 쇠칼로 눈꺼풀을~낸 것 : 옛날 인도의 양의良醫가 쇠칼로 맹인의 눈꺼풀을 떼어 내어 광명을 되찾게 해 주었다는 금비괄목金鎞刮目의 고사가 『涅槃經』 권8에 나온다.
160 용산龍山의 회상會上 : 용산은 황룡산黃龍山을 가리킨다. 앞에 나온 진정문眞淨文 선사는 임제종 황룡파黃龍派의 창시자인 황룡 혜남黃龍慧南 선사의 법제자이다.
161 명기名器 : 존비尊卑와 귀천貴賤의 등급을 표시하는 관직과 작위를 말한다.
162 규구規矩 : 일상생활에서 지켜야 할 법도.
163 방포方袍 : 비구가 입는 세 종류의 가사. 모두 네모진 옷이므로 이렇게 칭한다.
164 반궁頖宮 : 성균관成均館의 별칭.
165 창槍을 들지~때가 없었다 : 스승을 능가하는 면모를 보였다는 말이다. 주 158 참조.
166 임바紝婆 : Ⓢ nimba의 음역으로, 인도의 교목 이름이다. 씨앗과 뿌리, 가지가 모두 쓴맛을 내기 때문에 중생의 고통과 죄업을 비유하는 말로 쓰인다. 당나라 한산寒山의 시에 "이 썩은 나무배를 타고서 저 임바의 씨를 딴다.(乘玆朽木船。采彼紝婆子。)"라는 표현이 나온다.
167 화살과 칼날이~것만 같았다 : 불교에서 말하는 최상승 근기의 소유자들이 만나서 불꽃 튀는 선기禪機로 서로의 경지를 시험하며 대결하는 것을 말한다. 『景德傳燈錄』 서문에 "근기와 인연이 맞아떨어져 서로 격돌함에 마치 화살과 칼날이 부딪치며 불꽃을 튀기는 것만 같다.(機緣交激。若拄於箭鋒。)"라는 말이 나온다.
168 임제臨濟 : 당나라 때 진주鎭州 임제원臨濟院에 머물렀던 혜조慧照 선사 의현義玄

169 황벽黃檗 : 홍주 황벽산에서 출가하여 백장 회해百丈懷海의 법을 이어받았다.
170 차거硨磲 : 칠보의 하나로서 백산호나 조개껍데기로 만들며 자거라고도 한다.
171 기재杞梓 : 멀구슬나무와 가래나무로, 대표적인 좋은 목재이다. 일반적으로 유용한 인재를 상징한다.
172 수주守株와 각주刻舟 : 사람이 미련해서 구습舊習만을 고수하며 변통할 줄 모르는 것을 비유한 말이다. 한 농부가 밭을 갈고 있을 적에 토끼 한 마리가 달아나다가 나무 그루터기에 부딪혀서 목이 부러져 죽자, 이때부터 일손을 놓고는 그 그루터기만 지켜보며 토끼가 다시 오기를 기다렸으나 토끼는 끝내 다시 오지 않았다는 수주대토守株待兔의 고사가 『韓非子』 「五蠹」에 나온다. 또 배를 타고 가다가 칼을 물속에 떨어뜨린 사람이 칼이 떨어진 뱃전에 표시해 두고는 배가 정박한 뒤에 칼을 찾으려 했다는 각주구검刻舟求劍의 고사가 『呂氏春秋』 「察今」에 나온다.

찾아보기

각선覺禪 / 436
각철覺喆 / 308
각화사覺華寺 / 426
각흘覺屹 / 472
강대수姜大遂 / 469
계명戒明 / 402
계민戒敏 / 418
계족봉雞足峰 / 402
광륵廣泐 / 473
광릉사廣陵寺 / 381
구천동九千洞 / 410
극문克文 / 343
금강산金剛山 / 322, 374
김육金堉 / 473

도순道順 / 285
도심道心 / 417
도우道愚 / 378
도허逃虛 / 376
동악東嶽 / 420
동화사東華寺 / 417

만덕산萬德山 / 451
묘엄妙嚴 / 457
무염당無染堂 / 394
무염훈無染熏 / 468
무학無學 / 455
민기敏機 / 473
민종敏宗 / 383

백곡 처능白谷處能 / 412
백련사白蓮社 / 451
백석사白石寺 / 388
백암산白巖山 / 300
백운암白雲庵 / 322
법련法蓮 / 461
벽암碧巖 / 279, 458, 467
보조암普照庵 / 414
봉림사鳳林寺 / 405
봉은사奉恩寺 / 418
부휴浮休 / 467

삼각산三角山 / 428
상현尙玄 / 398

석문정石門亭 / 443
석왕사釋王寺 / 455
『선문염송禪門拈頌』 / 471
선우禪雨 / 353
선운禪雲 / 323
설봉산雪峰山 / 356, 455, 472
성안性安 / 423
성우性宇 / 279
성익成杙 / 471
성총性聰 / 473
소요당逍遙堂 / 393
송광사松廣寺 / 409
송악산松嶽山 / 441
송월헌松月軒 / 432
신안사神安寺 / 425
신최申最 / 469
심원深源 / 471
쌍계사雙溪寺 / 427

이식李植 / 433, 473
이안눌李安訥 / 338, 472
이제현李齊賢 / 437
이지온李之蘊 / 469
임유후任有後 / 406, 473

장유張維 / 468
정두경鄭斗卿 / 412
정두원鄭斗源 / 427
정림사靜林寺 / 377, 404
정명靜明 / 451
정심淨心 / 395
정현鄭賢 / 379
조계사曹溪寺 / 440
조중려趙重呂 / 302, 472
지경志瓊 / 390
지리산(頭流) / 467
지봉芝峰 / 409
지수志邃 / 293
진정眞靜 / 451

천눌天訥 / 473
천진사天眞寺 / 373
철조喆照 / 473
청수淸粹 / 341
최유연崔有淵 / 427
축공竺空 / 325
춘파자春坡子 / 371

아미산峨嵋山 / 391
영원동靈源洞 / 349, 424
영취靈鷲 / 468
우두산牛頭山 / 402
운암사雲岩寺 / 351
운행雲行 / 349
원인圓印 / 281
원정元淨 / 471
윤우갑尹遇甲 / 471
의초義初 / 295
의호義浩 / 372
이소한李昭漢 / 385, 427, 469

칠불암七佛庵 / 469

탈영脫穎 / 286
태정太正 / 386
택행擇行 / 328

풍악산楓嶽山 / 335

학능學能 / 434
해란海蘭 / 473
현소玄素 / 440
현재玄載 / 337
혜공惠空 / 388
혜원惠遠 / 424
홍석구洪錫龜 / 471
환선정喚仙亭 / 430
희고希古 / 463
희안希安 / 350

한글본 한국불교전서

조·선·출·간·본

조선 1 작법귀감
백파 긍선 | 김두재 옮김 | 신국판 | 336쪽 | 18,000원

조선 2 정토보서
백암 성총 | 김종진 옮김 | 4X6판 | 224쪽 | 12,000원

조선 3 백암정토찬
백암 성총 | 김종진 옮김 | 4X6판 | 156쪽 | 9,000원

조선 4 일본표해록
풍계 현정 | 김상현 옮김 | 4X6판 | 180쪽 | 10,000원

조선 5 기암집
기암 법견 | 이상현 옮김 | 신국판 | 320쪽 | 18,000원

조선 6 운봉선사심성론
운봉 대지 | 이종수 옮김 | 4X6판 | 200쪽 | 12,000원

조선 7 추파집·추파수간
추파 홍유 | 하혜정 옮김 | 신국판 | 340쪽 | 20,000원

조선 8 침굉집
침굉 현변 | 이상현 옮김 | 신국판 | 300쪽 | 17,000원

조선 9 염불보권문
명연 | 정우영·김종진 옮김 | 신국판 | 224쪽 | 13,000원

조선 10 천지명양수륙재의범음산보집
해동사문 지환 | 김두재 옮김 | 신국판 | 636쪽 | 28,000원

조선 11 삼봉집
화악 지탁 | 김재희 옮김 | 신국판 | 260쪽 | 15,000원

조선 12 선문수경
백파 긍선 | 신규탁 옮김 | 신국판 | 180쪽 | 12,000원

조선 13 선문사변만어
초의 의순 | 김영욱 옮김 | 4X6판 | 192쪽 | 11,000원

조선 14 부휴당대사집
부휴 선수 | 이상현 옮김 | 신국판 | 376쪽 | 22,000원

조선 15 무경집
무경 자수 | 김재희 옮김 | 신국판 | 516쪽 | 26,000원

조선 16 무경실중어록
무경 자수 | 성재헌 옮김 | 신국판 | 340쪽 | 20,000원

조선 17 불조진심선격초
무경 자수 | 성재헌 옮김 | 신국판 | 168쪽 | 11,000원

조선 18 선학입문
김대현 | 성재헌 옮김 | 신국판 | 240쪽 | 14,000원

조선 19 사명당대사집
사명 유정 | 이상현 옮김 | 신국판 | 508쪽 | 26,000원

조선 20 송운대사분충서난록
신유한 엮음 | 이상현 옮김 | 신국판 | 324쪽 | 20,000원

조선 21 의룡집
의룡 체훈 | 김석군 옮김 | 신국판 | 296쪽 | 17,000원

조선 22 응운공여대사유망록
응운 공여 | 이대형 옮김 | 신국판 | 350쪽 | 20,000원

조선 23 사경지험기
백암 성총 | 성재헌 옮김 | 신국판 | 248쪽 | 15,000원

조선 24 무용당유고
무용 수연 | 이상현 옮김 | 신국판 | 292쪽 | 17,000원

조선 25 설담집
설담 자우 | 윤찬호 옮김 | 신국판 | 200쪽 | 13,000원

조선 26 동사열전
범해 각안 | 김두재 옮김 | 신국판 | 652쪽 | 30,000원

조선 27 청허당집
청허 휴정 | 이상현 옮김 | 신국판 | 964쪽 | 47,000원

조선 28 대각등계집
백곡 처능 | 임재완 옮김 | 신국판 | 408쪽 | 23,000원

조선 29 반야바라밀다심경략소연주기회편
석실 명안 엮음 | 강찬국 옮김 | 신국판 | 296쪽 | 17,000원

| 조선 30 | 허정집
허정 법종 | 성재헌 옮김 | 신국판 | 488쪽 | 25,000원

| 조선 31 | 호은집
호은 유기 | 김종진 옮김 | 신국판 | 264쪽 | 16,000원

| 조선 32 | 월성집
월성 비온 | 이대형 옮김 | 4X6판 | 172쪽 | 11,000원

| 조선 33 | 아암유집
아암 혜장 | 김두재 옮김 | 신국판 | 208쪽 | 13,000원

| 조선 34 | 경허집
경허 성우 | 이상하 옮김 | 신국판 | 572쪽 | 28,000원

| 조선 35 | 송계대선사문집 · 상월대사시집
송계 나식·상월 새봉 | 김종진·박재금 옮김 | 신국판 | 440쪽 | 24,000원

| 조선 36 | 선문오종강요 · 환성시집
환성 지안 | 성재헌 옮김 | 신국판 | 296쪽 | 17,000원

| 조선 37 | 역산집
영허 선영 | 공근식 옮김 | 신국판 | 368쪽 | 22,000원

| 조선 38 | 함허당득통화상어록
득통 기화 | 박해당 옮김 | 신국판 | 300쪽 | 18,000원

| 조선 39 | 가산고
월하 계오 | 성재헌 옮김 | 신국판 | 446쪽 | 24,000원

| 조선 40 | 선원제전집도서과평
설암 추붕 | 이정희 옮김 | 신국판 | 338쪽 | 20,000원

| 조선 41 | 함홍당집
함홍 치능 | 성재헌 옮김 | 신국판 | 348쪽 | 21,000원

| 조선 42 | 백암집
백암 성총 | 유호선 옮김 | 신국판 | 544쪽 | 27,000원

| 조선 43 | 동계집
동계 경일 | 김승호 옮김 | 신국판 | 380쪽 | 22,000원

| 조선 44 | 용암당유고 · 괄허집
용암 체조·괄허 취여 | 김종진 옮김 | 신국판 | 404쪽 | 23,000원

| 조선 45 | 운곡집 · 허백집
운곡 충휘·허백 명조 | 김재희·김두재 옮김 | 신국판 | 514쪽 | 26,000원

| 조선 46 | 용담집 · 극암집
용담 조관·극암 사성 | 성재헌·이대형 옮김 | 신국판 | 520쪽 | 26,000원

| 조선 47 | 경암집
경암 응윤 | 김재희 옮김 | 신국판 | 300쪽 | 18,000원

| 조선 48 | 석문상의초 외
벽암 각성 외 | 김두재 옮김 | 신국판 | 338쪽 | 20,000원

| 조선 49 | 월파집 · 해봉집
월파 태율·해붕 전령 | 이상현·김두재 옮김 | 신국판 | 562쪽 | 28,000원

| 조선 50 | 몽암대사문집
몽암 기영 | 이상현 옮김 | 신국판 | 348쪽 | 21,000원

| 조선 51 | 징월대사시집
징월 정훈 | 김재희 옮김 | 신국판 | 272쪽 | 16,000원

| 조선 52 | 통록촬요
엮은이 미상 | 성재헌 옮김 | 신국판 | 508쪽 | 26,000원

| 조선 53 | 충허대사유집
충허 지책 | 성재헌 옮김 | 신국판 | 296쪽 | 18,000원

| 조선 54 | 백열록
금명 보정 | 김종진 옮김 | 신국판 | 364쪽 | 22,000원

| 조선 55 | 조계고승전
금명 보정 | 김용태·김호귀 옮김 | 신국판 | 384쪽 | 22,000원

| 조선 56 | 범해선사시집
범해 각안 | 김재희 옮김 | 신국판 | 402쪽 | 23,000원

| 조선 57 | 범해선사문집
범해 각안 | 김재희 옮김 | 신국판 | 208쪽 | 13,000원

| 조선 58 | 연담대사임하록
연담 유일 | 하혜정 옮김 | 신국판 | 772쪽 | 34,000원

| 조선 59 | 풍계집
풍계 명찰 | 김두재 옮김 | 신국판 | 438쪽 | 24,000원

| 조선 60 | 혼원집 · 초엄유고
혼원 세환·초엄 복초 | 윤찬호 옮김 | 신국판 | 332쪽 | 20,000원

| 조선 61 | 청주집
환공 치조 | 성재헌 옮김 | 신국판 | 416쪽 | 23,000원

조선 62 대동영선
금명 보정 | 이상하 옮김 | 신국판 | 556쪽 | 28,000원

조선 63 현정론·유석질의론
득통 기화·지은이 미상 | 박해당 옮김 | 신국판 | 288쪽 | 17,000원

조선 64 월봉집
월봉 책헌 | 이종수 옮김 | 신국판 | 232쪽 | 14,000원

조선 65 정토감주
허주 덕진 | 김석군 옮김 | 신국판 | 382쪽 | 22,000원

조선 66 다송문고
금명 보정 | 이대형 옮김 | 신국판 | 874쪽 | 41,000원

신·라·출·간·본

신라 1 인왕경소
원측 | 백진순 옮김 | 신국판 | 800쪽 | 35,000원

신라 2 범망경술기
승장 | 한명숙 옮김 | 신국판 | 620쪽 | 28,000원

신라 3 대승기신론내의약탐기
태현 | 박인석 옮김 | 신국판 | 248쪽 | 15,000원

신라 4 해심밀경소 제1 서품
원측 | 백진순 옮김 | 신국판 | 448쪽 | 24,000원

신라 5 해심밀경소 제2 승의제상품
원측 | 백진순 옮김 | 신국판 | 508쪽 | 26,000원

신라 6 해심밀경소 제3 심의식상품 제4 일체법상품
원측 | 백진순 옮김 | 신국판 | 332쪽 | 20,000원

신라 7 해심밀경소 제5 무자성상품
원측 | 백진순 옮김 | 신국판 | 536쪽 | 27,000원

신라 12 무량수경연의술문찬
경흥 | 한명숙 옮김 | 신국판 | 800쪽 | 35,000원

신라 13 범망경보살계본사기 상권
원효 | 한명숙 옮김 | 신국판 | 272쪽 | 17,000원

신라 14 화엄일승성불묘의
견등 | 김천학 옮김 | 신국판 | 264쪽 | 15,000원

신라 15 범망경고적기
태현 | 한명숙 옮김 | 신국판 | 612쪽 | 28,000원

신라 16 금강삼매경론
원효 | 김호귀 옮김 | 신국판 | 666쪽 | 32,000원

신라 17 대승기신론소기회본
원효 | 은정희 옮김 | 신국판 | 536쪽 | 27,000원

신라 18 미륵상생경종요 외
원효 | 성재헌 외 옮김 | 신국판 | 420쪽 | 22,000원

신라 19 대혜도경종요 외
원효 | 성재헌 외 옮김 | 신국판 | 256쪽 | 15,000원

신라 20 열반종요
원효 | 이평래 옮김 | 신국판 | 272쪽 | 16,000원

신라 21 이장의
원효 | 안성두 옮김 | 신국판 | 256쪽 | 15,000원

신라 22 본업경소 하권 외
원효 | 최원섭·이정희 옮김 | 신국판 | 368쪽 | 22,000원

신라 23 중변분별론소 제3권 외
원효 | 박인성 외 옮김 | 신국판 | 288쪽 | 17,000원

신라 24 지범요기조람집
원효·진원 | 한명숙 옮김 | 신국판 | 310쪽 | 19,000원

신라 25 집일 금광명경소
원효 | 한명숙 옮김 | 신국판 | 636쪽 | 31,000원

신라 26 복원본 무량수경술의기
의적 | 한명숙 옮김 | 신국판 | 500쪽 | 25,000원

고·려·출·간·본

고려 1 일승법계도원통기
균여 | 최연식 옮김 | 신국판 | 216쪽 | 12,000원

| 고려 2 | 원감국사집
충지 | 이상현 옮김 | 신국판 | 480쪽 | 25,000원

| 고려 3 | 자비도량참법집해
조구 | 성재헌 옮김 | 신국판 | 696쪽 | 30,000원

| 고려 4 | 천태사교의
제관 | 최기표 옮김 | 4X6판 | 168쪽 | 10,000원

| 고려 5 | 대각국사집
의천 | 이상현 옮김 | 신국판 | 752쪽 | 32,000원

| 고려 6 | 법계도기총수록
저자 미상 | 해주 옮김 | 신국판 | 628쪽 | 30,000원

| 고려 7 | 보제존자삼종가
고봉 법장 | 하혜정 옮김 | 4X6판 | 216쪽 | 12,000원

| 고려 8 | 석가여래행적송·천태말학운묵화상경책
운묵 무기 | 김성옥·박인석 옮김 | 신국판 | 424쪽 | 24,000원

| 고려 9 | 법화영험전
요원 | 오지연 옮김 | 신국판 | 264쪽 | 17,000원

| 고려 10 | 남명천화상송증도가사실
□련 | 성재헌 옮김 | 신국판 | 418쪽 | 23,000원

| 고려 11 | 백운화상어록
백운 경한 | 조영미 옮김 | 신국판 | 348쪽 | 21,000원

| 고려 12 | 선문염송 염송설화 회본 1
혜심·각운 | 김영욱 옮김 | 신국판 | 724쪽 | 33,000원

※ 한글본 한국불교전서는 계속 출간됩니다.

소요당집

소요 태능 逍遙太能
(1562~1649)

전라남도 담양 출신으로 속성은 오吳씨. 13세에 백양사 진 대사眞大師에게 출가하였고, 속리산과 해인사 등지에서 부휴 선수浮休善修에게 경전을 수학하였다. 부휴 문하의 제자들 가운데 운곡 충휘雲谷沖徽·송월 응상松月應祥과 함께 '법문 삼걸三傑'로 불렸다. 20세에 청허 휴정淸虛休靜에게 참학하고 3년간 정진하였는데, 송운 유정松雲惟政·편양 언기鞭羊彦機·정관 일선靜觀一禪 등과 함께 '서산 대사의 4대 제자'로 불렸다. 만년에는 백양사 조실로 있으면서 선풍을 일으켰다.

취미대사시집

취미 수초 翠微守初
(1590~1668)

자는 태혼太昏, 또는 태일太一, 속성은 성成, 본관은 창녕昌寧. 13세에 출가하여 설악산 경헌敬軒 장로에게 머리를 깎았다. 16세에 두류산 부휴浮休 대사에게 참학하였고, 후에 벽암 각성碧巖覺性에게 나아가 교의를 크게 깨쳤다. 40세 되던 1629년에 옥천 영취사靈鷲寺에서, 1632년에는 관북 지방에서 개당하여 선풍을 일으켰고, 병자호란 때는 의병을 일으켜 참전했다. 1667년 묘향산으로 옮기니 문도가 백여 명 모였다.

옮긴이 이상현

1949년 전주 출생. 서울대학교 문리과대학 종교학과를 졸업하고 동국대학교 불교대학원 석사 과정을 마쳤으며, 민족문화추진회 국역연수원의 연수부, 상임연구원, 전문위원을 거친 뒤, 한국고전번역원의 수석연구위원으로 활동하였다. 저서로 『역사의 고향』, 논문으로 「추사秋史의 불교관」 등이 있고, 번역서로 『계원필경집』, 『원감국사집』, 『사명당대사집』, 『기암집』, 『침굉집』 등이 있다.

증의
소요당집 – 심경숙(전 동국역경원 역경위원)
취미대사시집 – 김화석(동국역경원)